『全民阅读·应用文写作方法与示范系列丛书』

新编史志传记

写作方法与范例

李和忠■著

中国文史出版社

图书在版编目（CIP）数据

新编史志传记写作方法与范例 / 李和忠著 . —北京：中国文史出版社，2019.3

ISBN 978-7-5205-1042-4

Ⅰ.①新… Ⅱ.①李… Ⅲ.①史籍—编写—方法②传记—编写 Ⅳ.①K062②K810

中国版本图书馆 CIP 数据核字（2019）第 044266 号

责任编辑：蔡丹诺

出版发行：**中国文史出版社**

社　　址：北京市海淀区西八里庄路 69 号　　邮编：100036

电　　话：010—81136606　81136602　81136603（发行部）

传　　真：010—81136655

印　　装：廊坊市海涛印刷有限公司

经　　销：全国新华书店

开　　本：787 毫米×1092 毫米　　1/16

印　　张：18.5

版　　次：2019 年 5 月北京第 1 版

印　　次：2019 年 5 月第 1 次印刷

定　　价：48.00 元

内容提要

　　本书是介绍史志传记写作方法的简明读本，共分 5 章，30 万字。概要介绍了史书、志、传记、回忆录、大事记的种类、写作方法和写作要求，并附例文 19 篇。

　　本书理论阐述简明扼要，通俗易懂，例文精当，示范性强。全书反映史志传记写作理论研究和写作实践的新成果，具有较强的针对性，可作学习史志传记写作技能的指导书，并可作为相关单位和部门写作培训班史志传记写作课的实用教材。

前言

史志传记文体是个较为宽泛的概念。古人讲："传者，传也，记载事迹以传于后世也。"因而，史志传记文体首先包括专门记述人物事迹的传记类文章或著作。志，即记录、记载，又有方志之意。史志传记文体主要包括史书、志、传记、回忆录、大事记等。

我国是一个文明古国，有着史志写作悠久传统。古人为我们留下了大量史志名篇流传于世。特别是在中华人民共和国成立之后，党和国家对史志传记编写更为重视，大型的传记和各种回忆录大量涌现，成为进行热爱共产党、热爱祖国、热爱社会主义教育，继承光荣革命传统，发扬新时期创业精神的好教材。

史志传记具有以下特点：一是真实性。史志传记文体虽然文种不同，但在写作要求上却有一个鲜明的共性，即都以内容的真实性为存在的前提。史志传记的撰写必须坚持真实性的原则，它以辩证唯物主义和历史唯物主义的观点、态度和方法，记叙已经发生过的历史事实，必须绝对忠实于历史的真实性，不允许信口雌黄，胡编乱造；不允许隐恶扬善、文过饰非；不允许肆意夸大，故意缩小；也不允许利用史志任意褒贬毁誉。二是评价性。在记叙历史事实之外，作者要对之阐明自己的看法、观点。叙写人物，要对人物的功过得失予以评价；叙写事件，也要对事件的性质影响作出评说。三是知识性。史志传记涉及面广，知识门类多，写作时需要有很宽的知识面。四是教育性。或反映历史事件，或记叙知名人物事迹，或回忆革命斗争，都可以从中得到很多教益。

历史蕴含着人类实践活动的经验和智慧。古人讲，欲知大道，必先为史。我们党历来注重历史经验的学习、总结和运用。早在红军初创时期，就成立了专门的党史研究机构和红军战史编辑委员会。延安时期，毛泽东同志主持起草《关于若干历史问题的决议》，使全党达到空前团结，为完成新民主主义革命任务发挥了重要作用。特别是在中华人民共和国成立之后，党和国家对史志传记编写更为重视，大型的传记和各种回忆录大量涌现。党的十一届三中全会以后，在《关于建国以来若干历史问题的决议》的指导下，对党史、军史、地方志正本清源，组织大批人力投入整理写作，产生了更大数量的优秀篇章。新的历史条件下，我们推进现代化建设，实现伟大的中国梦，更加需要提供历史借鉴，需要很好地问计于史、寻策于史，从我国丰富的历史实践中汲取营养、获取前进的智慧和力量。

做好史志传记编写工作，也是应对当前意识形态领域复杂斗争的现实需要。历史警示我们，"灭人之国，必先去其史"。西方敌对势力对我实施西化、分化，一个重要方面，就是妄图通过歪曲、篡改甚至杜撰历史，否定中国共产党的领导，否定社会主义制度。苏联解体、东欧剧变，就是首先从否定共产党的历史打开缺口的。这些沉痛教训必须深刻铭记。要看到随着社会环境深刻变化，各种思想文化相互激荡，包括一些"恶搞历史"的现象，对我国的冲击影响不可低估。特别是随着国际国内形势的不断变化，一些青年对历史和传统了解不够全面和深入，对一些是非真伪问题缺乏足够的政治敏锐性和鉴别力。面对意识形态领域的激烈较量，用什么样的历史和文化教育人，特别是教育青少年一代，说到底是一场争夺接班人的斗争。加强和改进新形势下史志传记编写工作，对于打好意识形态主动仗，坚定理想信念，使优良传统薪火相传，具有重大而深远的意义。

研究和编写史志传记，准确记载、深入研究、认真学习、大力宣传历史，充分发挥以史鉴今、资政育人的作用，是史志传记编写的职责使命。因此，要全面、客观地记载各个时期的历程和奋斗业绩。要达到这个标准和要求，必须以严肃认真的态度，下功夫做好有关史料的收集、整理和编纂工作。

为适应新时代的需要，编写了这本史志传记常用文体写作简明读本，目的是为史志传记写作者提供一些参考。本书如有不当之处，也敬请大家惠正。

作　者

2019 年 3 月

目录

第一章 史 书

　　研究和编写史书，准确记载、深入研究、认真学习、大力宣传历史，充分发挥以史鉴今、资政育人的作用，是编史工作的职责使命。因此，要全面、客观地记载各个时期的历程和奋斗业绩。要达到这个标准和要求，必须以严肃认真的态度，下功夫做好有关史料的收集、整理和编纂工作。要明确史的类型、结构写法和写作要求。

一、史书的类型和作用

（一）史书的类型

　　史书是记述历史发展的一种应用文体，古今史书依据不同的分类标准分为若干类型。

　　按体裁划分，分为纪传体史、编年体史、纪事本末体史等。

　　"纪传体"是汉代历史文学家司马迁所创的一种史书体体裁，以本纪、列传为主，故称"纪传体"。"纪传体"史书，一般由传、表、书三部分组成。"传"是人物传纪，在书中占大量篇幅。《史记》中的本纪、世家、列传，分别是帝王、诸侯及各种历史人物的传记。有一篇文章专写一个人的"单传"、一篇中写几个人的"合传"、写一类人的"类传"。"表"，是各个历史时期的简单的大事记，对叙述的历史事件起连缀补充作用。"书"，是写个别事件始末的。如《史记》中的"书"，就分别记述了天文、历法、水利、经济、文化、艺术等方面的发展与状况。纪传体史书便于记载政治、经济、文化多方面的情况，能广泛反映社会各阶层人物事迹，记述重大历史事件，分门别类叙述典章制度，内容比较丰富，史料性、可读性都比较强。因此，汉朝以后的各个历史朝代历史学家编撰史书，大都采用这一方法。

"编年体"是按时间顺序，逐月逐年记录一些重大事件的写法。从左丘明编撰的反映春秋时代各国政治、外交、社会事件以及一些代表人物活动的史书《左传》、孔子编订的鲁国史《春秋》到北宋司马光主编的《资治通鉴》等都采用这种体裁。"编年体"以年月为经，以事实为纬，便于考察历史事迹发生的个体时间，易于了解历史事件之间的联系，并避免叙述重复。其缺点是记事前后断裂，首尾不连贯，无法记叙每一个历史事件的全过程，历史人物的生平事迹和典章制度也难以详细了解。

"纪事本末体"是以事为纲，组织编撰。以事为纲的写法早在我国宋代就已形成，如袁枢的《通鉴纪事本末》就是采用"纪事本末体"的写法。当代许多史书也采取这种写法。如中国共产党党史简明读本《党旗在我的心中》就是围绕中国共产党历史上的 90 个大事件来写的。

依据详略分为史和简史。简史，有的是在已有同名史的基础上，进行压缩精简加工，改编为内容较少、篇幅较短的史书，冠以"简史"之名。有的并无同名史书，而是一开始就编写成简本。简史一般为几万字或十几万字，也有的 20 多万字。简史大都重点突出，简明扼要，通俗易懂，适于大众阅读，具有普及性读物的特点。

另外，按历史分期划分，分为古代史、近代史、现代史、当代史等。按学科划分，分为政治史、经济史、科技史、军事史等。按行政区域划分，分为市县史、乡镇史、村史等。按单位和内容划分，地方有厂史、校史、族史、家史等，军队有师史、团史、连史等。

(二) 史书的作用

史书主要有以下作用：

1. 教育作用。一部好的史书就是一本生动实际的传统教材，本身就是一笔宝贵的精神财富。运用它教育大众，启迪后人，要比一般的教育更实际、更亲切、更易于感人。从实际情况看，它的教育作用是十分明显的。有些单位，特别是具有历史荣誉的单位，长期形成的一些优良作风，虽然经过几十年的历史变迁，人员不知换了多少茬，但是它还是一代一代地传了下来。这种无形的、强大的精神力量，深刻地影响着人们，始终激励和鼓舞着广大群众。

2. 鉴戒作用。史不是历史事件的简单堆积，而是经过系统的归纳整理的，既有感性认识，又有理性认识；既有成功的经验，又有失败的教训，并经过历史的检验，是一笔宝贵财富。从这个意义上讲，一部史书就是一面历史的明镜。它告诉我们，在新的历史时期，应该继承和发扬什么，应该提倡什么，反对什么，"温故知新"，指导现实。

3. 保存史料作用。例如军史，它与党史有着密切联系，它是党史的重要组成部分。就其范围来说，它比党史要小，但就其某些内容来说，又比党史更具体、更翔实。尤其是一个集团军史，有时涉及全局，有时涉及地方，积累的资料、保存的文献比较多。一方面它可以为研究党史、军史和地方史提供有关依据，补充一些史实；另一方面也能为进一步学习研究本部队的历史传统，留下真实可信的史料，为部队长远建设服务。

二、史书的结构

史书因类型的不同，结构不尽相同。就应用面比较广、写作比较多的校史、厂矿史，以及部队的团史、连史等单位史而言，一般由书名、前言、目录、正文、分述、附件、说明几部分组成。

（一）前言

前言也叫概述、综述或序言，是全文的简介。主要应记载单位组建的时间、地点，概述各历史时期所走过的历程，扼要地综述本单位的优良传统。这部分文字要简练，要用概括的语言勾画出一个单位历史发展的轮廓。

（二）正文

正文是史书的主体。通常是按照历史发展的顺序分编、章、节撰写。编按各个历史时期划分；章和节比较灵活，有的按活动地域划分，有的按重大事件和活动划分。有的在每编或每章后还有一个小结，主要用于总结一个阶段的经验教训。但是，不管采取什么形式，在内容构成上是基本相同的。正文主要内容应包括：

1. 本单位的前身，组建情况，建制和隶属关系，以及所在地的历史沿革。

2. 参加的主要大项工作及成绩，典型的事例分析。

3. 有重大影响的事件、活动和发明创造，对单位的发展起过指导作用的会议、决议。

4. 突出的英模人物，重大的典型，本单位发展历史上担任过主要职务、有过建树的历史人物。

5. 各项工作和完成任务中成功的经验和失误的教训。

6. 本单位有意义的、值得记载的其他事项。

（三）附件

为了更集中地说明一些问题，可把一些专项材料加以归纳，采取文字、图片、表格等形式，形成若干附件，附在正文之后。附件大致有以下几类：

1. 大事记。

2. 本单位发展历程示意图；重大活动示意图。

3. 历任主要领导变更情况表；功模单位情况表；英雄和模范人物情况表，烈士英名录；主要功绩统计表等。

（四）说明

有的也叫编后或后记。主要说明编写本史的指导思想、分章分节的根据、所依据和参考的史料和文献，编写经过及撰写人员。

三、编写史书的基本要求

史书的编纂要掌握一些基本原则，写作中应注意以下几点：

（一）坚持党性，把握方向

要坚持用马克思主义历史观加强史的研究编纂。要坚决贯彻党中央有关方针政策和党关于历史问题的决议，坚持用历史的观点、实践的观点和唯物辩证的观点，全面准确地记载建设、发展的历史进程，客观评价重大历史事件、重要历史人物，正确处理史上的一些重大敏感问题。特别要牢牢把握历史发展的主题和主线、主流和本质，正确分析和看待前进道路上的困难和曲折，深刻反映社会历史发展的必然趋势。要善于从政治上观察和分析问题，对历史虚无主义等错误思潮，对所谓"揭秘"历史、"戏说"历史等不良倾向，要坚定地站在党和人民的立场上，据史论理，寓理于史，旗帜鲜明地予以批驳和纠正，切实肩负起去伪存真、正本清源的神圣职责。要坚持研究编纂的正确方向，正确处理政治与学术、历史与现实的关系，确保研究编纂成果权威、准确，经得起历史、实践和人民检验。

（二）认真调查，广集素材

在确定了编写的指导思想之后，紧接着就要展开调查研究，这是整个编写工作的基础。调查要舍得下功夫，范围要广，内容要细，能收集到的史料要尽量想办法收集。通过走访、函访、座谈、查阅等方法，占有大量史料。比如，摘录有关文献、报刊文章、回忆录；阅抄一些革命纪念馆、博物馆的历史资料；访问在本单位任过职的老领导、老同志；翻阅历史档案。对获得的史料，要认真分析，反复考证，特别是对那些记载和说法差异较大的问题，更要多方核实，去伪存真。

（三）拟好提纲，理清思路

拟定编写提纲要依据确定的主题思想和调查所占有的史料，使编写工作有纲可循。提纲要力求做到条目清楚，层次分明，内容安排合理，具有连贯性和完整性，避免首尾失顾，重复累赘，杂乱无章。

编纂大纲的成败，直接关系着整部书稿的质量。因此，制定科学、权威的编纂大纲，是整个编纂工作的关键环节。在这个环节中，尤为重要的是要坚持好五个原则：一是客观公正、观点中立的原则。为经得起历史和后人的检验，在大纲的所有编、章、节、目标题的拟制中，要力戒带有政治倾向性观点的褒、贬义词语，尽量用语气平和、达意准确的中性词语来表述史实。二是实事求是、"宁细勿粗"的原则。编纂大纲，是为收集史料和编写初稿提供服务的。在一般情况下，初稿的基本要求是内容要全面、准确。对一些重大史实能设章的设章、能设节的设节；对不具设章节容量的一些重要内容，则逐一设目。但无论是章节还是条目的设立，都以准确的史实为依据，实事求是，全面系统。特别是重大史实，不宜漏缺。三是紧扣主线、突出重点的原则。紧紧围绕贯彻执行党中央的重大决策这个主线，对本单位在此过程中发生的重大事件、遂行的重要任务、实施的重要行动等作突出表述。每一编、每一章、每一节，甚至每一目的标题，均应体现贯彻执行党中央决策。四是体现个性、特色鲜明的原则，在有关章、节的具体内容上侧重独具本单位特色的表述。五是布局合理、合乎逻辑的原则。在所有编、章、节、目的设立中，要力争以准确的语言表述准确的史实，以编、章标题包容节、目标题，以条目观点统揽具体内容。

（四）合理剪裁，突出重点

要对材料进行筛选和剪裁，不能事无巨细，有闻必录，有事必记，对与主题无关的史料就要舍弃，对有关的材料也要进行比较分析，从中精选出最典型、最能反映事物本质的材料，然后进行详细的记述。

（五）史料真实，客观全面

真实是史的生命。凡写进史的内容都必须完全真实。时间、地点、人物、事件、细节等方面都要与事实相符。对史料要多方查证，反复研究，仔细鉴别，认真核实，做到事真、人真、言真、情真。同时要贯彻"不虚美，不隐恶"的"实录"精神。一是一，二是二，功是功，过是过。不唯书，不唯上，不以言代史、以权代史，不因人废事，因人废言，不以权所屈为之吹捧、为名利而失其真，不因当前的需要而任意取舍史料。

（六）语言朴实，用词准确

史在语言表述上要朴实无华，准确简练。不要片面追求浮词丽句，不要一味地强调过多的文采和修辞。不论是正面人物或是反面人物，都要客观用笔，一律只提姓名、职务，尤其是对反面人物，无须在言辞上进行贬斥，做到庄重严肃。在用语上还要考虑到时代的差异，不能把现在的一些新名词，用到叙述过去年代的材料中去。

四、史书的补写和续写

一部史书完稿以后，不能束之高阁，要让它充分发挥作用，还需要不断充实完善。有了新的重要的史料，要进行补写；发现有错误之处，应及时进行修订。历史的发展是连续性的过程，任何一部史都只能反映已经走过的某一段路，以后的发展还需要后人不断续写。因此，随时都应注意积累资料，为续写打好基础。续写时要注意首尾相贯，紧密衔接，在结构形式、语言风格等方面都要尽量同前面一致，使之较为协调统一。

五、史书编纂中应处理好的几个关系

编写史书与撰写其他文章相比，具有独特的要求，最基本的就是要处理好各类矛盾的对立统一关系，保证书稿的质量。

（一）处理好史料的政治性和史实性相统一的问题

史料的灵魂在于真实可靠，修史的目的在于资政育人。这就意味着，一方面要按修史的根本要求，完全、真实地对所要记载的史实秉笔直书和作实事求是的评价；另一方面还要按讲政治的要求，注重其思想性和社会效果，为政治服务。在实际编纂中，对个别有争议的重大（敏感）问题、重大事件要毫不犹豫地把"资政育人、为政治服务"放在首位，达到政治性和史实性相统一。

（二）处理好内容的全面性和深刻性相统一的问题

一个单位几十年奋斗发展的历史，是一部辉煌的史诗。那么多的史实，用有限的文字既要把大的事项面面俱到，又要突出它的重点和特色，不把握好全面性和深刻性相统一的问题是很难做到的。编纂人员要运用马克思主义哲学的方法论，善于抓主要矛盾，处理好矛盾的普遍性和特殊性的关系，做到脉络清楚、层次分明，大细小粗、有详有略，全面之中突出特色和重点，重点之中突出深刻的思想和观点；既不能写成"流水账"，又不能写成"历史经验总结"；既要有叙述和评论，又要有经验和教训。具体来说，一般的史实要简写、略写，较大的史实要全写，重大的史实要详写，且要写深写透，深刻地写出对后人有启发、有借鉴的东西来。

（三）处理好文稿的简洁性和特色性相统一的问题

对史料表述准确、简洁与否，关系到整部书稿的成败；有没有自身特色，是区别于本史与其他史的显著标志。在具体编写中，往往会感到过于突出特色，可能会影响文字的简练；过于注重文字的简练，似乎又会弱化特色。对此，要把握本单位所处的地理位置、社会环境、担负的任务、所做的大项工作的不同点，用准确、简练的文字浓墨表述独具特点的重大史实，达到简洁性和特色性相统一。

（四）处理好结构的条理性和逻辑性相统一的问题

任何一部成功的史书，都具有很强的条理性和逻辑性。一般来讲，这两个方面应该是相互统一的。但在实际编写中有时在对某些史实的叙述和评述中，往往会出现顾此失彼的现象，甚至同时会出现小的条目不清、逻辑关系不顺，或是在有的章节中出现虽有很强的条理性，却不具严谨的逻辑性；虽具很强的逻辑性，却不具清晰的条理性的现象。特别是较大单位史书的编写，涉及内容全面、叙述重点较多、跨越时间较长，有些内容或事项相互交融、有些工作或任务相互矛盾，在对它们的叙述和评论中同时把握逻辑性和条理性有一定的难度。解决这个问题的办法是注重在制定编纂提纲时要反复斟酌、反复推敲，保证在大章节、大纲目上富有很强的逻辑性和条理性。在此基础上，要精心提炼、精雕细刻，既要注意小条目、小观点的逻辑关系，又要注意小段落和具体内容的层次结构。

例文 1：党史

中共威县历史

（节选）

　　威县的首个党组织是在邢台四师、冀县六师、大名七师求学的一批热血青年学子带进县内教育界的进步书籍并以之组织"读书会"、传播马列主义的基础上建立的。潘笑圃、宋采芹、马东斗、郭森等为威县党组织的建立、发展及领导社会各界开展革命斗争起了重要的作用。

一、马列主义在威县的早期传播

　　早在 1926 年，威县进步知识青年潘笑圃、郭森、石步江、潘荆章、王兰勋等，因目睹社会的黑暗而感到窒息，为改变现状办起了"读书会"，借以探索和谋求新生路。他们都不富裕，买不起更多的书，就把各自的书拿出来互相传阅。开始，大部分是旧小说，如《水浒传》《洪杨之豪》等。但这些书远远不能满足他们求知进取的欲望。

　　直隶邢台四师、大名七师在原直南地区建党较早。在邢台四师求学的进步学生王亚平、王宗约、张华甫、李枕谓等将中国早期的马列主义书刊《新青年》《向导》《中国青年》等带回威县。1929 年，在大名七师学习的潘笑圃、宋采芹、马东斗和冀县六师的几名威籍进步学生把当时在学校流传的有关宣传马列主义和社会科学的书籍，如《哲学的贫困》《反杜林论》《二月革命至十月革命》《社会发展史》等传到威县的教育界、读书会和少数村庄。

　　随着大名七师、邢台四师的进步书刊传入威县，"读书会"增添了新的政治内容。当时，威县的小学教员马东斗、李林、田普航、马瑞波、张禹三、李慎之、陈焕文等，为了探求真理，开阔视野，寻找光明，先后参加了"读书会"。后来，"读书会"的影响越来越大，参加的人也越来越多，由原来仅是小学教员、青年学生发展到农民、工人。威县的"读书会"和鲁西北的"读书会"就连成一片。

"读书会"的发展过程，是马克思主义在威县传播的过程，也是威县知识界的先进分子受到启蒙教育和觉醒的过程。潘笑圃、宋采芹、马东斗、郭森等，通过对有关马列主义宣传读本的学习，已逐步认识到哪里有压迫，哪里就有反抗，要反抗就要团结起来，进行革命斗争。而且还认识到，要推翻压在人民头上的三座大山，使革命取得成功，就必须有先进的政党——中国共产党的领导。然而，党在哪里？他们开始在不同的地方，通过各种途径寻找党。

二、威县党组织的建立和发展

1929 年，潘笑圃、宋采芹、马东斗先后在大名七师入党。同年，潘笑圃又介绍郭森入党。1929 年寒假前，大名七师的党组织为了便于学生假期间在家开展工作，便把杨馥轩、魏跃斋、宋天真、李荣卿四个团员的关系介绍给潘笑圃，同时又让他们与宋采芹、马东斗接上了关系。潘笑圃和马东斗带着大名县委给广宗中心县委书记梁雨辰的介绍信前去广宗。经梁雨辰批准，于 1930 年 1 月，在威县宋庄小学建立了中共威县第一个党支部。潘笑圃任支部书记，宋采芹任组织委员，马东斗任宣传委员。

1929 年寒假期间，在党支部的领导下，潘笑圃、宋采芹、马东斗、郭森等以"读书会"为基地，分别在本村和附近村庄向亲友、同学积极宣传革命理论，把从大名七师带来的社会科学和普罗文学（无产阶级文学）书刊在亲友中传阅，特别是使一些乡师学生和小学教员深受启发。寒假中，党支部先后在乡师、张官寨、王目、元寺、宋庄等村发展了石步江、李华北、宋一轩、田普航、张禹三、李林、李慎之、王一夫、董渡峰、马瑞波、杨辰柯、刘伯平、刘芳泽等 20 多名党团员。同时，在农村中发展"穷人会"会员190 名；在青年学生和知识分子中发展"反帝会"会员 10 名，从中物色党团员发展对象。这对扩大党的影响和发展党组织起了重要作用。

随着党员的增多，至 1930 年上半年，先后建立了威县乡师、张官寨、枣科、王目、宋庄、董村 6 个党支部。其中乡师党支部建立较早，党员较多，活动的也较好。乡师中入党的第一批党员有田普航、李林、王一夫、李华北、董渡峰、张禹三、李慎之、李英伟、刘炳炎等。

1930 年暑假，宋采芹、马东斗和杨馥轩、魏跃斋、宋天真、李荣卿从大名七师一起回到威县，7 月，于威县北胡帐完小建立了中共威县县委。潘笑圃任书记，宋一轩任组织部长，马东斗任宣传部长。威县县委开始受广宗中心县委的领导，不久受直南特委领导。

1930 年秋，以张官寨、辛庄等村的"穷人会"为骨干，酝酿举行秋收暴动。因县委缺乏切实可行的计划和措施，加之力量薄弱，群众基础较差，没有武装斗争经验等原因，暴动没有发动起来。

县委总结了暴动没有发动起来的教训。从中认识到，当时全县的党员仅有几十人，并且缺乏群众基础。县委应把工作的重点放到学习宣传革命理论，发展党组织，教育发动社会各界积极分子和扩大党的影响的工作上。

1930 年秋，顺直省委刘履冰来威县视察工作时，他将上海办"流动图书馆"的经验介绍给威县党组织，并答应回上海后，与中央发行机关取得联系。是年，潘笑圃与上海"左联"取得联系之后，大批的马列著作和社会科学理论书籍源源不断地从上海邮来。威县读书会的规模得到较快发展，于是威县的"读书会"易名为"流动图书馆"。

"流动图书馆"的建立，标志着马列主义在威县的传播进入了一个新阶段。开始有四五十个馆员，后来发展到 200 人左右。以乡师、方营高小、贺钊高小为最多，多为失业的知识青年，也吸收了部分工人和农民。馆里的书籍初有二三百本，后陆续增加到两千多本。有中共中央的《红旗》周刊、《捷报》《布尔什维克》、"左联"机关报《文艺新闻》《文学月刊》《两个世界》《社会科学初步》等，以及"左联"翻译出版的书籍四十余种，还有《共产党宣言》《国家与革命》《三个国际》《苏维埃中国》等。这些书刊一部分是党的发行机关为扩大宣传免费下发的，而大部分需要付款。为解决书费问题，凡参加"流图"（流动图书馆的简称）的同志要根据自家经济条件，不拘数目地自愿献出一些钱，而对无力交纳的成员则予免缴。1932 年秋，"流图"在董村小学召开全体馆员代表大会，通过章程，选举李华北、马瑞波为负责人，进一步确立了党在"流图"中的领导地位。后来，"流图"中的书刊一直扩散到南宫、广宗、冀县、巨鹿、南和、邱县、清河等县。1934 年秋，潘笑圃调直南特委做发行工作，又将一大批图书调运到曲周、永年、肥乡、磁县、邯郸、大名、濮阳等县，使这些红色书刊扩散到直南大部地区，在宣传共产主义理论方面发挥了重要作用。为革命事业培养了一批干部，提高了他们的理论水平。如威县的郭森、李林、田普航、李华北等，南宫的李菁玉、张霖之、宋之光和巨鹿的李亚光、王伯华、李德等，都已成为当地党的早期干部或骨干。

县委除了做好"流图"的发展工作以外，还千方百计地深入到社会各阶层发动群众，唤起民众。特别注重在教育界发展党的组织。当时的具体做法是：从青年学生和小学教员中选择可靠的对象，向他们讲述中国红军和苏维埃运动的发展形势；讲帝国主义对中国的侵略和国民党反动派的腐败；讲国际上的四大矛盾——帝国主义之间的矛盾、帝国主义与殖民地弱小民族的矛盾、帝国主义与社会主义的矛盾、帝国主义国家内部资产阶级与无产阶级的矛盾。借以指明中国和世界革命必胜的前景，使他们向往未来，要求革命。对忠实可靠、要求进步迫切的，经过进一步培养发展为党员。因此，"流图"已实实在在地成为党的外围组织和发展党员对象的基地。

三、党领导下的学潮斗争

为了扩大党的影响，进一步占领教育阵地，县委经常组织学生撒传单、闹学潮，对反动势力积极开展斗争。首先在乡师和几处高小打开缺口。

1930年，寒假前的一个晚上，乡师学生书写和散发了"拥护共产党""国民党是刮民党""打倒国民党反动派"等标语和传单，并将一部分传单散发在威县十字街头和学校的小操场内。此事使国民党县长贺宗儒、教育局长申益安大为震惊。扬言学生中有共产党分子活动，要求学校追查严办。校方认为李慎之、刘炳炎二人形迹可疑，便趁寒假之机，以莫须有的罪名开除了李慎之、刘炳炎的学籍，妄图以此震慑学生。县委抓住此事，发动学生据理抗争。地下党员李华北、田普航、董渡峰等以学生代表的名义向教育局长申益安、乡师校长高况禹辩理，理直气壮地质问他们为什么开除学生，申益安支支吾吾，狼狈不堪；高况禹理屈词穷，窘态百出。最后被迫答应将李慎之、刘炳炎分配到头百户小学教书，斗争取得胜利。

乡师的学潮斗争，迅传全县，影响至深，各高小的学潮迭起，连续不断。

1931年冬，方营高小学生在威县党组织的领导下，发动了驱逐反动教员李湘梅的罢课斗争。李长期挟持校长，把持校政，尤其对学校中党的活动百般阻挠、破坏。该校教员共产党员潘笑圃、宋采芹发动全体学生向校长提出撤换反动教员李湘梅的要求，并为此掀起罢课斗争，还提出了"不达目的誓不复课"的口号，迫使校方将李辞掉，斗争赢得了胜利。1932年夏秋间，该校学生赵连芹、岳庆勋等为驱逐反动教员赵英洲，在党员教师栗漫晴的鼓动和支持下，又掀起了一次罢课斗争。但因校长分化瓦解学生，使这次斗争未能获胜。

1932年冬，县委派李华北、马瑞波打入了国民党威县教育局在城内北街举办的在乡知识分子训练班。他俩先后发展了训练班中的张建东、孙中乐、张文栋等人入党并建立了临时支部。接着发动了驱逐国民党教员李海楼的罢课斗争。教育局为破坏这次斗争，将李华北、马瑞波开除。此后李华北、马瑞波住在客店里，秘密指导学员继续坚持斗争。在此前后，七级、经镇、胡帐等高小，在党组织的领导下也先后开展了各种形式和不同程度的学潮斗争。

威县党组织利用"流图"打下的思想基础，在教育界开展了一次又一次的学潮斗争，激发了教育界进步师生的革命热情，使党的影响逐渐深入到广大的人民群众中，为冀南农民暴动播下了火种。

（本例文选自《中共威县历史》，魏一海编写，林金淼、潘明辉提供）

中国工农红军第一师征战史

（节选）

第一章　烽火岁月雄师创建　万里长征屡建奇功

红 1 师光荣诞生，反"围剿"战场歼敌

藤田，地处江西省吉安市永丰县中部，是一个有着千年历史的小镇。土地革命时期在这里发生的一次重大历史事件，将这个千年小镇的名字永远镌刻在中国人民解放军的军史上。

为严密红军组织，适应作战需要，在国民党反动派对中央苏区的第四次"围剿"被粉碎之后，中央红军于 1933 年 6 月 7 日，在藤田镇进行整编，史称"藤田整编"。这次整编，取消了军一级组织机构，由军团直辖师，师以下部队逐级缩编，师编为团、团编为营、营编为连。

在这次整编中，中国人民解放军第 65 军第 193 师的前身——中国工农红军第一军团第 1 师诞生了。红 1 师的机关和直属队，由红 22 军机关和直属队编成，师长罗炳辉、政委蔡树藩。师下属 3 个团：第 1 团由原红 3 军第 7 师编成，团长周振国，政委符竹庭；第 2 团由原红 3 军第 9 师编成，团长李聚奎，政委刘英；第 3 团由原红 22 军第 66 师编成，团长黄永胜，政委邓华。全师 5000 多人。

红 1 师成立一个多月后，罗炳辉师长调到红军第九军团任军团长，2 团团长李聚奎升任红 1 师师长。

红 1 师的师团领导大都久经沙场，战功卓著，为红军的创立和发展做出过杰出贡献。1933 年 8 月 1 日，中革军委颁发荣誉奖章，红 1 师有 28 位指战员荣获"红星奖章"。其中就有罗炳辉、蔡树藩、毕占云、谭政、李聚奎、刘英、邓华等师团领导同志。

红 1 师刚刚诞生便经受了第五次反"围剿"的严峻考验，并屡立战功。

1933 年 10 月，蒋介石调集 67 个师又 9 个旅于中央革命根据地的周围

和邻近地区，其中直接用于进攻中央革命根据地的有 46 个师又 4 个旅，共约 50 万大军，对中央苏区发起了第五次"围剿"。蒋介石吸取了前四次"围剿"的失败教训，军事上一改过去长驱直入的战略战术为持久战和"堡垒主义"相结合的新战略，企图逐步压缩并摧毁苏区、消灭红军。

如果红军继续采取积极防御的战略方针，是有可能粉碎国民党军"围剿"的。然而，当时红军的指挥权实际掌控在不懂中国革命战争规律的博古与军事顾问李德等人手里，他们采取了先冒险进攻，后消极防御的错误战略方针。先后提出了"寸土必争""御敌于国门之外""堡垒对堡垒"等错误的口号和战略战术。红军虽然与敌进行苦战，但却没能打破国民党军的重兵"围剿"。

1934 年 1 月底，红 1 师随红一军团从江西永丰地区被调往福建建宁以北地区，和友邻部队一起修筑堡垒，准备保卫建宁。从 1 月底至 3 月底，红 1 师与强大的敌人进行了殊死搏斗，历经 10 余次战斗，付出了很大代价，其中三岬嶂战斗最为艰苦。

1 月 25 日起，敌第三路军主力向红军在黎川以南的樟村、横村等阵地发起攻击，至 2 月 9 日，尽管红军指战员浴血苦战，但由于兵力薄弱，防线太宽，樟村、横村、坪寮、鸡公山阵地陆续丢失。敌 94 师占领鸡公山阵地后，全力扑向三岬嶂。

三岬嶂是一座土石山，高约 500 米，地势险要，此处一旦被占，对建宁方向我军作战的威胁甚大。在鸡公山激战期间，红 1 师奉命先敌占领三岬嶂。师长李聚奎将这一艰巨任务交给了杨得志任团长的红 1 团。杨得志和政委符竹庭决定由杨得志带 2 营、3 营先行，1 营殿后。

2 月 9 日傍晚，冒着绵绵细雨，红 1 团以迅猛的行动赶到了三岬嶂，占领三岬嶂高地后，立即展开构筑工事。三岬嶂是一座土石山。红 1 团虽是主力部队，但装备依然很差，每个连只有几把挖工事的铁锹。山地坚硬，单靠铁锹挖工事十分困难，但战士们知道，挖不好工事就难以对付敌人的攻击，修建好防御工事对夺取这场防御作战的胜利十分重要。杨得志要求部队，工事从山腰往上修，修几层，卧沟、跪沟都要修好，并要求砍些树木加固。铁锹不够用，战士们就用刺刀挖。就这样，红 1 团在山上干了整整一夜。

2 月 10 日拂晓天晴了，三岬嶂才显现了真实面目。四五百米高的三岬嶂不算大，尖尖的，山上有些密疏不一的树木，地面上杂草丛生，藤萝缠绕，坑洼不平，因为下了一夜的雨，不少地方积满了水，1团刚挖好的工事里也到处是泥浆。三岬嶂山虽然不大，但地势比较险要，周围再无制高点，是方圆四五里地的平原，显然是易守难攻的兵家必争之地。为保证防御作战的胜利，杨得志和符竹庭顾不上吃早饭，先围着山转了一圈，检查了部队的工事，刚回到搭起的团指挥所端起饭碗，敌人的飞机就来了。

敌人先用飞机轰炸，同时配合炮击。一刹那，整个山顶随着炮弹的爆炸，断木碎石横飞直泻，土块泥浆劈头盖脸地打来。团指挥所的小棚子也在敌人的炮击中着火了。整个部队隐蔽在工事里。在飞机和炮兵轰炸了大约半个小时后，敌步兵开始进攻，黑压压的一片，在稀疏的炮火掩护下向红军阵地冲来。

当敌步兵接近山脚下时，七八架敌机再次飞临红军阵地上空，对我阵地狂轰滥炸。阵地上巨石迸裂，断木横飞，浓烟和尘土织成一道道灰幕。

红1团指战员们从沙石泥浆中钻了出来，立即投入战斗。

红1团的正面之敌是国民党军第94师。面对强敌，红1团在团长杨得志和政委符竹庭的指挥下，顽强抗击着敌人，击退了敌人一次又一次的进攻。战斗持续到下午2点钟，敌第94师在敌第67、第14师等部的增援下，发起了更猛烈的进攻。红1团官兵英勇抗敌，付出了重大代价。

眼看敌军逐渐逼近山头，杨得志用电话向李聚奎大声报告说："我们的子弹已经打完了，正在用石头打击敌人！"

李聚奎说："你们1团一定要顶住，军团首长已答应派4团支援你们！"4团所在地离三岬嶂较远，最快也要两个小时才能赶到。两个小时，在日常生活中只不过是短暂的一瞬，但在每分每秒都可能流血牺牲的阵地上，这意味着将有更多的红军战士献出宝贵的生命。

红1团继续与数倍于我的敌人浴血奋战。2营营长陈正湘率2营坚守主阵地，英勇杀敌。4连战士梁署科在全班只剩下他一个人的情况下，仍坚持战斗，连续打退敌人多次进攻，保住了阵地；2班班长杨初根，在子弹打光后，带全班战士用石头打退敌人数次冲锋。最后2营只剩下100多人。傍晚，红1军团2师从1团左翼出击，1师的其他部队从右翼出击，1团从正面往下压，才最终挫败了敌人的疯狂进攻。三岬嶂战斗1团损失不小，但是胜利完成了上级赋予的任务。战后，总政治部报纸上还登载了红1团的战绩。由此红1师敢打硬仗的作风也就在全军闻名了。

此后，自1934年9月上旬开始，红1师又在江西兴国县高兴圩、狮子岭，同敌人进行了一场堡垒对堡垒的阵地战。

高兴圩、狮子岭是夹在两座大山之间的起伏地。红1师担任这里的守卫任务。经过数天准备，修工事，筑堡垒，准备与装备优良的敌军进行一场血战。

9月30日，敌人以3个师的兵力，集中数十门大炮，出动十余架飞机，向狮子岭红1团守备的阵地发动猛烈攻击。落在阵地上的炮弹和炸弹有数千颗，满山尘土飞扬，烟雾弥漫，令人睁不开眼。隆隆的炮声震动山谷，即使对面谈话也听不见，阵地上的支撑点和工事大部分被毁。红1师指战员发扬顽强战斗精神，不怕敌人飞机大炮，不放弃一个支撑点，不让敌人占领高兴圩一寸土地。8连代指导员孙光有在阵地连排干部大部分伤亡的情况下，挺身而出指挥抗击敌人。后来该阵地被敌人包围，孙光有和坚守阵地的战士们壮烈牺牲。4连连长在猛烈炮火轰击下，沉着指挥，毫不慌乱，在敌人攻上阵地万分危急的情况下，带领战士和敌人拼刺刀。6连2排长吴生辉，曾被敌人捉获，他一枪将敌人打死逃了出来，后来有三个敌人追来，他又回头打伤打死追来之敌。此外，红1团青年干事、4连7班长和6班副班长、8连战士杨相福，都曾被敌人捉获，最后是用拳头与敌人搏斗逃了回来。5连、6连和8连的工事全被敌人摧毁，但部队仍然顽强地坚持战斗，和敌人拼刺刀，拼拳头，打退了敌人一次又一次的疯狂进攻。

高兴圩、狮子岭战斗是红1师在第五次反"围剿"中打的最后一仗，坚守阵地1个多月，付出了惨重的代价，最终不得不放弃阵地，趁暗夜撤往与苏维埃中央机关所在地瑞金毗邻的于都。

突破三道封锁线　跨过潇水入湘南

在第五次反"围剿"战争中，红军将士英勇抗敌，大小战斗上百次，持续作战近一年，但在错误路线的指挥下，根据地却在一天天被分割，在缩小，红军已完全陷入被动地位。到了1934年10月，中央红军主力被迫撤出根据地，开始长征。

10月17日，红1师和军团供给部、卫生部为红一军团右路纵队，从江西省于都县出发长征，取道粤桂湘边境向西转移。

红军撤出中央根据地，是仓促的、被动的。但敌军方面却早已做好准备，设下重重包围，摆开了堵截围歼的架势，企图将红军"一网打尽"。

国民党南路军陈济棠部为配合北路军、东路军对中央苏区的进攻，在赣州以东，沿桃江（即信丰河）向南，经大埠、王母渡，折向东南，经韩坊、新田等地，构成了第一道封锁线，阻止中央红军进入广东。

中革军委根据上述敌情，决定中央红军由王母渡、韩坊、金鸡、新田地段突破粤军的封锁，向湘南前进。其中，红一军团为左路，攻歼新田、金鸡之敌，向安西、铁石口方向发展。

10月21日，红1师师长李聚奎接到军团首长命令，令红1师袭占新田，突破敌人第一道封锁线上的重要阵地。

李聚奎接到命令后，心情异常激动。自第五次反"围剿"以来，不知打了多少窝囊仗，现在终于有机会能打一个痛快的歼灭战，为中央根据地的父老乡亲们争光，灭灭敌人的威风，长长人民的志气。再说，新田守敌是敌人的什么"王牌"部队，更使他有一种"誓必取胜"的豪情。经过周密考虑，他决定把主攻任务交给红1团。

上午8点多钟，1团和敌余汉谋的部队接火了。战前师部的通报说，1团前面的敌人是两个团，但战斗打响后发现是三个团。当团长杨得志把这些情况告诉各营营长时，他们都异口同声地说：战士们都快憋"炸"了，没有什么问题，拼了，一定能打好！政委黎林告诫大家，战士们情绪越高，干部们头脑就越要冷静，敌人是"王牌"，马虎不得。杨得志对各营营长只提了一条要求：动作要快，要猛。"咬"上敌人后，不论碰到什么困难，都不能"松口"，"要一鼓作气，把敌人打蒙、打乱、打烂"！

一接火，战士们便以饿虎扑食之势向敌人扑去。战斗之勇猛，动作之迅速，是国民党军指挥员没有想到的。余汉谋的部队战斗力虽然强，但由于把红军当成了溃不成军的败兵，不敢主动求战的溃军，因此思想上骄傲轻敌，行动上准备不足，一碰到我们勇猛的攻击便不知所措，乱了阵脚。这次战斗总共打了不到三个小时，1团就歼敌600余人，缴获了大批武器和弹药。

与此同时，红2师6团袭占了金鸡。随后，红军又进攻了版石圩，将敌击溃，追歼敌人至安西，敌退守安西后不敢再出来。至此，国民党军吹嘘的第一道"钢铁封锁线"被冲垮了。

中央红军突破国民党军第一道封锁线后，陈济棠已将其主力撤至大庾、南雄、安远等地，取守势，以防红军进入广东。何键部队正处于分散"清剿"状态，湘中、湘南仅有一些地方部队防守。国民党中央军还远在赣江以东的兴国、古龙岗、石城等地，短期难以赶到湘南和粤北地区。

10月25日，中共中央、中革军委决定乘敌军尚未判明红军意图之际，沿赣粤和湘粤边界，迅速向湖南的汝城和广东边境的城口方向前进。

国民党军在红军突破第一道封锁线之后，又匆忙在汝城、仁化之间构筑了第二道封锁线。依据敌情，中央红军兵分三路，由汝城、城口之间通过敌人第二道封锁线，向宜章方向西进。

此时，粤汉铁路韶关段虽未全线修通，但有些路段已通火车，并且这一带的公路是畅通的。敌人利用交通之便，几年前已用修铁路的器材，在这里修筑了不少坚固的碉堡。粤敌将这一带的工事，用来堵截红军，在这里摆设了第三道封锁线。蒋介石的嫡系部队，经判明我军突围方向后，也从江西、福建纷纷追来。

当红1师进至粤汉铁路以东地区时，粤军亦已赶到，并向红军发起了进攻。

红1师立即就地展开，顶住了敌人的进攻。战斗正在进行中，军团首长突然给师部打来电话，命令师长李聚奎带一个团在前头开路，其余两个团掩护整个部队通过，并令师长在前面开路动作要快，不得延误。

接到命令后，李聚奎把1团、2团留下来，继续抗击敌人的进攻，自己带红3团撤出阵地，跑到全军的前头，担任开路的尖兵。

这一带峻峭绵延的九峰山脉，山高坡陡，怪石峥嵘，再加上连日阴雨，道路滑得很，行走起来相当困难。但3团战士们心中只有军团首长关于"动作要快，不得延误"的指示，不顾一切地往中央纵队的前头赶。再加上聂荣臻及时指挥红2师4团占领了九峰山制高点，红3军团又从右翼占领了良田，从南北两个方向给中央纵队及他们开路的部队作了掩护，使红3团在李聚奎的带领下迅速通过了粤汉线，翻越大王山，攻占了宜章县城。

当李聚奎带领红3团进入宜章县城时，杨得志率领红1团也赶到了，紧接着红 2 团也上来了。李聚奎率领红 1 师，继续向嘉禾、蓝山前进。

但是，当部队到达嘉禾、蓝山附近时，却发现这两个县城的守敌早有准备，设防非常严密。若要攻，可以攻下来，但上级总的意图是要迅速西进，如果攻城，必然延误时间，甚至可能会把后续部队堵塞住。正当李聚奎苦苦思索并准备发电报请示之时，军委发来了急电，令红 1 师除派少量部队监视两城之敌外，部队不要停留。红 1 师马上遵照电令，主力部队继续向西疾进。

过了嘉禾、蓝山，横在红 1 师面前的是潇水。潇水是湘江支流，在北边的零陵汇入湘江。

此时，蒋介石的嫡系薛岳、周浑元的几个师已尾追上来；湖南何键的部队和广西李宗仁、白崇禧的部队，也从两边步步逼近。敌人拉开了架势，企图合击红军于潇水之滨。因此，先敌占领这一带的大渡口——道县，使大部队顺利过江，并迟滞追赶而来的敌军，便成了红军先头部队两项当务之急的任务。

军团首长把抢占道县的任务交给了红 2 师，把阻击敌人的任务交给了红 1 师。

11 月 22 日，红 2 师 4 团在团长耿飚、政委杨成武的率领下，以日行 50 多公里的速度，长途奔袭潇水之滨的道县，一举获得成功。

李聚奎带领红 1 师抵达潇水西岸后，命令部队立即展开，在 20 公里的正面上，顽强抗击敌人。当中央纵队从红 1 师控制的地段渡过潇水后，军团首长命令红 1 师立即收拢部队，继续向百十里外的湘江前进。

鉴于红 1 师的右边是红三军团，左边是红五军团。在撤出之前，李聚奎先利用沿途的电话线同红五军团司令部联系，告诉他们 1 师要立即往前赶，请他们来接替的部队尽快向这边靠拢。

电话里传来红五军团参谋长刘伯承的声音，他说："同志呀！你们的队伍不能走。我们的队伍还没有上来呢！"

刘伯承原是红军总参谋长，因反对李德教条主义错误，被撤销红军总参谋长职务后，调任红五军团参谋长的，他的话是举足轻重的。更主要的是，李聚奎想到，中央纵队所去未远，如果五军团不能及时靠拢过来，而红 1 师又已撤出，敌人追上来时，会给中央纵队带来威胁。为此，他没有向部队下达撤出阵地的命令。

第二天，红三军团司令部路过此地。李聚奎于是向红三军团军团长彭德怀汇报了红1师此时的情况。

彭德怀听后，对刘伯承的意见表示了赞同："刘伯承同志的意见很对，潇水西岸不能给敌人留下空隙；只有保住西岸，并给追来之敌一个歼灭性的打击，才能使已经过河的中央纵队和部队更远地脱离敌人，放心前进。所以你们师不但现在不能走，而且我们三军团的6师还要暂时归你指挥。至于一军团命令你们往前赶，由我同你们军团司令部联系说明。"

于是，李聚奎便指挥1师的1团、3团（2团已随军团司令部前进）及三军团6师，防守潇水西岸，准备迎击追来的敌人。

11月25日，敌人追至潇水东岸，搜集了大批船只，妄图渡过潇水，追击红军。

红1师大部及三军团6师，坚守在潇水西岸，顽强阻击敌人，击沉了一批又一批船只，击毙了一群又一群泅渡的敌兵。国民党军隔岸望河兴叹，潇水成了他们不可逾越的障碍。

潇水之战打了两天，迟滞了敌人，使中央纵队从容向湘江东岸开进。完成任务后，红1师部队和三军团6师立即收拢，继续向西挺进。

掩护中央渡天堑　英雄鲜血洒湘江

湘江，是湖南省境内最大的河流，长沙的母亲河，它滔滔南来，汩汩北去，过韶山而进入长沙城，经三汊矶又转向西北，至乔口而出望城县，再过岳阳入洞庭。湘江两岸赤壁如霞，白沙如雪，垂柳如丝，樯帆如云，构成美丽的长沙沿江风光带。湘江水流平缓，河床宽阔，东西两岸，支流汇注，下游受洞庭湖水顶托，因而形成绿洲片片。十里长岛，浮于江心；凌波长桥，横贯东西。

但是，湘江与中国革命结缘并不是因为它的秀美，而是因为在这湘江之滨，中国工农红军遭受了自长征以来最大的一次损失。

中央红军渡过潇水后，蒋介石命令何键"追剿"军与粤、桂军相配合，凭借湘江险阻，构建第四道封锁线，从四面对中央红军进行围追堵截，企图把红军歼灭于湘江以东地区。

红军为调动敌人，迅速突破湘江封锁线，突破国民党军重围，决定以一部兵力西进永明。这一行动，使李宗仁、白崇禧误认为红军要夺取桂林，匆忙将桂军主力由全州、兴安一线撤向龙虎关、恭城一带堵截，以阻止红军西取桂林。这样，兴安、全州一线敌军防守的兵力就比较空虚了。中央红军抓住这一有利战机，决定迅速从兴安、全州间抢渡湘江，突破敌人第四道封锁线。

11月27日、28日，红一、三、五军团所属部队先后到达湘江两岸，迟滞追击之敌，掩护后续部队通过。虽然此时，军委纵队已经前进到距离湘江渡河点80多公里的地方，但因未能轻装，导致每天只能前进20多公里，足足走了4天，才到达湘江边。湘江两岸的部队为了掩护全军渡江，与优势的敌军展开激烈的战斗，付出了惨重代价。

其中，红2师在脚山铺阵地，顽强抗击敌刘建绪部4个师的进攻。尽管红军战士一个个英勇不屈，但毕竟敌人兵力太强，阵地仍出现岌岌可危之势。

脚山铺离红军控制的渡口只有25公里，是国民党军进入红军渡口之咽喉要地。守住脚山铺阵地，对掩护我军主力渡江至为重要。

关键时刻红1师赶到了脚山铺。

红1师是11月28日撤离潇水西岸的。部队昼夜兼程，急行军两天两夜，30日凌晨抵达脚山铺阵地。这时，战士们已经极度疲惫，有些人停下来，站在路边就睡着了。但红一军团为完成掩护红军渡江任务，不得不命令他们立即投入战斗。1师马上进行紧急动员，仓促调整部署，立刻进入阵地，与红2师并肩抗击敌人。

30日，红一军团展开了全面阻击。

敌人以第16、第19两个师为前锋，向红1师阵地轮番进攻。1师2团、3团担任正面阻击。枪声一响，战士们睡意全消。一双双熬红了的眼睛，像团团烈火，盯住国民党军，打退了国民党军一次又一次的进攻，打得国民党军尸横遍野。

国民党军不甘心失败，又投入更多的兵力，在10多架飞机掩护下，三番五次向1师阵地猛扑。

激烈的战斗进行到下午，国民党军以优势兵力，猛烈炮火，突破了1师部分防线。

12月1日凌晨1时半，上级传下朱德总司令给全军下达的紧急作战命令。命令中指出："一军团全部在原地域有消灭全州之敌由朱塘铺沿公路西南前进部队的任务。无论如何，要将汽车路向西之前进诸道路，保持在我们手中。"

12月1日是中央红军离开中央根据地以来战斗最激烈的一天。上午，红1师实施全线反击，夺回部分阵地。之后，国民党军在机群的狂轰滥炸下，以越来越多的兵力，先是向3团阵地猛扑。炮声隆隆，杀声震天。3团的战士们，在阵地上，在密林间，和敌人展开了你死我活的拼杀，先后击退了敌人五六次冲锋。这时，敌转而猛攻红1、2师的接合部，从兵力薄弱处突进了四五里地，并迂回到3团背后，包围了3团两个营。3团从团长政委到每一个战士，都端起了刺刀，在茂密的松林里，与敌人展开了刀对刀的浴血苦战。

正午时分，在得悉中央纵队已渡过湘江，并已越过桂黄公路的消息后，红1师的领导立即向3团发出收拢部队、向西突围的命令。同时，师主力则按照军团关于1师与2师交替掩护、边打边撤的命令，经木皮口、鹞子江口，退入越城岭山区。

3团接到突围命令后，有一个营突错了方向，突入了敌群之中，被敌分割成若干小股。在极端危险的情况下，班、排长和党的支委、小组长挺身而出，带领各个小股独立作战，用刺刀杀出了一条条血路。两天以后，多数战士返回了自己的部队。

湘江血战，历时五天五夜，是中央红军撤出中央苏区以来打得最激烈、损失也最惨重的一仗。红军广大指战员以高度的政治热情和英勇的献身精神，与优势国民党军苦战五昼夜，终于突破了敌军重兵设防的第四道封锁线，保护中共中央领导机关安全渡过湘江，粉碎了蒋介石围歼中央红军于湘江以东的企图。但是，红军也付出了极为惨重的代价。

突破乌江建功勋　　四渡赤水出奇兵

在渡过湘江，红军突破敌人第四道封锁线之后，红1师随第一军团从广西资源县向重峦叠嶂的湘西开进。按照计划，中央红军欲与第二、第六军团会合。

察觉中央红军意图的蒋介石随即调整部署，一方面调集刘建绪、薛岳两部主力10多万人，配置在湘西城步、绥宁、靖县、会同、武冈一带，布成一个大口袋，等着红军往里钻；另一方面在红军前进的道路上构筑碉堡，节节阻击。

12月12日，中共中央负责人在湖南通道举行紧急会议，大多数同志赞成和支持毛泽东转兵计划。12月18日，中共中央政治局在黎坪召开会议通过决议，放弃与红二、六军团会合的计划，改为在川黔边建立根据地，为此首先要攻占遵义。按照决议内容，整个部队按照军委命令，分两路向遵义地区挺进，其中红1师归属右路纵队。

红军西入贵州，大出国民党军意外。蒋介石、何键原定在湘西同红军决战的计划落空，被迫调整部署：令"追剿"军第一兵团主力，由湘西经剑河向施秉方向尾追。

根据上述敌情，中央红军按照中革军委命令，日夜兼程向西疾进。29日，红一军团分两路进逼乌江，红2师30日进占猴场（今草塘）、陈家寨，31日进至木老坪及其东北地区。红1师由余庆出发，30日到达龙溪。

这时，尾追红军之国民党军吴奇伟纵队四个师已进占施秉，周浑元纵队四个师已进占施洞口，正向新老黄平逼近，企图将红军歼灭于乌江以东、以南地区。中央红军决心在薛岳部尚未到达之际，迅速抢渡乌江，向遵义地区前进。

乌江是贵州省最大的一条河流，斜贯贵州省。它发源于威宁草海附近，由西南向东北奔流，属于长江水系。江面宽200多米，水深流急，两岸悬崖绝壁，难以攀登，素有"乌江天险"之称。乌江对岸有黔军教导师一部凭险防守。从回龙场到茶山关对岸有国民党军三个团，企图阻止红军西渡与北渡乌江，并配合"追剿"军薛岳部围歼红军于乌江南岸。

1935年1月1日，杨得志率领红1团奉命从龙溪赶到乌江渡口——回龙场，准备强渡乌江。红军侦察得知，江对岸有当地军阀侯之担的一个营防守。他们企图凭借乌江天险堵住红军，以便等待追赶红军的蒋介石嫡系部队的到来，形成合围的局面。侯之担部队战斗力不强，但地形对他们十分有利，加上又是以逸待劳，红军要想突破敌人这条防线，并不容易。乌江江面并不太宽，但水深流急。滔滔江水翻着白浪，呼呼的吼叫声回响在两岸刀切般的悬崖峭壁间，震耳欲聋。别说渡过去，就是站在岸边也会给人一种颠簸不宁的感觉。

为防止红军渡江，国民党军在逃跑前对村庄进行了严重破坏。村子里别说没有船，就连一支木桨，甚至一块像样的木板也难找到。船渡显然是不可能的了。架桥呢？不要说没有材料，就是有，水流急，敌人居高临下，也是不行的。凫水吗？湍急、汹涌的波涛将毫不费力地把人吞没……

此时，被红军甩掉的敌主力部队数十万人已经紧追上来了。中央红军的领导机关和所有的部队，都集结在乌江西岸。

时间就是生命，时间就是胜利。就在红1团官兵就如何渡河一筹莫展的时候，一根漂浮在江中的竹竿给了红军以启发——扎竹排。乌江边的竹子很多，材料绰绰有余。于是，红1团的指战员一齐动手，很快便找来了许多干的、湿的、粗的、细的、长的、短的竹竿。然后七手八脚地你捆我扎，没有麻绳用草绳，没有草绳剥竹皮，最后连绑腿带也解下来用上了。大约3个小时左右，便扎成了一个一丈多宽、两丈多长的竹排。这样一来，大家的情绪更高了。战士们纷纷争着报名，要划第一只竹排冲过乌江去。

竹排是扎成了，但是对能否渡过江去并没有把握。于是杨得志又从前卫营挑选了八名熟悉水性的战士，由他们先行试渡。当日下午，竹排缓缓离开了浅滩。10米，15米，竹排艰难地冲过一个又一个险浪。又前进了几米。突然，竹排像被抛出了水面，一个小山似的浪头向竹排猛扑过去，竹排被江水吞没了。还好，竹排又从水中冒出来了。上面的八位同志，仍在奋力地向前划着。竹排突然停住了，像是碰到礁石，又好像被卡进了什么地方。静下心来仔细一看，竹排并没有停住，只不过是比开始时稳定得多了。尽管激浪此起彼伏，漩涡一个接着一个，系着全团指战员心愿的竹排依然在继续前进着。突然竹排在江心中斜立起来了，汹涌的江水，刹那间把竹排推倒，迅速地冲向了下游。几个黑点在浪涛中时闪时现，不一会儿，完全埋进了漩涡。过了好半天，八位勇士也没有浮出水面……

岸上的喧嚷声一下子停了下来。江水的吼叫代替了同志们对战友们的呼唤。

风还在刮，雨雪还在下。

"一定要渡过去！"杨得志等团首长把继续渡江的任务交给了1营营长孙

继先。

战士们并没有被刚才的不幸吓倒，都争先恐后地向营长请求任务。孙营长好不容易才说服了大家，然后挑选了十几名战士。他们的装备和渡江工具与方才一样，不同的是渡江的起点换到下游几十米处水流较缓的地方了，竹排上又增加了几个扶手。

渡江又开始了。天黑得像锅底，连近在眼前的东西也看不清。竹排离开浅滩，起先还能听到竹片打在水面上发出的"噼噼啪啪"声，随后这声音越来越小，渐渐地连这响声也听不清楚了，只有呼号的寒风从耳边掠过。虽然伸手不见五指，同志们却依然瞪着大眼，默默地注视着东岸。大约过了半个小时，前面仍然没有一点动静。时间不等人，如果这只竹排再出问题，天亮了，一切都暴露在敌人的眼下，那……

"乓！"一声枪响，把杨得志从沉思中惊醒。抬头望去，只见火光是从对岸山顶上飞出来的。很明显，这是敌人放的冷枪，而不是盼望的联络信号。

"乓！乓！"是两枪。

黎林同志疾步走到杨得志身边，但没有讲话。

"乓！乓！"又是两枪！"老杨，两枪，是山下响的！"黎林立刻惊叫起来。

"啊！是我们的！"杨得志简直无法控制内心的喜悦。"是的，是我们的。开船！"随着杨得志一声令下，早已整装待发的另一只竹排，弦上飞箭似的出动了。几乎同时，红军的机枪、步枪、"三七"小炮一齐开火。竹排在密集的炮火掩护下破浪启程了！

不多久，只见对面山顶上红光闪闪，红光中夹杂着"嗵嗵"的音响，那是手榴弹在敌堡中爆炸了。也就是说，我们的勇士已经登上了敌人的山顶。接着，步枪、机枪吼叫起来，爆炸声、喊杀声混成一片。

天险乌江终究被红军突破了。

与此同时，耿飚、杨成武率红4团在猴场也渡过了乌江。

红1师进入遵义城后，屁股还没有坐热，就接到上级命令，开往桐梓、松坎一线，担任对遵义的警戒。就这样，在红1师等红军部队的护卫下，决定中国革命命运的遵义会议召开了。

遵义会议后，中央红军面临的最大问题是，如何摆脱数十万敌军的围追堵截，胜利完成长征。

当时，红军当面的敌情十分严重。国民党集中兵力向遵义地区进逼，企图围歼中央红军于乌江西北、川黔边境地区。

中革军委为打破敌企图围歼我军的严重局面，决定乘敌尚未形成合围之前，由遵义地区向川南前进，北渡长江。

1月19日，中央红军奉命分兵三路北上，向赤水县方向前进，预定北渡长江的渡江地点为宜宾到泸州一线。

其中，红一军团于23日进占东皇殿（今习水），驱使黔敌侯之担部逃窜。随后红1师接到军团部命令，为全军开路，经猿猴（元厚）场向旺隆场方向疾进，26日在离赤水县约15公里的黄陂洞，与由赤水县向土城开来的川军章安平旅遭遇。国民党军已先于红军占领了右侧高地，凭借左边的工事对红1师实行火力封锁。

红1师陷入了敌人三面包围之中。

此时，中央纵队与三、五、九军团已抵达土城。但由于从温水追来的四川军阀先头部队郭勋祺旅和潘佐旅的第6团在土城东北的青杠坡、石羔嘴一带，与我后卫的红五军团形成对峙，致使在土城地区展开了一场激战。为了消灭尾随的川敌，毛泽东、周恩来、朱德等同志都亲临前线指挥。

红1师的指战员们深知中央领导同志夺取土城战斗胜利的决心，在受敌三面包围的情况下，仍坚持在黄陂洞浴血苦战，击退了敌人多次进攻。

红1师在黄陂洞坚持到次日黄昏，中革军委鉴于土城鏖战数日，虽歼敌一部，但敌增援部队即将赶到，原定进占赤水、北渡长江的计划已为敌所阻，没有实现的可能，在此久战对我不利，于是当机立断，下令连夜撤出战斗。红1师亦奉命从黄陂洞撤出。整个部队于1月29日拂晓前，从猿猴场、土城西渡赤水，向古蔺开进。这就是历史上有名的一渡赤水。

部队一渡赤水后，于2月8日、9日到达滇东北之扎西。蒋介石闻讯急调滇军3个旅到镇雄地区堵击，又令川军10多个旅由北向南压来，国民党中央军周浑元部亦同时向扎西地区扑来。中革军委鉴于各路敌军蜂拥而至，而黔北敌军兵力薄弱，遂决定利用敌人认为我军仍将北渡长江的错觉，出其不意挥戈向东，返回四川南部，再次进入贵州。根据这一决策，红1师随红军主力于2月20日二渡赤水河，甩掉四川围追堵截之敌，使蒋介石合围红军的企图再次落空。

红 1 师从古蔺南边再次渡过赤水河后，李聚奎命令杨得志率红 1 团作为先头部队，昼夜兼程东进。24 日晚进抵桐梓，并趁夜暗展开攻城。战斗进行了不到两个小时，黔军守敌蒋德铭部第 4 团的两个连就向娄山关方向溃逃了。

25 日拂晓，红军再次占领桐梓，就此拉开了二占遵义的序幕。

经半天激烈战斗，素有"一夫当关，万夫莫开"之称的娄山关，便被红军攻破。娄山关一开，遵义便无险可守了。红一、三军团乘胜向遵义方向追击前进。27 日，红三军团占领遵义城。红 1 师则从城东门外一直打到南门外，以配合红三军团作战，虽没有进城，却打垮了敌人的增援部队，随后又会同红三军团一起追歼残敌。

二占遵义以后，中央红军转移到遵义西南约三四十里的鸭溪地区休整约一个星期。趁着红军在鸭溪休整，拼凑起来的残敌又重整旗鼓，北渡乌江，企图伺机反扑。为了充分调动敌人，红军主动放弃遵义城，于 2 月 16 日在茅台地区三渡赤水，再次向古蔺方向前进。

国民党军误以为红军仍要北上，于是赶忙改变部署。但岂料毛泽东再次指挥红军掉头向东，于 3 月 21 日从二郎滩、太平渡一线四渡赤水，然后又掉头南下，从而把北线的国民党军远远地甩在后面。

再渡乌江做先锋　顺利通过彝民区

3 月 26 日，中央红军进至遵义、仁怀大道北侧干溪、马鬃岭地区。27 日，为了隐蔽向南发展的意图，以红九军团暂留马鬃岭地区，伪装主力，向长干山、枫香坝佯攻，以吸引国民党军北向，主力则继续向南疾进。28 日，红军主力由鸭溪、白腊坎之间突破敌人封锁线，冒着狂风暴雨，进入乌江北岸的沙土、安底地区。31 日，中央红军分路由江口、大塘、梯子岩等处再渡乌江。

南渡乌江的先遣部队由红 1 师 3 团担任，任务是选择敌人江防薄弱处实行强渡，强渡之后，再肃清其他渡口的敌人，支援主力过江。

3 团于 3 月 31 日到达乌江边，并在乌江边的高山背后隐蔽下来。然后，一面侦察敌人江防情况，一面做渡江准备。

战斗之前，天空中阴云密布，乌江岸上惊人的沉静，只有滚滚的江水发出震耳欲聋的声音。乌江对岸是笔直的峭壁悬崖，江水轰鸣着滚滚东去。并不很宽的江面，水流湍急，礁石层出，石壁下到处是汇聚而成的漩涡，人或船一旦被卷入其中就很难脱身，会被立刻吞没。守在对面渡口的国民党军是薛岳所部约一个营的兵力，他们早在一个月以前就已来到此地，不仅构筑了坚固堡垒等防御工事，而且破坏和封锁了所有可供渡江的船只和可以登陆的道路。

对岸石壁上有一条像锁链似的从悬崖上挂下来的羊肠小道，是当地渔民下江时常走的小道，从底下爬上去，约在50米高的地方，是用两根树木架成的一座悬桥，桥头上是一个石洞。虽然国民党军只用了约一个班的兵力，据险扼守着这通向山顶的唯一孔道，但因为这地形实在太过险要，只要国民党军有手榴弹和石头，红军就很难攻上去。要是他们再把那两根搭成悬桥的木头抽掉，红军就是插翅也难过了。

红军原计划趁国民党军尚未发觉，采取突然袭击的手段过江。1营前卫分队到达离江边五里处就伪装起来向江边运动，但很快就被国民党军发现，红军只好改偷袭为强攻。战前部队进行了政治动员，号召全体同志学习北渡乌江的勇士们的革命英雄主义精神，勇猛作战，不惜一切代价争取胜利。全体干部、战士深受鼓舞，群情激奋，斗志昂扬，还提出要开展渡江战斗竞赛，比一比谁打得最顽强勇猛，谁最先到对岸，谁最先占领并巩固住江边。战士们抱定破釜沉舟的决心：只能前进，不能后退，坚决打垮敌人。

1营派遣一个排的兵力担任渡江先锋。在经过紧张短促的战前准备以后，先锋排的红军指战员们在火力掩护下，坐上竹排就往对岸划去。山顶上的敌人发现竹排后，马上集中火力向竹排疯狂射击，竹排四周水花四溅。竹排在惊涛骇浪中打着旋儿顺流而下，根本无法把握方向，在巨浪冲击下，一会儿漂上，一会儿沉下，半个钟头以后，不仅没有渡过去，反而又被水推回了北岸。看样子水流如此湍急，就算先头分队强渡成功，竹排来回渡一次，也需要一个小时的时间，而敌人又在拼命地封锁，先头部队根本无法坚守既得阵地。红军鉴于日间强攻难以奏效，于是改为夜间偷渡。

黄昏以后，天气骤变，一时间，狂风怒吼，电闪雷鸣，大雨倾盆。天空就像一口大锅罩在大地上，天色同乌江的浊水难以分辨，江水疯狂咆哮。这样的天气虽然给红军的渡江准备工作增加了极大的困难，可同时也麻痹了敌人，守敌认为在这样恶劣的天气里，红军根本无法渡江。但是，他们错了，对于最善于迎难而上、出奇制胜的红军而言，坏天气恰恰成了掩护渡江的好条件。

晚10点，在暴风雨和夜幕的掩护下，1营白天渡江没有成功的先锋排先把竹排偷偷拖到预定登岸点的上游，放出后，斜着顺江而下，冲到江心，然后经过同江水的一番搏斗，勇士们终于胜利地到达了南岸。虽然敌人没有发觉，偷渡成功，但是由于天太黑，南岸的敌情又不明朗，北岸红军无法以火力支援他们，所以只能靠先锋排发扬孤胆精神，根据情况进行战斗。

勇士们渡江之后，静静地隐蔽在江边的一块岩石后，3月的夜晚，阵阵寒气从江上袭来，全身湿透的战士们禁不住瑟瑟发抖。先锋排派出3个攀缘技术好的战士进行侦察，终于找到了石壁上的那条羊肠小道。三个战士抓着石壁上的野藤，用绑带、米袋结成绳子，像灵敏的猴子一样，一个接一个地顺着石壁间的小路攀了上去。黑暗中，他们利用风雨呼啸声作掩护，悄悄地摸到了吊桥边。借着一道闪电掠过，战士们探明了蜷伏在桥头洞口的敌哨兵的方位，紧接着几个手榴弹同时飞了过去。"轰！轰！"几声炸响，蜷缩成一团的敌人有的被炸死，没炸死的狼嚎似的喊叫起来："共军来了！"然后没命地滚下山去。

占领了这个险要的隘口，就等于打开了通向南岸山上的孔道，控制了渡口。紧接着后续部队便源源过江，到了凌晨3点钟，已经渡过了一个连。先头连过江后，即以小群分散运动至离敌主阵地100米左右的地方隐蔽下来。

遭受突然袭击的国民党军弄不清红军有多少人已经过江，看到山头堡垒失守，马上乱作一团。红军趁乱于拂晓时，发动突然袭击，敌守军一个连当即被消灭，紧接着全营敌人就跟着一起垮了下去，四散逃命了。

工兵连架起浮桥，天亮后红1师主力立即全部过江，乘胜前进，并迂回到乌江下游的几个渡口的后方，将沿江零散守敌全部消灭在了江边。

前卫分队在离开渡口三四公里的地方，俘虏一个从息烽敌军师部派来的传令兵，并缴获了其随身携带的一封急信，原来是敌师部要渡口敌营长无论如何不惜一切代价守住渡口，等待援军。红1师得到这个情况后，随即留下一部分兵力守住渡口，主力沿公路向通往息烽的婆场前进迎击敌援军。半路上，果然与敌援军一个营遭遇。他们还蒙在鼓里，完全没有料到会迎头碰上了红军。红军一个猛冲，就将敌人歼灭，然后乘胜向贵阳方向疾进。

红军向贵阳方向前进，扬言要打贵阳，并派出一部分部队在贵阳城外摆开阵势，把通往贵阳的方向警戒起来，主力却从离城四五十里的地方往西南而去。国民党军被红军的行动所迷惑，以为红军要在贵州建立根据地。于是川军主力马上向黔北快速集结，中央军薛岳部及湖南军阀则由东面进行堵截，蒋介石又再次亲往贵阳督战。而红军却乘虚直插云南，并且又作出要打昆明的姿态。云南军阀慌了手脚，蒋介石又慌忙赶到昆明督战。而红军主力却又掉头直向西北，把国民党军远远地抛在后面。红军的行动调动了敌人，使自己从容地于5月3日至9日渡过了金沙江，摆脱了数十万敌军的围追堵截。

北渡金沙江后，中共中央在会理召开政治局扩大会议，决定继续北上，抢渡大渡河，会合红四方面军。

5月15日，中央红军主力沿会理至西昌大道北进。16日，担任红一军团先头部队的红1师1团在半站营、八斗冲一带将国民党川康边防军一个旅的拦阻击溃，然后乘胜追击，于17日攻占德昌，俘敌200余人，缴枪200余支。当天，作为红一军团前卫的红1师全部到达德昌，并向西昌派出侦察部队。

此时，中革军委决定成立中央红军先遣队，以便进行战略侦察，为红军北上开路。先遣队由红1师1团和一个工兵连等部队组成，红军总参谋长刘伯承兼任先遣队司令员，红一军团政委聂荣臻任政委。师长李聚奎随1团行动。

5月21日夜间，先遣队占领了进入大凉山彝族区的必经之地冕宁县城，紧接着先遣队准备迅速通过彝族区，向安顺场方向前进。

彝族区处于深山野岭之中，交通阻隔。彝族同胞长期遭受国民党政府、地方军阀以及奴隶主的残酷压迫和剥削，经济文化落后，生活极其贫困。加上国民党实行欺压少数民族政策，使贫穷的彝民视汉人为仇敌，他们对汉族不信任，不准汉人的军队进入他们的地区。正确执行我党民族政策，争取彝族人民支持，是红军继续北进的关键。

针对这种情况，红1师师长李聚奎同1团团长杨得志、政委黎林等人在一起研究了一整夜，决定对部队进行广泛的动员教育，不但要顺利通过彝族区，还要给彝族同胞留下好的印象。22日，先遣队各级领导分头下部队向战士们介绍彝族情况，讲解党的政策，进行了充分的动员和教育。

5月23日清晨，部队从冕宁出发，由工兵连在前面开路，进入大凉山彝族地区。

峰峦峭拔的大凉山，岩嶂奇险，在苍黑葱茂的密林中，覆盖着洞壑泉苔。工兵连踏着厚厚的腐叶，攀着带刺的藤蔓，本来就十分艰险，加上随时要提防彝民袭击，而上级又规定不能开枪还击，使得战士们瞻前顾后，真有点提心吊胆。

刘、聂首长在李聚奎与杨得志所带领的1团3营的护卫下，跟在工兵连后面前进，每人手里拿一根棍子做手杖，同样步履维艰。

谁知，刚进山不久，工兵连王耀南连长却光着身子跑回来了。大家见状都觉得愕然，工兵连王连长啼笑皆非地报告说："部队都撤下来了。枪支、工具都被彝民抢去了。瞧，身上的衣服全被他们剥得光光的。"说着，他忍不住笑了笑，不好意思地弯下身子，缩作一团。

听他这么一说，在场的人都忍俊不禁。

杨得志没有笑，而是关切地问道："怎么样，有损失吗？"

王连长庆幸地笑着说："还好，虽然枪支、工具都被'没收'了，但人员没有损失。"

"他们怎么放了你们哪？"

"碰到一个彝族同胞，说他是什么头人的代表，要见我们首长。他跟他们叽叽咕咕，说了些什么我们也听不懂。于是，就把我们放了。"

杨得志瞅着王连长窘迫的样子，也禁不住笑了，说："赶快找衣服穿上。我去向刘、聂首长报告。你要把部队带好，前面还要你开路哪！"

"请杨团长放心，我们保证完成任务。我看彝族同胞不错，他们光扯着嗓子喊，却不开枪。可惜语言不通，不然，讲清道理，我看他们是会让我们通过的。不过——"王耀南停了停，摇摇头，苦笑道，"我们红一军团的工兵连，这还是头一次'打'这样的'败仗'哩！"

虽然战士们被不了解红军的彝族兄弟"缴了械"，甚至剥光了衣服，但他们没有怨言，而是坚决相信党的民族政策一定会得到彝族同胞的理解，一定会取得胜利。

后来，先遣队找到一位"通司"（翻译），通过他认识了当地彝民的首领小叶丹。刘伯承司令员亲自出面，同他饮鸡血盟誓，结为兄弟。并赠送枪支帮助他们建立了"中国彝民红军果基支队"。从而创建了彝族同胞中的第一支群众武装。

大渡河畔创奇功　十七勇士威名扬

当得知红军已越过德昌正向大渡河兼程疾进时，国民党迅速调集重兵加强大渡河以北的防御力量，妄图凭借大渡河天险，使中央红军成为"石达开第二"。

石达开是太平天国名将，因内部矛盾同洪秀全分裂后独自带军出走，后来就是在大渡河畔全军覆灭。临终，石达开写下"大江横我前，临流曷能渡"的诗句，来悲叹这一千古恨事。

一个世纪之后，红军经过万里征战，渡过金沙江，通过彝族区，差不多也是沿着石达开行军的路线来到古战场——安顺场，并在石达开曾安营扎寨的营盘山扎了营，准备抢渡大渡河。但是，同百年前的石达开相比，红军却面临着更加严峻的形势。

此时，大渡河已进入洪水期，不仅河宽100多米，而且水深流急，渡口对岸高山耸立，两山之间有一条狭缝，是唯一上岸通道。而守军川军第5旅第7团一个营已先红军占领了这一地区，并开始构筑防御工事，企图凭险拒红军于大渡河南岸。同时，在整个战役部署上，蒋介石也效法清代将领骆秉璋对付石达开的做法：令薛岳指挥周浑元、吴奇伟等3个纵队，日夜兼程追击红军；令刘文辉加强大渡河北岸的防御；令杨森率全军经乐山、雅安急赴大渡河。为了防止增援部队贻误战机，导致增援不及，又令刘湘派第21军第2师第6旅赴汉源、富林加强防御。此外，河防部队不仅搜集船只、粮食及一切可供红军利用的物资器材，而且还散布流言唆使少数民族阻挠红军前进，妄图将红军一举聚歼于大渡河南岸。

然而，蒋介石高兴得太早了。在中国共产党领导下的人民军队，凭着正确的战略战役指导，凭着英勇顽强的红军战士，是不会重蹈历史覆辙的。中央红军先遣队红1师第1团在通过大凉山彝族区后，冒着大雨经过140多里的急行军，于5月24日赶到大渡河南岸重要渡口安顺场附近。

5月24日晚8时左右，先遣队司令部翻过一道山梁，便听见了"轰隆轰隆"的巨响，这就是令人生畏的大渡河了。

从山上望去，大渡河两岸横断山脉，崇山峻岭绵延无边。安顺场渡口附近的河面有 300 多米宽，30 多米深，流速如梭。河底乱石嵯峨，形成无数漩涡，俗称竹筒水，可让鹅毛沉底，无论水性多好也无法泅渡。由于水深流急，不仅不能架桥，而且就是船渡也要先牵至上游两里放船，此后还需有经验的艄公掌舵和 10 余名船工齐施篙橹，形成一股合力使船沿一条斜线冲到对岸才成。就算涉险冲到岸边，但因对岸渡口另有石级，如不能对正，碰到两侧石壁上，也会导致船毁人亡。

不远处有一片星星点点的灯光，那就是先遣队要夺取的安顺场渡口。国民党军为了防止红军渡河，经常有两个连在此驻守。除了留有一条自用的小船，他们抢走、毁坏了所有船只。安顺场对岸驻有敌人一个团（团的主力在渡口下游 15 里处），上游的泸定城驻有三个"骨干团"，下游是杨森的两个团，要渡过大渡河，必须首先强占安顺场，夺取船只。

先遣队司令刘伯承下令部队休息后，便让人将 1 团 1 营营长孙继先找来了。根据预定计划，1 团 1 营为主攻部队，2 营向大渡河下游佯动，3 营为预备队。很快，孙继先就跑步赶来了，还没等他开口请示，先遣队政委聂荣臻却先问道：

"孙继先，你知道石达开吗？"

孙继先摇摇头，想了一会儿，试着回答道："是个历史人物吧？"

"不错，"聂荣臻神色严峻地说，"石达开是太平天国的翼王，带着数万人的部队转战来到了大渡河边的安顺场，也就是我们今天站的这个地方。可是，石达开没有渡过去，在清兵的追击下，全军覆灭。现在，蒋介石做梦了，派飞机撒下传单，说前有大渡河，后有金沙江，他们还有几十万大军围追堵截，朱毛红军插翅难逃，要让我们做第二个石达开。"

孙继先一听这话，不仅没有退缩，反而激起他的一股豪情：

"管他十达开、九达开，我们一定能渡过大渡河！"

刘伯承满意地看了看他，接过话茬儿说："我们会不会做石达开第二，主要是看你们的了。"

孙继先慨然请战，拍着胸脯说："请总参谋长下达命令吧！"

"好！安顺场也就一个营，不多，而且还是当地袍哥一类人组成的民团武装。你马上率领 1 营去完成三个任务：第一，歼灭安顺场的全部敌人后，点一堆火，作为信号；第二，部队占领安顺场后，迅速找船，再点一堆火；第三，把一切渡河工作准备好后，再点一堆火，我们后续部队马上就到。明白吗?"

孙继先响亮地回答道："明白了!"

刘伯承又问刚赶来的杨得志和黎林："你们还有什么要交代的?"

杨得志深感任务重大，主动请缨："我跟随第 1 营行动吧。"

刘伯承非常高兴："好!"

杨得志、黎林迅速根据刘伯承的命令明确了任务分工：黎林带 2 营到安顺场渡口下游实施佯攻，以吸引敌守军那个团的主力；杨得志带 1 营先夺取安顺场，后实施强渡；3 营留在原地掩护指挥机关，担任后卫。

明确任务，杨得志和孙继先立即赶至营部，召集各连干部召开军事会议进行战斗分工：1 连攻正面，从安顺场南面冲进去；3 连攻左侧面，从安顺场西南冲进去；2 连和营部机枪排从东南面沿河边冲，负责右侧面，并负责找船。

晚上 10 点，部队开始行动。

前一天为了掩护 1 团的行动，左权和刘亚楼率 5 团攻占了距安顺场 15 公里的大树堡，并在那里造船扎筏，大造声势，给人以从此强渡大渡河的态势，并声言要打到雅安、成都去。因此，守在安顺场的刘文辉第 24 军 5 旅的那个营的敌军毫无防备，还以为红军会从大树堡方向渡河。所以，当 1 营部队冲至安顺场街心时，敌哨所里的哨兵还在那里吱呀吱呀哼哼唧唧的唱戏拉琴。1 营的战士们顺利地解决了敌哨兵，包围了敌营部和部队，一阵猛打猛冲。敌人不一会儿便全盘溃散，死的死、伤的伤、降的降、逃的逃，就这样安顺场被红军顺利占领了。同时，他们还缴获了守敌营长为了逃命而留下的一条船。

听说红军要渡河，一个 50 多岁的老船工马上带着 20 多个小伙子赶来了，到了河边，他们来不及喘一口气就立即组织起来，分作两班，把船拉到了上游起渡点，做好了渡河准备。

大渡河水还在咆哮、翻腾着。此刻，通过望远镜可以清楚地看到远处的一切：对岸离渡口约一里路的地方是一个四五户人家的小村庄，周围筑起的围墙有半人高；几个碉堡设置在渡口附近，四周则是黝黑的岩石。看样子敌人的主力应该隐蔽在小村里，等红军渡河部队接近渡口时，准备来一个反冲锋，把上岸的红军再赶下水。

"先下手为强！"杨得志暗暗地攥紧了拳头，随即命令炮兵连的 3 门八二迫击炮和数挺重机枪安放在阵地上，轻机枪和特等射手也进入河岸阵地。

火力布置好了，剩下的问题就是渡河分队的组建，必须组织一支坚强精悍的渡河奋勇队，保证一渡成功，否则根本没有时间再找一只小船。最终团长杨得志和 1 营长孙继先从 2 连挑选了 17 名勇士组成了突击队。这 17 名勇士是：连长熊尚林，排长曾会明，班长刘长发、郭世苍，副班长张克表、张成球，战士张桂成、肖汉尧、王华亭、廖洪山、赖秋发、曾先吉、肖桂兰、朱祥云、谢良明、丁流名、陈万清。

正是这 17 名勇士，创造了中国现代革命史上的辉煌伟业，载入了中国革命的史册。

刘伯承举着望远镜对对岸敌人的工事和火力点进行了仔细的观察，然后转头问参谋："我们的神炮手赵章成来了没有？"

参谋点点头："迫击炮已经架好了。"

刘伯承说："叫赵章成瞄准对岸那两个碉堡。我们就几发炮弹了，听命令，一定要打准。"

刘伯承掏出怀表看了看，正好 9 点整。他抬头对杨得志说："开始！"

一声令下，熊尚林马上带着 8 个战士跳上了渡船。

杨得志进行了简短的战前动员，大声说："同志们！千万红军的希望，就在你们身上。坚决地渡过河去，消灭对岸的敌人！"然后下达命令："轻、重机枪掩护，强渡开始！"

嘹亮的冲锋号吹响了。轻、重机枪一齐向对岸敌人进行压制射击。小船满载着战士一颠一簸地向河心斜漂过去。敌人的枪弹在小船四周"簌簌"落水，岸上的人心都提到了嗓子眼。

这时，刘伯承、聂荣臻都走出了工事，站到了岸边。为了首长的安全，冲锋号停吹了。刘伯承说："号音为什么停了呢？继续吹！"肖华几步跑上去，从团司号员手里夺下号来，甩了两甩，挺起胸膛吹起来。团里的冲锋号又响了，各连司号员也跟着吹起来。刘伯承与聂荣臻不顾个人安危，故意暴露目标，目的在于分散敌人火力。岸上的干部、战士，情绪激昂，都争着往前站，把刘伯承和聂荣臻挤到后边去。此时，大家都是一样的心情：打吧，向我们打吧，只要别打中我们的船就行。红军的六挺重机枪、几十挺轻机枪从不同的角度向敌人密集射击，压得工事里的敌人抬不起头来。

但是，胆战心惊的敌人还是依仗着碉堡工事的掩护向我渡船开火。

就在这千钧一发的时刻，杨得志向炮兵下达了命令："打！"神炮手赵章成的炮口早已瞄准对岸工事，"嗵嗵"两下，敌人的碉堡坐上"土飞机"，飞到了半空中。红军的机枪、步枪打得更带劲了，子弹像暴风雨一样射向对岸，划船的老乡们一桨接一桨地拼命划着。

渡船飞速地向北岸前进。对面山上的敌人集中火力，企图封锁岸边，阻止渡船靠岸。九勇士冲过一个个巨浪，避过一阵阵弹雨，继续奋力前行。

突然，一梭子弹扫到船上，有个战士急忙捂住自己的手臂。

渡船飞快地往下漂去，漂出几十米，一下撞在大礁石上。几个船工用手撑着岩石，渡船旁边喷起白浪。要是再往下漂，漂到礁石下游的漩涡中，船非翻不可。就在此时，四个船工从船上跳下来，站在滚滚的急流里，拼命地用背顶着船。船上另外四个船工也尽力用竹篙撑着。经过一阵搏斗，渡船终于又继续前进了。

渡船越来越靠近对岸了。50米、20米、10米，渐渐地，只有五六米了，勇士们不顾敌人疯狂的射击，一齐站了起来，准备跳上岸去。

突然，小村子里冲出一股敌人，拥向渡口。不用说这是敌人的反冲锋，妄图把突击队消灭在岸边。

"给我轰！"杨得志大声命令炮手们。

"嗵嗵！"又是两声巨响，赵章成射出的迫击炮弹，不偏不歪地在敌群中炸开了花，接着，重机枪也发出了怒吼。敌人东倒西歪，一个接着一个倒下去。敌人慌乱地四散奔逃，溃退了。

在我猛烈火力掩护下，渡船靠岸了。九位勇士飞一样跳上岸去，一排手榴弹，一阵冲锋枪，就把冲过来的敌人打垮了。九位勇士占领了渡口的工事。

接着，渡船又回到了南岸。孙继先营长率领八名勇士上了船，向北岸驶去，与第一船九位勇士会合。

敌人又一次向立足未稳的勇士们发起了反扑，企图把他们赶下河去。红军的炮弹、子弹又一齐飞向对岸的敌人。烟幕中，敌人纷纷倒下。孙继先带领17位勇士趁此机会，齐声怒吼，扑向敌群。17把大刀在敌群中闪着寒光，忽起忽落，左右翻飞。敌军被杀得溃不成军，丢盔弃甲，拼命往北边山后逃命去了。渡口终于被勇士们胜利地控制了。

这时，天已不早，船工们加快速度，把红军一船又一船地运向对岸。后来，红军又在渡口下游缴了两只船，一起加入接渡后续部队过河的行列。

1团虽然渡河成功，打开了中央红军北进通路。但是，大渡河水流湍急，河面过宽，不适于架桥，找到的四条渡船，仅有一条是好的，其余三条还尚需修理。全军几万人马如果只靠这几只小船来渡河，不知要花费多长时间。此时尾追之敌薛岳部已过德昌，正向大渡河昼夜疾进，情况十分紧急。中革军委为迅速渡过大渡河，于26日作出了新的部署：红1师及干部团为右纵队，归聂荣臻、刘伯承指挥，循大渡河左岸；林彪率红一军团军团部、红2师主力及红五军团为左纵队，循大渡河右岸，均向泸定桥疾进，协同袭取泸定桥。

过河后，1师所属部队迅速扫清了北岸守敌，与南岸红一军团2师一起沿河两岸北上，夺取泸定桥。为了尽可能争取时间，1师除分兵1团向东包围雅安拦击敌军外，主力以2团为先头团，不顾连日阴雨，翻越高山峻岭，一路攻击前进。在瓦坝附近，遭遇敌人一个团凭借要隘节节抗退，1师猛打硬攻，一鼓作气地追打10余公里，把敌人打得七零八落。接着又在绥德消灭民团及川军100余人。5月29日，1师在化林坪追上了增援泸定桥守敌的刘元堂旅。2团以一部由右侧山腰绕至敌人侧后，与正面部队同时冲击，一举攻占了铁丝沟隘口。这时3团赶到，共同发起进攻，彻底打垮了该旅，为夺取泸定桥创造了有利条件。而后，除留一部占领龙八埠向敌人警戒外，主力继续北进，在距泸定桥20多公里的冷碛又毙俘敌一个团。在1师的策应下，红2师4团胜利占领泸定桥。红4团过桥后，泸定城守敌狼狈东逃，又被1师堵击歼灭。

随后，中央红军顺利地从泸定桥渡过天险大渡河，彻底粉碎了蒋介石要红军做第二个石达开的梦想。

强渡大渡河的成功，终于使红军从石达开全军覆灭之地杀出了一条生路。尽管红军大部队没有全部从这里渡河，但这一英雄壮举，震撼了敌人，也为红军沿大渡河两岸北上夹击泸定桥守敌创造了有利条件，对于红军夺取整个大渡河战役的胜利具有十分重要的意义。

国民党高级将领不得不惊叹："自朱毛西窜以来，曾渡贡水、章水、耒水、潇水、湘水、清江河、乌江河、赤水河、白层河、黄泥河、金沙江，然无有过大渡河之奇妙者。洪杨之役，翼王石达开西行至此，而殁命……今朱毛至此，竟安全通过。"

风雨侵衣骨更硬　雪山低头迎远客

1935 年 6 月至 9 月，是长征中最艰苦的岁月。红 1 师随主力红军，以钢铁般的意志，翻过终年积雪的雪山，越过茫茫无际的草地，创造了史无前例的奇迹。

通过泸定桥后，中共中央、中革军委决定红军向北走雪山草地一线，避开人烟稠密地区。随后，中央红军连续攻克天全、芦山、宝兴，进到夹金山脚下的大跷碛地区。

来自中央苏区的红军指战员，绝大部分是江西、福建和湖南人。红 1 师的官兵同样大多是南方人，尤其以湖南和江西人居多。当中央红军来到罕见的大雪山——夹金山脚下宝兴一带时，出现在面前的却是闻所未闻，见所未见的寒冷天气。

夹金山海拔 4000 多米，终年白雪皑皑，人称"神仙山"。山上积雪终年不化，层峦叠嶂，逶迤伸延，无边无际。山峰覆满积雪，形似利剑，直插云霄。由于海拔高，气压低，空气稀薄，人们走在山上胸口就像堵着团团棉絮，呼吸非常困难。山区气候多变，反复无常。刚刚还是太阳当头，晴空万里，突然一阵狂风刮过便会搅得雪雾弥漫，冰雪俱下。在南方，不要说是盛夏 6 月，就是在数九寒冬也绝对没有出现过如此寒冷的恶劣气候。因当初从中央苏区实施战略转移时走得仓促，不少同志身上只有破旧的单衣，甚至还穿着不过膝盖的短裤，到了夹金山下便冻得周身发抖，而且不少同志还有明显的高原反应，他们纷纷说道："天冷我们倒不怕，可这地方怎么连气都喘不过来呀！"当地群众也非常真诚地提醒红军战士们："夹金山是'仙鸟'也飞不过去的'神山'。说句不吉利的话，你们这样的穿戴，还没到山顶可能就会被冻死了，怎么过得去哟！"

在天全、芦山一带的时候，红1师就接到上级关于部队做好翻越大雪山准备的指示。来到宝兴后，又及时通过了解前卫部队过山的情况，对指战员们的过山准备工作提出了更加具体的要求。比如尽量多穿衣服保暖；设法买些白酒、辣椒等发热和驱寒的食品；每人都得砍树枝做一根拐棍等。这些要求在现在看来相当简单，但在当时的情况下，实现起来却十分困难。宝兴县靠近大雪山，附近村庄很少，就是有也是人丁寥落，就三五户人家，且都非常贫穷。老乡们自己都没有几件衣服，更不用说从他们那儿买衣服了，所以解决衣服问题，红军战士们就只能在自己的夹被、床单，甚至油布、毛巾上打主意了。至于白酒等物，群众家里是有的，红军也有钱，但是大家都知道，这些酒是乡亲们跑到几十里地以外的集镇上买的，而且酒在这里不是闲来无事小酌几口的一般饮料，而是生活必需品，倘若提出买酒的要求，等于是"与民争食"，就更难启齿了。何况乡亲们久居此地，而红军翻过雪山便可以脱离这高寒地区，就算有困难也是暂时的！所以就只能多买些当地可以生长的辣椒，作为主要的发热驱寒食品。至于砍树枝做拐杖，倒是没有问题的，战士们都按照要求做了。

按照上级的统一要求，翻山前一天傍晚，全师统一到雪山下村落露营。离山越近，天气越冷，战士们身上一点棉絮都没有，很多人冻得睡不着。不少连队班以上干部围成一个圆圈，将战士围在圈中，为战士们挡风御寒。睡着前战士们不肯让干部帮他们取暖，有的干部就待战士睡着后，把他们的头、手、脚揽到自己的怀里，为他们取暖。战士们则你靠着我，我偎着你，露宿在冰天野地里。据说雪山顶上风太大，不能停留，也不能吃东西。气压低，木柴湿，生个火都很困难，上山这一天的早饭各部队都要求尽全力做好，让同志们愿意吃，吃得饱，毕竟下顿饭谁也不知道什么时候才能吃上。所以，最辛苦的是炊事班的同志，第二天一早，战士们还在睡觉，炊事员就起来做早饭。为了做好这顿早饭，炊事员们真是尽了全力，一大早，引火难，又没有风箱什么的，他们就趴在地上用嘴吹，火熏烟呛，泪水直淌。

就在出发前，传来了一个振奋人心的消息，李先念率领的红四方面军的30军一部，已经与中央红军的前卫部队胜利会师了。这消息给了登山前的红军战士们以很大的鼓舞和力量。

根据雪山地区的气候特点，为了尽可能降低登山难度，部队要等到9点钟以后，太阳出山了才能开始行动。上山下山35公里左右的路程，必须在五六个小时内走完，不仅是因为山顶上气温更低，更是因为午后山中气候多变，什么样的情况都可能发生。

万里晴空之上的6月骄阳，虽然看似像个大火球，但在皑皑白雪的映衬下，那灼人的热力仿佛已被雪山吸尽，使它变得苍白无力。山底下还好，雪不深，道路也较宽，同志们刚开始沿着道路行进，体力也还可以，走起来并不感到特别困难，可是走出一个多小时便不行了。道路没有了，雪地更滑，海拔更高，气压也更低了。面对白晃晃的雪地，深浅莫测，战士们只能靠手中的拐棍摸索前进。但有时候拐棍敲在冰面上似乎感觉冰层很厚，人一踏上去冰层却会突然破裂甚至塌陷，一旦掉进雪窝里就好长时间也爬不上来，甚至有牺牲的危险。

雪山也不是漫地皆白。有的山坡上的雪被风吹得精光，乌黑乌黑的。一旦发现这种情况，战士们便会呼喊着飞奔过去。可谁知道这里虽然没雪，却到处结着薄冰，反而更滑。不要说快速通过，就是站也站不稳。有的同志刚踏上脚便仰面朝天地重重地摔倒在地。要是没有别人的帮助，光凭自己的力量是很难爬起来的。即使如此，乐观的战士们也忘不了开玩笑。他们说："这冰滑得连雪花都落不住，咱们呀，改道吧！"

高原反应是战士们不得不面对的另一个大自然的敌人。因为强烈的高原反应，战士感到腿发软，每迈出一步都要付出巨大的努力。看上去前面的路是平的，并不特别陡险，平时遇见这种路有些年轻的战士还会撒丫子跑上几步，可是现在，腿肚子里像灌满了铅，别说跑，就是走，腿都沉重得怎么也抬不起来，手里的拐棍也是不由自主地老是颤抖，胸口上就像压着石块，透不过气来。心跳得特别快，好像一张嘴就会蹦出来似的。

好不容易爬上山腰。举目环视，险峻情景，使人触目惊心，倒吸一口凉气。一面是深厚松软的雪岩，一面是陡立险峻的雪壁，路中间则是亮晶晶、又硬又滑的积雪，一不小心就会滑下雪岩，越陷越深。先头班负责在前面开路，他们用刺刀在雪上挖着踏脚孔，后面的就手拉着手，踏着他们走过的脚印，谨慎地前进。行进间不时响起呼喊声，一听到有喊声，立刻就有成群的人循着声音，赶到雪岩旁，用木棍、绑腿帮助掉进雪岩的同志往上爬。被救出来的人，很快把身上的雪块拍打干净，继续前进。

越往上爬，空气就越稀薄，呼吸就越困难。战士们头晕腿酸，一步一停，一步一喘。这时候，要是有谁停步坐下，就会永远起不来。因此，每个人都拼尽全身力气，互相搀扶着，一起同残酷无情的大自然进行着激烈的搏斗。

到了山顶，举目一望，只见冰雪千里，银峰环立，除了山峰上几根孤零零的电线杆和少数民族竖起来的"旗杆"外，到处是一片琼楼玉宇。俯视山下队伍，就像一条灰色长龙，蜿蜒盘山而上，把这个一望无边的琼玉世界劈成两半。

一看到了山顶，精疲力竭的战士们松了一口气，真想坐下来休息一会儿，师长李聚奎连忙大声呼喊："同志们，不能停住，坐下就起不来了!"师宣传队的同志们也随机鼓动："同志们，再加把劲儿，山下就到懋功了!"大家顿时精神振作，一边往山下滑，一边兴奋地喊着："'坐汽车'了!'坐汽车'了!"就这样战士们一鼓作气冲下了雪山。

翻过夹金山，红1师就和红四方面军的同志会合了。

草毯泥毡扎营盘　野菜充饥志更坚

红1师在夹金山下的达维停留了很短的时间，又继续北上了。越过长征中第二座大雪山——梦笔山后，途经两河口、卓克基，来到了大草地边缘——毛尔盖。

这时，红1师接到上级指示，在这一带筹粮，准备过草地。

毛尔盖是藏族区。除了富丽堂皇的喇嘛庙、土司官，一片荒凉。过着游牧生活的藏族同胞，除了放牧，也种了不少青稞、小麦等农作物。除了炒面、牛羊肉、茶叶等大家熟悉的东西外，还有糌粑、酥油和其他一些内地见不到的食品。听起来食品品种不少，但数量有限。要使全师达到上级要求的每人必须准备五天至七天的粮食标准，显然不足。但是根据指示，红1师不仅要完成自己的筹粮任务，还要上交一部分支援中央机关。为此，红1师以营为单位组成了筹粮队。

筹粮一开始，就遇到了麻烦。虽然当地的某些土司、头人和国民党派驻此地的官员早在红军到达之前，闻风而逃了，但他们留下了部分武器装备不错的小部队。这些人靠着地理之便，不时小规模偷袭红军。大仗没有，小战斗时有发生。在部队进入藏区之前，专门对战士们进行了尊重少数民族风俗习惯的教育，特别提出不准乱开枪，眼下这些人又都穿着藏族服装，红军根本无法分辨他们的身份，因此经常吃亏。有的同志负了伤，有的同志甚至还献出了宝贵的生命。但就在这样的情况下，红1师的部队也还是严格执行党的民族政策和"三大纪律、八项注意"。

有一次战士们正在山上挖野菜，突然发现了35头牛。估计是藏胞放牧的，于是战士们把它们都牵了回来。天天轮班割草喂养，直到有一天受到反动宣传欺骗不敢回村的牛的主人实在放心不下自己的牛偷偷回来，连队才把牛物归原主。还有一次，渡河筹粮途经一片玉米地，经过长时间的行军，战士们都饥渴难忍，但是面对散发着丰收气息的玉米，却没有一个人动手掰棒子。后来连队干部看大家实在太饿了，才决定摘些玉米叶子和辣椒叶子煮一煮充饥。那玉米叶子十分难煮，煮了老半天，还是邦邦硬，放在嘴里，怎样嚼也嚼不烂。

就这样，红军以实际行动教育和感化了当地生活在封建农奴制度之下的藏族同胞。在整个筹粮过程中，他们给予了很大帮助。他们不仅主动将自己本就不充足的粮食贡献了一部分，甚至还有不少藏族同胞冒着生命危险，收留红军伤病员，竭尽全力给予治疗和照顾。

筹粮结束后，编入右路军的红1师指战员们便开始向亘古无人经过的大草地进军了。

此时的大草地对红军来说还是个谜。从藏族同胞那里知道：大草地虽然没有山，但比雪山还要难通过。草地气压低，空气稀薄，气候极其恶劣、多变，野草丛生，沼泽遍布，渺无人烟，被称为"死亡绝地"。当地藏族同胞都说："就算是高原上的野牛、野羊过草地都不敢停留，也要快跑呢！"

红1团负责担任前卫。从毛尔盖出发走了多半天，红1团就遇到了一片枝叶繁茂的原始森林。树木虽然不特别高大，但却非常粗壮。树梢纵横缠绕，织成了遮天蔽日的树网。一踏入这片森林，一股股霉烂、潮湿、腐朽的气味扑鼻而来，呛得人喘不过气来。脚下不是一层压一层的落叶，便是混浊泥泞的沼泽地，越往里走越阴暗。

出了森林，迈进大草地，草地的情景，更令人触目惊心！举目张望，茫茫草原无边无际。阴森迷蒙的浓雾笼罩在草丛上面，东南西北莫辨。草底下河沟交错，积水泛滥，淤黑色的水散发出阵阵腐臭的气息。泽国广阔无边，难觅路在何方。人只能走在一片片由草茎和腐草结成的"泥潭"上面，踩到上面，软绵绵的，用力过猛就会陷下去，拔不出腿。

进入草地后的最初两天，终日阴雨连绵，夜间没有帐篷难以栖身，人们只得席泥地而坐，背靠背，互相倚靠坐着睡觉；遇见下雨就撑起单衣，遮挡风雨；有时能拾到几根干柴，就可在宿营时燃起篝火，抵御酷寒。很多年高体弱的同志在寒冷中僵卧不起而牺牲。行军路上，泥潭遍布，一旦陷进泥潭，往往来不及呼救就被泥浆吞没了头顶。草地上的水，黑臭有毒，如果饥渴难忍喝上几口，轻则上吐下泻，重则肚腹肿胀至死。

红军前进到班佑南之河花滩，突然从侧翼冲来国民党军的一个骑兵团，1师1团、2团的干部战士拖着极度疲乏的身体，奋勇向敌人包围过去。战斗半个小时，将敌击溃，毙敌150多人，缴获战马50多匹，保证了主力行进的安全。

进入草地的第四天，全师缺粮断炊，只能靠挖野菜充饥。有的战士实在饿得受不了，就胡乱抓几把野草充饥，结果误食毒草，轻者痉挛呕吐，重者中毒致死。粮食和野菜吃光了饿得没有办法，指战员们就把牛皮带、枪皮带、旧牛皮鞋用水泡后煮了吃。虽然吃起来难以下咽，但有的同志还是开玩笑地说："皮包加上盐煮过以后，吃起来真像是墨鱼炖鸡的味道，能在这样的条件下吃上'海味'，咱们真有福呀。"但即使这样，到了最后连皮带等皮制品也都吃光了。不少同志没有倒在敌人的枪口下，却因为饥饿，牺牲在了茫茫草地里。

风雨、泥泞、寒冷和饥饿折磨摧残着红军战士的身体，不少战士感到身体极度衰弱，两腿瘫软无力，举步维艰。但在坚定革命信念的支撑下，越是困难，红军指战员团结得越紧。身体较强的同志主动搀扶着身体弱的同志走，并把自己的粮食让给他们吃，希望他们增加一些力气，走过草地。配马的干部们的乘马和所有的牲口都抽出来组成收容队，轮流驮送病员。有时找到少量的食物，总是官兵互让，大家让病号，轻伤员让重伤员。相互之间把生的希望让给同志，把死的危险留给自己。即使这样，还是有不少同志倒下了。但牺牲的同志临死前都念念不忘革命成功，叮嘱战友跟着毛主席革命到底！

在"团结互助，为了革命"的口号下，红1师上下一致，同甘共苦，亲如兄弟，克服了难以想象的困难，于8月26日到达草地的尽头班佑，创造了史无前例的奇迹，9月，红1师随右路军渡过包座河，沿白龙江前进，过栈道、腊子口，然后翻越岷山，胜利进入甘南。

哈达铺再次整编 陕甘支队续辉煌

9月中旬的甘南，虽然尚处于初秋，但因地处西北高原，秋风习习，一早一晚寒气已然较重了。这一带山势不很险要，却比较高大，山的阳面，树木郁郁葱葱。山坡和山间平坦处的牧草黝黑苗壮，树落间成熟的青稞和荞麦还没来得及收割。这充满生气，绿意与秋黄相结合的景象，对红1师这些刚从雪山、草地走过来的人来说，真是令人欣喜。此地最长的河流叫白龙江。白龙江多在陡峭的山间穿行，江面窄，流速急。由于河床里巨石嶙峋，急流过处，浪花四溅，声震峡谷。

红1师循白龙江而上。一开始虽然很少看到群众，但也没有遇到敌人。刚刚战胜了严酷的雪山草地，部队正是士气高昂之时，行进速度格外快。虽然像渡乌江、赤水、金沙江、大渡河，过雪山草地那样的严峻局面没有遇到，但是意料之外的新情况却也不断出现。

白龙江沿岸多系藏族区。因地处甘南，与内地较为接近，当地上层反动势力和国民党反动派的勾结比较紧密。当地的地主武装虽装备落后，战斗力不强，但他们熟悉地形，善于攀登悬崖峭壁，所以经常躲藏在红军观察不到的山垭口、树木后、巨石夹缝间，出其不意地这儿放一枪，那儿射一箭，或者从山上往下滚石头。红1师在大路上行进时，他们一般不敢干扰，但只要一进入峡谷地带，他们便异常活跃，频频骚扰，弄得红军常常是"只闻枪声响，不见放枪人"。尤其是当红军在峡谷中要过桥的时候，他们便会在对岸居高临下放冷枪，阻挡着红军前进。打吧，红军展不开兵力，而且一时还找不到还击的方向。不去理睬，继续前进，也不可能。部队只好停下来隐蔽观察，可他们一看红军隐蔽起来了，马上也停止了射击，但只要红军继续开始行动，他们马上又从别的位置开始射击。面对这种情况，因为语言不同，无法喊话，宣传红军的民族政策；强行通过吧，肯定会造成部队的伤亡；继续僵持下去，必然会耽误进军的时间，于红军更不利。面对这种颇为被动的局面，负责前卫的红1团的领导们研究决定，组织一个精干的班，调两挺机枪，集中火力朝对岸可能隐藏人的地方射击，考虑到对方的士兵大多是受蒙蔽的藏族同胞，因此不求杀伤他们，只求压制住他们的火力，使其不敢阻拦，以掩护部队迅速通过。

这个战术，果然奏效，只要红军的机枪开火，对方便没有人敢放冷枪。后来红1师从俘虏中了解到，这些反动武装的士兵，没见过这样的阵势，只是听他们长官说，红军是流窜过来的败兵，早已溃不成军，不堪一击；并且红军是来掠抢寺院的，见藏民就杀，他们所要做的就是依据有利地形，节节阻击。因为是受蒙蔽的普通群众，这些俘虏经过教育后马上就被红军释放了。也有个别的自愿留下来给红1师当了短途向导。但打通前进的道路，主要还是靠前卫团自己的力量。此后，红军有了经验，一进入山谷等狭小地带，便集中火力对可能藏人的隐蔽点、隐蔽物猛烈开火。反动武装一见这阵势，大部分望风披靡。

部队沿白龙江继续北进，红1师跟随右路军很快就到达了哈达铺。

哈达铺位于甘肃省南部宕昌县西北部，地处岷山东麓丘陵川坝之中，自古以来就是甘川道上的一个商贸重镇和军事要地。三国时魏将邓艾即从此入川灭蜀。

9月12日，中共中央政治局在俄界举行扩大会议。此次会议决定将红一方面军主力、党中央、中革军委直属部队改编为中国工农红军陕甘支队，由彭德怀当司令员，毛泽东兼政委，下属三个纵队。第一纵队由红一军团改编，第二纵队由红三军团改编，军委直属部队改编为第三纵队。

根据命令，红1师编为第一纵队第一、第二大队。第一大队，由1团和3团团部及3营、团卫生队编成，大队长杨得志，政委肖华，副大队长陈正湘，参谋长耿飚，主任冯文彬，总支书记周冠南。第二大队，由2团和3团1营、2营编成（直罗镇战役前恢复红2师时，第二大队编入红2师），大队长李英华，政委黄甦。

9月29日，陕甘支队按照中共中央确定的新方针，由榜罗镇地区出发北进。当日，第一纵队第一大队袭占通渭城。

离开通渭不久，第一大队就在东通西安、西达兰州的公路上，遇到了国民党军毛炳文的部队。毛炳文的部队战斗力不弱。红军从人数与装备上看，虽不及在苏区的时候，但经过反"围剿"，特别是近一年长征的锻炼，战斗力更强了。毛炳文的几次截击，都被红军打垮。

跨过西兰公路，甘陕支队进入宁夏固原地区，那些天部队天天行军，几乎昼夜不停，但是因为陕北快到了，战士们情绪都非常高。

10月3日，中央机关到达静宁县的界石铺。5日，陕甘支队到达隆德县的单家集，击溃敌人一个营，进抵六盘山麓。

六盘山，位于宁夏南部、甘肃东部地区，是近南北走向的狭长山地。山脊海拔超过2500米，最高峰米缸山达2942米，其北侧另一高峰亦称六盘山，达2928米，山路曲折险狭，需经六重盘道才能到达顶峰，因此得名。10月5日至7日，陕甘支队以"不到长城非好汉"的英雄气概，越过了六盘山，为此毛泽东还作了《清平乐·六盘山》一词。

10月7日，正在行军途中的第一大队突然接到情报，前面山沟里的青石嘴村，临时驻有敌人大约一个团的骑兵，毫无戒备，马鞍子都卸了，正在休整。大队一边派人向上级报告，一边往前赶去。到了村口附近200米的地方一看，果然村子里成群的马匹都卸下了鞍子，敌人穿来穿去，优哉游哉，毫无戒备。大队长杨得志和政委肖华马上调来几挺重机枪架在村子附近的制高点上，另外派两个连，全部打开刺刀往村子里冲。敌人毫无准备，第一大队的两个连一冲进去，他们便慌里慌张胡乱开枪，连马鞍子也丢下不管了，满村乱窜，纷纷向村外逃命去了。整个战斗很快就结束了，此役红军缴获战马100余匹，并以这批马装备侦察连，从此有了自己的骑兵部队，并为红军进入陕北扫除了一个障碍。后经查明这部分部队是东北军何柱国所部。

19日，第一、第二大队随陕甘支队第一纵队到达陕西省保安县（陕甘苏区称之为赤安县）吴起镇，这里已是陕甘苏区。正在这时，红军得到情报，国民党军四个团的骑兵追了上来，其一部向吴起镇以北迂回，主力在二道川的唐儿湾、刘家亭子一带。毛泽东指示陕甘支队："打退追敌，不要把敌人带进根据地。"

彭德怀按毛泽东的决心，具体地部署和指挥了这次战斗。他利用吴起镇一带的有利地形，在塬上的深沟内设伏，并以第二纵队在左翼，第一纵队在正面，于21日晨首先向迂回吴起镇西北之敌马鸿宾部发起进攻。

第一、第二大队随第一纵队趁天黑从远距离迂回，在敌军还在宿营的时候，对敌军实施了大包围，发动了突然袭击。在红军突然而强大的打击下，马部军心大乱，有的骑马逃跑，有的因马卸了鞍子，只能徒步撤退奔逃。突围之后，马部团长马培清命令部队分别占领了三个山头。这时，红军将敌军丢开，转向头道川，协同与东北军郭希鹏师激战的另一支红军作战。双方激战约两小时，郭师的两个骑兵团全部被缴械俘虏。

马培清一看东北军惨败，立即率骑兵团向元城子方向撤退。但后退不到五公里，另一批红军又从三道川扑来，截断了马军的退路，枪声一响，只见满山遍野都是红军。此时，已成惊弓之鸟的敌骑兵见此情景，顾不得抵抗，只能拼命奔逃。

将马培清的部队击溃之后，截击骑兵团的红军部队又挥师头道川，截住了东北军白凤翔的一个骑兵团，将其全部缴械。至此，白凤翔原属三个团被歼灭了一个团；郭希鹏师原属两个团全部被歼，白、郭率残部向庆阳逃去；马培清也率残部向曲子镇集结。国民党军第 35 师堵击红军以失败告终。

吴起镇战斗历时两天，红军击溃敌骑兵四个团，歼敌数百人，俘敌官兵 200 余，缴获战马 200 匹。

中共中央率领陕甘支队胜利到达陕甘苏区吴起镇，宣告长征的胜利结束。

红 1 师作为中央红军的前锋部队，跟随中央红军，纵横福建、江西、广东、湖南、广西、贵州、云南、四川、西康、甘肃、陕西等 11 省，历时一年完成了艰苦卓绝的战略转移任务。

第二章　挥师东征西进作战　巩固发展陕甘边区

直罗镇歼敌六千　红色大本营奠基

1935 年 10 月 22 日，中共中央政治局扩大会议在吴起镇召开。会议宣告红一方面军主力长征胜利结束。

11 月 3 日，中华苏维埃共和国中央政府决定成立西北革命军事委员会。是日，西北革命军事委员会发布一号命令，宣布恢复红一方面军番号。其中原红一、红三军团合编为红一军团，林彪任军团长，聂荣臻任政治委员，左权任参谋长，朱瑞任政治部主任，辖第2、第4师和第1团（团长为杨得志）、第13团（团长为陈赓）。

中共中央和红一方面军主力胜利到达陕北与陕北红军会师，对于国民党反动统治者而言，如鲠在喉，形成了巨大威胁。10月28日，国民党"西北剿总"决定重新调整正在进行的对陕甘苏区的第三次"围剿"部署，以五个师（东北军第57军四个师和第67军一个师）的兵力组成"围剿"部队，企图消灭红军于洛河以西、葫芦河以北地区。

中共中央全面分析了当时的局势后认为，虽然形势严峻，"围剿"军的总兵力是红军的三倍，且武器装备占绝对优势，但参加这次"围剿"的主要是东北军，他们对蒋介石对日妥协，积极"剿共"的政策极为不满，都不愿"剿共"，要求出兵抗日，想打回东北去。红军虽然人少，但中共中央和红一方面军主力到达陕甘苏区后，极大地鼓舞了陕甘苏区军民反"围剿"的胜利信心，增强了反"围剿"的军事力量。再加上广大群众拥护红军，当地的地形对红军作战有利，粉碎敌军"围剿"完全可能。因此，中央决定：集中红一方面军主力，向南作战，首先在直罗镇一带歼灭由葫芦河东进之敌两个师，而后视情况转移兵力，争取各个歼敌，打破"围剿"。

直罗镇三面环山，就像一个大口袋，一条从西而来的大道，穿镇而过，针对这一地形，红军制定了将敌人放进直罗镇而后围歼的作战计划。

11月6日和7日，红一军团由甘泉以西的定边集、下寺湾，先后进抵鄜县西北的秋林子和甘泉西南的老人仓地区；红十五军团攻占了直罗镇以东张村驿、东村等据点。按理来说，现在有了革命根据地，部队有了后方，部队中的伤病员可以不跟着部队行动，全部留在后方。陈赓双腿有战伤，长征中又过度劳累，完全不必要亲临前线，但是他作为红13团团长还是坚持亲自带队参加这次战斗。军团参谋长左权得知这一消息后，决定亲自到13团，劝陈赓不必亲临前线，由他代理指挥。左权和陈赓是黄埔一期的老同学，而且陈赓还是左权的入党介绍人，两人在红军中朝夕相处，感情一直很好。第13团由左权指挥，陈赓应该没什么不放心的。

但陈赓见到左权后，问明来意，却说啥也不干，他笑着说："人家新官上任三把火，你却泼我一瓢水。现在陕甘支队十三大队刚刚恢复红13团的番号，你却让我这个当团长的临阵脱逃，太不够朋友了。"看到陈赓求战心切，左权思索了一下说："你要真的不想离开部队，那就给你配备两匹马，换着骑，不要下马。"陈赓连忙摆了摆手，说："不行，指挥作战哪能骑着马呢？长征我是走来的，不是骑马来的。"左权见说服不了陈赓，只好把13团特派员欧致富找来，嘱咐说："你要马上去落实一副担架。从现在起，你和担架都不能离开他。"

19日，部队从吴起镇开始隐蔽前进。为隐蔽行动企图，要绕过好几个敌人据点，并且大多是夜行军，所以比较疲劳。陈赓作为团长更要比大家多走不少路：大部队出发前，他要做很多准备工作，派出部队进行侦察、搜索、警戒，行进中还要时刻防备意外情况的出现，等大部队过完了，他又得折回来检查收哨，搜集部队情况。经过这样的长途奔波，陈赓伤残的腿变得更瘸了，就连用作拐杖的棍子都被撑得一弯一弯的，但就是坚持不上担架。

陈赓听说来犯之国民党军第109师是东北军的部队，于是特别强调要部队注意政治瓦解，"宽待东北军"和"欢迎东北军掉转枪口打日本！"这两句口号特别要牢记。不少同志感到不解，这到底是去打仗呢，还是去贴标语？看到这种情况，陈赓十分严肃地解释了政治瓦解的作用："怎么？打仗就没时间贴标语啦？现在是又要打仗又要贴标语。你一喊话，他就放下枪过来，那才是真本事。大家不要忘记，东北军是张学良的队伍，他们的老家让日本鬼子强占去了。"

11月20日晚，命令来了：各部队按预定方向奔袭前进，拂晓前包围直罗镇。等赶到指定位置，第13团受命封锁直罗镇的东北面，和其他部队一起把镇子围得跟个铁桶似的。

21日拂晓总攻开始了，只见红旗飞舞、枪炮齐鸣、硝烟四起、杀声震天，战斗异常激烈，在红军的勇猛冲击下，敌人被迅速分割成几块，相互失去了联系。

这时，曾经在战前会议上提意见，认为"这是去打仗不是去贴标语"的营长气喘吁吁地跑了过来，气呼呼地向陈赓报告："团长，有半个营的敌人被我们堵住了，喊话他们也不缴枪，怎么办？"

陈赓擂了一下他的胸脯："你呀，性急吃不了热豆腐。古人大战三百回合，还不分胜负。你才打了多长时间？一个回合还不到，人家就投降？"

营长恍然大悟，拍了一下自己的后脑勺，嘟哝着说："是呀，就是这个理，这些人欺软怕硬的，硬的他还没吃够，怎么会服你软的？我这就回去！"

回去后，那个营长叫部队先猛攻一阵，然后再喊话。后来发现一喊话，就有一个敌军官用手枪威胁士兵继续射击。于是，他就找了一个枪法好的战士开枪把那个军官干掉了。军官一死，敌人马上乱了营，战士冲上去，敌人立即纷纷放下枪举手投降，有的还连声喊着："红军宽大俘虏，我知道，我知道，别打，别打啦！"

解决前沿敌人后，陈赓指挥部队插入纵深，发展得很顺利。

就在红 13 团、红 15 团从东北侧拦头打击敌 109 师的同时，红 1 团和红 2 师从西北方向断腰，红 4 师堵尾，不到两小时，红军的部队就打到了敌人的师部，敌师长牛元峰，带着一个营的部队，钻到镇子东南角上的一个土围子里，固守待援。而他的部队却因失去指挥，乱作一团，漫山遍野地乱跑，红军只好像抓野兔一样漫山遍野地去抓，很快，就俘虏了 1000 多人，国民党军第 109 师就这样覆灭了。

紧接着，陈赓收拢部队，又向西，往张家湾奔去，很快就和赶来增援的国民党军第 106 师接上了火，13 团协同红军其他部队歼灭了该师一个多团。余下的敌人，一看势头不妙，马上回头向西边的甘肃省方向逃窜。解决了敌 106 师的援兵，陈赓又指挥红 13 团迅速向东赶来，准备参加消灭羊泉之敌。这时传来了胜利的消息，敌 109 师师长牛元峰，在突围逃跑中被击毙。羊泉之敌得到这一消息，知道救援无望，只好急匆匆地折回富县。至此，敌人精心策划的"围剿"被彻底粉碎了。

直罗镇战役全歼国民党军第 109 师及第 106 师一个团，俘敌 5300 余人，缴枪 3500 余支。这一胜利，不仅标志着蒋介石对陕甘苏区第三次"围剿"的破产，也是红军长征结束后新局面的开端，它为中共中央"把全国革命大本营放在西北的任务，举行了一个奠基礼"。

从此，红军长征之后即有了一个可靠的立足点和夺取新胜利的出发点。陕甘边苏区出现了一个新的斗争局面。

恢复红 1 师番号　乘夜渡黄河东征

1935 年 12 月 25 日，党中央在陕北瓦窑堡召开中央政治局会议，确定了红军军事战略的基本原则是：把国内战争同民族战争结合起来；准备对日作战；扩大红军。红军的军事部署和作战行动，应确定地放在"打通抗日路线"与"巩固、扩大现有苏区"这个基点上。具体步骤是：把红军行动与苏区发展的主要方向，放在东边的山西和北边的绥远等省，提出了"抗日反蒋、渡河东征"的口号。

同年12月根据中革军委的决定，在陕西省宜川县临镇恢复红一方面军第一军团第1师的番号，师长陈赓，政委杨成武，副师长杨得志，参谋长耿飚，政治部主任谭政，供给部长邝任农，卫生部长张杰。师下辖第1、第13、第3团。第1团，团长陈正湘，政委罗元发；第13团，团长朱水秋，政委胡发坚；新组建的3团，由红一军团部和从1团、13团抽调的干部、骨干及两个连共185人，与陕北325名新兵组建，团长阮金庭，政委肖锋。

1936年1月15日，毛泽东、周恩来、彭德怀签发了"关于红军东进抗日及讨伐卖国贼阎锡山的命令"，命令主力"红军即刻出发，打到山西去"。遵照上述命令，各路东征部队迅速在黄河岸边隐蔽集结，进行渡河准备。到了2月中旬，东征作战各项准备已经完成。2月18日，红一方面军下达了东征作战命令。19日，红一方面军又下达补充指示。20日20时，红一方面军东征战役开始。

在夜幕的掩护下，红一军团和红十五军团在绥德和清涧县之间强渡黄河成功，突破了阎锡山的河东防线。红1师从沟口附近渡河成功，然后冒着十冬腊月的风雪严寒，日夜兼程向东疾进，22日，红1师1团、13团占领三交镇，歼敌一个营；3团作为新组建的部队，积极要求锻炼自己，一过黄河他们就灭了牛头镇两个连的守敌，攻占了牛头镇，进而攻克了石楼县城。

阎锡山得知红军主力东渡入晋后极为惊慌，为阻止红军继续东进，急忙调整兵力部署，其中就有号称"满天飞"的阎锡山王牌部队独立第2旅。该旅由临汾驻地出动，前出关上村阻止红军东进。

陈赓率领部队在石楼和中阳县之间的关上村把该旅截住了，战斗进行得很激烈。红1师在兄弟部队配合下，先对其旅部和第3团实施攻击，迫使敌人向汾阳县方向溃逃，然后连夜对其第4团实施了包围。

陈赓对杨得志下了死命令："今夜一定要把这股敌人搞掉！不能让它们真的满天飞了。"师领导重新调整了部署，命红3团在关上村东山上的阵地坚守。2月24日红军向被围之敌发起总攻。红3团也不甘落后，勇猛突击，俘敌400多人，缴枪百余支，还缴获了一门山炮。战后陈赓对3团政委肖锋说："你们打得不错，这次是有意把你们放在刀口浪尖上锻炼了一下。"

关上村战斗是红军东征后的第一个胜仗，阎锡山的独立第2旅战斗力比较强，因为过去哪里吃紧，它就"飞"到哪里去救急，所以号称"满天飞"。可是这次，却没有"飞"出红军的手掌心，被红军打成了"满地滚"。当地群众赞扬说："红军兄弟英勇得很，无吃无穿闹革命，关上消灭了独2旅，被打死的堆成山。"因为这次战斗一下子将阎锡山的心头肉吃掉了，给敌人震动很大，恼羞成怒的阎锡山撤掉了独2旅旅长的职务。

3月初，红1师进攻到同蒲路附近。阎锡山为继续阻止红军东进，又慌忙调介休、孝义的部队向兑久峪兼程前进。10日7时，红1师在一军团编成内，对进至兑久峪的敌军发起攻击。红十五军团、红4师从两侧实施突击，1师担任正面主攻。战斗初期进展顺利，待敌第一线阵地被红军突破后，敌人遂收缩兵力，倚仗有利地形以异常猛烈的炮火拦击红1师的进攻，红1师屡次进攻都未成功。战斗过程中经侦察得知，守敌一共三个师和一个炮兵旅，共计14个团的兵力。为了避免消耗战，军委主席毛泽东当机立断，命令红军撤出战斗。此役共歼敌两个团。

红1师在关上村和兑久峪两战两捷，有力地巩固和扩大了红军前进作战的阵地，使东征军总指挥部以左路第十五军团佯攻太原，右路第一军团南下进攻临汾之作战计划得以实施。

在红军猛烈打击下，阎锡山渐渐支撑不住了，被迫将兵力收缩于同蒲路、汾河一线布防固守，并急电向蒋介石求援。3月中旬，红一军团乘虚突破敌人汾河堡垒线，挥师沿同蒲路南下进击。16日，红1师以3团为前卫，攻克同蒲路南段的南关车站，守敌一个骑兵连和一个步兵连悉数被歼。随后，红1师一路横扫南线之敌，势如破竹，所向披靡。从3月底到4月上旬，与兄弟部队从霍县、赵城、洪洞、临汾、浮山、襄陵，一直打到晋南重镇侯马，摧毁了当地国民党政权，消灭许多反动民团武装，极大地动摇了阎锡山在山西的反动统治。

红军在进攻中，还沿途进行抗日宣传，开展群众工作，发动群众，受到广大人民的欢迎。在洪洞县不到半个月即有320多人参加红1师，而汾西县则有 1000 多人报名参军。

随着红军东征部队不断深入山西腹地，惊恐万状的阎锡山，一面拼命招架，一面急电蒋介石求援，蒋介石一直想把中央军的势力插进阎老西这个"土皇帝"把持的山西，于是马上从 3 月上旬起，先后抽调驻河南、湖南等地蒋系中央军约 10 个师驰援山西。

本来按照军委的设想，红军应进一步向太行山推进，开辟一块抗日根据地。然而到了 4 月中旬，国民党中央军已经有 10 个师入晋，阎锡山也集中了五个师又两个旅的兵力，向东征的红军猛扑过来；另一方面国民党军队也在加紧对陕甘苏区的包围、进攻。

根据敌人全面进攻的情况，红军决定逐步收缩兵力向中间靠拢以便集中歼敌。其中，红 1 师所在的右路军开始由襄陵、史村（今襄汾）等地分路向西转移。

为开辟向西转移的通路，陈赓指挥红 1 师的部队在蒲县附近，突袭了国民党军队先头部队的关麟征的第 25 师。关麟征是陈赓黄埔军校第一期老同学，但是在校期间两人除了政见不合，关麟征还总是摆出一副孤芳自赏、趾高气扬的姿态，因此同学们都很讨厌他。这次战场上相遇，陈赓指挥部队迅速地歼灭了敌 25 师一个营。陈赓刚拿起才缴获的电话，就听见关麟征在焦急地问下面部队的情况。陈赓笑着回答他："对不起啦！关麟征，你那个部队被我陈赓消灭了。哈哈！"

关麟征一听居然是老同学陈赓，虽然对于自己一个营人马的被歼，心怀怨恨，但还是怕遭受更大的损失，于是连忙叫自己的部队后退让路。陈赓乘势西进，并且于 4 月 15 日攻占了吉县城，全歼守城保卫团，俘县长以下 300 余人，缴获了不少武器弹药等物资。21 日，红 1 师所在的右路军全部集结于大宁以北、桑壁镇西南地区隐蔽休整、待机破敌。

红军在晋西地区集中后，国民党军也跟踪围拢过来，企图压迫红军于黄河东岸狭小地区而加以消灭。在优势国民党军的严密包围和封锁下，红军在晋西的活动余地越来越小，困难越来越大，甚至有被围歼的危险。鉴于这种不利的态势，中央军委深刻分析了山西和陕西、甘肃的情况，于 4 月 28 日，决定暂时撤出山西返回陕北。5 月 3 日和 4 日整个红一军团在清水关、铁罗关顺利地西渡黄河，结束了历时 75 天的东征。

东征作战期间，红1师积极按照军委的指示，完成了"赤化、扩红、筹款"三大任务。师团组织近百个工作队，深入乡村宣传党的抗日救国政策，到处张贴抗日先锋军布告，召开群众大会，声讨国民党投降卖国的罪行，并依照群众的要求，惩办了几十个土豪恶霸，成立上百个区、乡苏维埃政府和抗日救亡组织，共计筹款10余万元。大军行程所至，贫苦群众纷纷报名参加红军，仅一个月内就"扩红"1000余人。

5月5日，红1师召开干部会议，对东征情况进行总结，身为师长的陈赓在总结讲话中指出：东征中根据中央指示，红1师勇往直前，打破了敌人鼓吹的红军不能突破河防进入山西的神话，胜利完成了任务。我们红军在山西省扩大了革命影响，唤醒了工农大众，苏维埃运动深入人心，推动了抗日高潮的到来。全军共歼灭和击溃阎锡山31个团，打破了国民党10个师的夹击计划，毙伤俘敌17000余人，扩大红军7000余人，缴获了大量物资，取得了重大胜利。

东征结束后不久，红1师政委杨成武、参谋长耿飚、政治部主任谭政调红军大学学习，副师长杨得志调2师任师长。红2师4团政委杨勇接任红1师政委，罗元发任政治部主任。

西征作战辟新区　策应二四方面军

红军东征回师陕北后，中华苏维埃人民共和国中央政府和中国人民红军革命军事委员会发表了《停战议和，一致抗日》的通电，但蒋介石仍然坚持内战政策，拒绝议和，并调集16个师又3个旅的兵力准备对陕甘苏区发动新的"进剿"。其中宁夏第十五路军司令马鸿逵以其新编第7师一部驻守定边、盐池、豫旺等地；第35师（师长马鸿宾）驻守庆阳、曲子、环县、镇原地区，防堵红军西进。中革军委为贯彻中共中央提出的扩大和巩固西北抗日根据地，壮大红军，努力争取西北抗日力量大联合，实现全国性对日抗战的任务，于18日下达《西征战役计划》。红一方面军第一、第十五军团和第81师等部共1.3万余人组成西方野战军，由彭德怀任司令员兼政治委员，进行西征，打击宁夏"二马"，在陕甘宁三省边界地区创建新苏区。

红1师由代军团长左权、军团政委聂荣臻率领，在红一军团建制内编为左路军，开始了西征。6月3日，左路军由大相寺出发，经吴起镇进到马岭时，与国民党军一个骑兵旅遭遇，激战四小时，在军团主力打击下，将敌全歼。其中，第 1 师消灭敌 1000 余人，生俘敌团长，声威大震。然后红军全线出击，横扫了甘肃和宁夏东西 500 余公里，南北约 250 公里的广大地区，解放了环县、定边、盐池等县城及预旺等重要城镇，扩展陕甘革命根据地为陕甘宁解放区，推动了回族人民的抗日救亡运动。

6 月下旬，西征进入第二阶段，红一军团的任务是向陇东的靖远、海原等县方向前进。越向西，道路越荒凉，连天的沙漠，白天烈阳烤灼，走在路上感到烫脚板，到了夜晚则是寒风刺骨，没有树枝只能捡牛粪烤火，而且所到之处水喝起来大多发苦发涩，不要说人，就是马匹也不能饮用。就是在这种行军条件极端困难的情况下，红 1 师仍然坚持把抗日统一战线工作，摆在与作战同等重要的位置上。师长陈赓等领导专门发布命令严禁部属在回民区说猪字、吃猪肉、驻清真寺和打土豪筹款，督促部队为群众做好事，帮助他们建立革命政权和革命武装，摧毁了清水河一线的反动地主民团，把反动军阀统治下的这一地区，变成了抗日救亡最热烈的前线。

6 月中旬，红 1 师抵进七营川一线，与数万东北军在清水河两岸形成对峙局面。鉴于东北军是在蒋介石的逼迫之下，背井离乡来到陕北攻打红军的，所以本着抗日统一战线的方针，红 1 师对东北军进行了大量的宣传争取工作。师政治部宣传队、连队工作组，以及广大指战员人人动口，个个动手，利用演戏、喊话等形式，向东北军宣传我党抗日救国的政策，并在墙壁、门板、石崖等处，刷上"打回东北老家去！""反对老蒋打内战！""枪口对外，中国人不打中国人！"等醒目标语。

7 月 17 日，在部分反动军官的驱使下，东北军骑兵第 6 师突然向红 1 师驻地黑城镇发起进攻。为顾全大局，我主动后撤五公里，对方反而愈加疯狂，在忍无可忍的情况下，红军奋勇自卫，一举消灭骑 6 师四个连。战后，红军又优待俘虏，晓明大义，全部释放，并归还全部缴获的武器和物资。

但总的来说，在西征途中，通过红军细致耐心的争取教育工作，东北军作战态度越来越消极，逐渐和红军达成默契，形成了休战状态：白天各守阵地是对立的双方，入夜却是友好往来、共同要求抗日救亡的好朋友。

7 月 27 日，西方野战军按照中央军委的指示，结束西征战役，转入休整。西征战役历时两个多月，在陕甘宁三省边界开辟纵横 200 余公里的新区，为策应红二、红四方面军北上，实现三大主力红军会师创造了有利条件，并对抗日民族统一战线工作的开展起了积极作用。

迎三大主力会师　庆红军北上胜利

8月上旬，红二、四方面军经草地北上到达包座地区，前锋已经进入甘肃南部；红一方面军西征战役胜利后，主力集结于陕甘宁三省边界地区，准备南下策应红二、四方面军北上，三大主力红军即将胜利会师。

红1师按照中央关于在静（宁）会（宁）地区组织会师战役的计划，以师主力附骑兵第2团一部组成特别支队，由军团政治委员聂荣臻率领，于9月9日从海原、郑旗堡之间南下，向静宁、会宁挺进。其中，1团和13团夺取会宁，在西兰公路上打开会师战场；3团带电台一部单独行动，在静宁一带迎接红二方面军北上。

同时，为了迎接三大主力会师，孤立和打击坚决反共的顽固派，进一步争取东北军、西北军团结抗日。红军特别支队与东北军骑兵第6师秘密签署《中国工农红军与东北军骑兵六师停战协定》，为红军集中力量孤立打击胡宗南和马鸿逵、马鸿宾军阀，扩大苏区，筹粮备款，实现三大红军主力大会合的部署创造了有利条件。

红3团在静宁、兴隆、隆德一带活动期间，先后帮助地方建立了静宁、隆德两个县、10个区、35个乡的苏维埃政府。听说红军三大主力即将在西北大会师，这一带的人民群众欢欣鼓舞，青年们纷纷要求参加红军，短时间里就有340多人参加了3团，其中还包括回民战士130多名。

9月13日，中央军委为阻止和打击蒋介石嫡系胡宗南军西进，决定提前实现三大主力红军会师，制定了《静会战役计划》，其中，红一方面军一部兵力向西兰大道静宁、会宁段挺进，直接配合红四方面军夹击胡宗南军，一部兵力确保定边、盐池、豫旺县等要地于手中，为下一步夺取宁夏创造有利条件。

遵照中共中央和中央军委的部署，红一方面军西方野战军为确保同心城至七营之间地区掌握于红军手中，以此作为进攻宁夏的前进基地，便以主力隐蔽集结于这一地区，时刻准备打击南北进犯之敌。16日，红一方面军击溃了南线试探性进攻之敌；红一军团特别支队继续控制着兴隆镇等地，并于

18 日晚派红 1 团占领了西兰公路上的要点——界石铺。

与此同时，红 3 团也给予来袭的马鸿逵部队以沉重打击。为阻止红军大会师，马鸿宾第 35 师第 107 旅和第 3 旅两个骑兵团从庆阳移至隆德、静宁地区。红 1 师领导要求必须密切注意敌人的动向，寻机狠狠打击这股敌人，确保红军会师部署的实现。9 月 21 日，马鸿宾第 35 师一个骑兵团向红军葫芦河西北山阵地偷袭，陷入红 3 团埋伏，骑兵两个连遭到歼灭性打击，残敌狼狈逃窜。9 月 24 日，在进行周密的侦察后，红 3 团主力和静宁地方游击队一起行动，夜袭了八里铺和静宁城，击溃敌骑兵一个团，消灭骑兵两个连，缴战马 30 多匹，俘敌 170 多名。

10 月 2 日，马鸿逵的 101 旅 301 团出静宁城北犯，进犯到下港，红 3 团 3 连马上从范家沟向静宁城派出警戒。9 时，敌左翼一个营向范家沟进攻，敌右翼不到一个营开进到王桥，敌左右翼两路在三架飞机掩护下向单民发起进攻，9 时半，敌推进到西山范家沟西。根据敌情，红 3 团参谋长陈英马上率 2 连、3 连通过两个山坡，迂回到三个堡，团主力则由兴隆镇向高家城、乡易堂前进，配合 2 连、3 连同敌前沿第三营激战，战斗进行了不到半小时，就打死打伤 80 多名敌人，敌人见势不妙，连尸体都顾不上收，就狼狈地向南逃窜。3 团猛追残敌到王桥、田庄，又俘虏了敌人 180 多名。红 3 团三战三捷，共俘敌 300 余人，缴获战马 35 匹和大批武器弹药。受到这三仗的狠狠打击，马鸿逵没有了往日嚣张的气焰，被迫龟缩在静宁城，一点也不敢轻举妄动了。

9 月 27 日，中共中央发布了关于红四方面军应即北上与红一方面军会合的电令。

10 月 3 日，国民党军邓宝珊部新 11 旅约两个团从定西方向向会宁城进击，红一方面军第十五军团特别支队撤到城外高地阻击敌人，激战数日，敌军凭借火力和兵力上的优势，曾一度攻入会宁城。会宁吃紧，红一方面军第一军团首长马上以 2 师一部驻守界石铺，亲率 1 师主力、2 师 4 团和骑兵 2 团向会宁增援，敌人闻讯后急忙于 6 日晚撤围会宁向西逃窜。9 日，红四方面军总指挥部到达会宁城，受到红一方面军部队的热烈欢迎，至此，红四方面军历时一年零五个多月的长征胜利结束。

在此期间，红二方面军领导人于 10 月 3 日，在徽县发布北进会合红一、红四方面军的命令。10月10日，红1师首长通知红3团：一、二方面军已经会师，预料二方面军不日将到兴隆镇，指示3团加强同二方面军的联络，切实做好会师的各项准备工作。

遵照师首长指示，3团一方面将准备送给二方面军的军款、冬装和鞋子等集中起来，一面连日派出侦察小分队到通渭、华家岭方向去和二方面军取得联系。全团的干部战士和当地人民群众都真切地感觉到，和二方面军会师的时刻马上就要来到了。

10月18日午前，派往通渭的侦察班长回告，在通渭城遇到了红二方面军参谋长李达。不久，另一侦察小组也报告，在距甘肃隆德县兴隆镇（今属宁夏）60余公里的瓦房里见到了红二方面军六军团参谋长彭绍辉同志。并从彭绍辉那儿得知，红二方面军的会师计划是由彭绍辉率领六军团模范师于21日到兴隆镇，第16、第17师随后跟进，二方面军指挥部及二军团第5、第6师直向将台堡进发，红32军由高家堡往北面的西吉镇方向前进。3团马上将红二方面军的行进路线，电告纵队聂荣臻政委和红1师的陈赓师长和杨勇政委。聂荣臻马上又对会师工作作了进一步的指示，要求3团部队和地方游击队在红二方面军行军路线沿途组织好联防警戒；在兴隆镇和模范师开会师联欢大会；改善好伙食招待红二方面军同志；把准备好的物品送往将台堡交二方面军首长。陈赓师长还准备亲自由会宁赶来兴隆镇迎接红二方面军指挥部和模范师的同志。

听说不久就要和红二方面军的战友会师了，整个兴隆镇立刻沸腾起来。红3团除派出警戒分队外，留守的战士们和群众一起忙着打扫卫生，杀猪宰羊。老百姓家家户户张灯结彩。镇边的围墙上贴满了"欢迎英勇善战的二方面军！向辛苦北上的二方面军学习、致敬！"的大标语。在镇口，矗立着用树干、树枝扎起的高大欢迎牌楼，作为会师大会会场的镇西北葫芦河边的宽阔滩地上也搭起了舞台。整个红3团官兵和兴隆镇的人民群众都沉浸在一片欢庆气氛中。

陈赓师长带警卫人员于10月20日晚8时，赶到了3团驻地兴隆镇。一见面，陈师长就笑着对3团政委肖锋说："忠渭（肖锋的原名），肚子早就瘪空了，快搞点吃的来！"接着又询问了会师的准备工作。饭端来后，陈师长一面吃一面认真地听取汇报。陈赓不时地点着头，间或作一两句扼要的指示，最后强调说，红3团是代表党中央来迎接红二方面军的，首先就是保证安全，一定要做好警戒和战斗准备。再就是要热情周到，要体现红军大家庭的温暖，体现一、二方面军的兄弟情谊。饭后，陈赓又亲自检查了3团的警戒部署和欢迎准备工作。

21日晚7时，庆祝会师联欢大会正式在镇西北河滩开阔地召开。兴隆镇及附近十里八乡的乡亲也赶来参加，一时间会场上人山人海，足足挤了四五千人。3团黄寿发团长首先致辞热烈欢迎二方面军胜利北上，并简要地汇报了一方面军东征、西征所取得的胜利。红六军团彭绍辉参谋长在随后的讲话中介绍了红二方面军在长征中的艰苦战斗历程，并满怀信心地指出，随着红军三大主力的胜利会师，今后，在党中央、毛主席领导下，革命的形势将会发展得更快更好，红军是不可战胜的！

10月22日，按照军团首长的指示，3团政委肖锋率1连将3万块现洋、1000双布鞋、300套棉衣、50件皮大衣、500匹土布及200只羊、50头猪送到甘肃省隆德县将台堡（今属宁夏）交给了红二方面军首长。

红军三大主力会师，标志着中国工农红军胜利完成了从1934年秋开始的战略大转移的历史任务，宣告了国民党反动派围追堵截聚歼红军的阴谋破产，证明了任何雪山草地般的自然险阻都无法阻挡红军北上抗日的步伐，并为后人留下了取之不尽的思想财富——长征精神。

山城堡击溃追兵　重挫蒋嫡系部队

获悉红军三大主力胜利会师，蒋介石大为震惊，于1936年10月20日，集中近20个师的兵力，向红军展开全线进攻，企图将红军歼灭于黄河右岸的甘肃、宁夏交界地区。

在此危急情况下，红一方面军奉命由古西安州地区向东转移。红军离开海原县后，马鸿逵的第35师，会同东北军的一个骑兵师侧后追击，陈赓率红1师和红十五军团的第73师，在宁夏的固原县何家堡地区歼灭了马鸿逵的两个骑兵团，俘敌1000余人，缴获枪支、马匹各1000余，迫使他们退了回去。这是三大主力红军会师以来取得的一大胜利。

11月初，红军主力已撤至同心城、王家团庄、李旺堡一线及其以西山地。尾随进攻的国民党胡宗南第1军在13日占领同心城、王家团庄之线后，于 14 日兵分三路，向豫旺县城方向展开进攻。18 日，第 1 军第 78 师师长丁德隆发觉红军主力已向洪德城、环县方向转移，即令所部向山城堡方向追击。敌人孤军冒进，气焰十分嚣张，为红军歼击该敌提供了有利条件。因此中央军委于 18 日联名发布《粉碎蒋介石进攻的决战动员令》，集结红一军团、红十五军团、红 31 军、红 4 军在山城堡围歼胡宗南所部。19 日胡宗南的第 1 军占领了惠安堡，企图从两翼合围红军于宁夏的盐池地区。而此时，红军早已在山城堡地区严阵以待，就等着胡宗南上钩了：红十五军团和红一军团第 2 师向山城堡西北之哨马营攻击，断其退路；红一军团主力由南向北，红四方面军第 31 军由北向南，摆开了对山城堡实施包围的态势。红 1 师的任务是攻击敌重兵防守的一座山头。

快速推进的三个师突然遭到了红军的正面阻击，胡宗南这才感到事情不太妙，便企图凭借山城堡周围山地，修筑工事固守待援。

红军计划于 21 日进行反击，作为会师后的第一仗，三个方面军都有部队参加。在第 13 团积极请战的情况下，陈赓指派他们担任师的主攻任务。13 团的左翼是红 2 师，右翼是红 4 师，形成了一种竞赛态势。攻击发起之前，13 团的领导在陈赓师长的亲自带领下来到山下察看作战地形。

虽然天已经快黑了，但国民党军仍然十分嚣张，五架飞机还在空中盘旋。陈赓等人隐蔽地接近到山下，举起望远镜仔细地观察敌人的布防情况，只见敌人扼守的山头上，遍布野战工事，对空联络的布板摆放其中，成群结队的士兵，在山头上走来走去，似乎忘记了大战将近。

看到敌人骄横的样子，陈赓轻蔑地笑了笑，回头对 13 团政委魏洪亮说："看清没有？狗东西很骄横。看来，他们还不懂骄兵必败的道理。"然后指着13 团的突击方向说道："你们突击方向，一共九个碉堡，看清楚没有？"

魏洪亮又拿望远镜核对了一下，回答道："看清了。是九个！"

陈赓指着其中的一个大碉堡说："那个大堡上，竖着一个竹竿，准是电台的天线，很可能是敌人的指挥部，估计大约一个团。你看对不对？"

魏洪亮说："师长分析的对，我们团一定把口子撕开，保证完成任务。"

陈赓满意地点了点头，嘱咐说："敌人骄傲，要失败。但你们也万万不可骄傲。刚打过胜仗，不能轻敌。告诉部队，这是胡宗南的精锐，要准备啃骨头，动刺刀、马刀。今天是夜战。夜战是我们红军的拿手戏，动作要猛，要机动，要灵活……"

这一晚真是夜战的好机会，没有月亮，没有星光，真可谓是伸手不见五指。攻击开始了，部队在运动中，每个战士全凭自己的感觉，全凭夜间行动的经验，向前摸索。

但意想不到的是13团分两个突破点连扑两次，均没奏效。全团就像被突然拦住的洪水，聚集在山下无法前进了。师指挥所的方向，一次接一次发信号，要13团回答攻击的情况。魏洪亮身旁的司号员，也焦急地问他："政委，该怎么回答？"

正在这时，突然，黑暗中传来了一个熟悉的声音："魏洪亮在哪里？"陈赓又一次来到了前沿。

陈赓拄着根棍子，迈着残伤的腿，摸索着走到了13团魏政委近前。大概是从魏洪亮说话的声音里，听出些许焦躁不安的情绪，陈赓便沉静而温和地说："不要急嘛，研究一下，原因在哪里？"

见到师长如此沉着，魏洪亮也略微平静了一下，把两次突击的情形，详细地向师长作了报告。陈赓听完汇报，立刻指出："天太黑，地形不利，这是客观原因。你们从两处一齐突，也是可以的，只是忽略了对主要突击方向的加强。马上把预备队调上去，加强3连，全团的火力，集中支援3连。"

正当13团调动火力的时候，4师12团邓克明团长，带着三挺重机枪，正好路过。当他听说13团两次突击失利，正在组织第三次攻击，二话没说，立刻向机枪手命令："把机枪给我统统架上，配合兄弟部队攻击！"

一切准备妥当，二十几挺机枪欢快地叫响了，3连连长王茂全一挥马刀，喊了一声："冲！"带领部队飞一样向山上冲去。

几分钟后，山头响起胜利的号角，突击成功了！13团每人一把马刀，突击队上去后，敌人也从工事里跳出来。黑夜中的混战，很难分清敌我，混战激烈的时候，战士们一只手提刀，一只手往前摸，只要摸到人头上有个"圆巴巴"（国民党军的帽徽），就顺手一刀，一刀下去，不管死活，再去摸下一个。

刚开始的时候，敌人还在拼命顽抗，但坚持了几分钟，就崩溃了，变成了拼命逃跑。等到13团的主力登上山顶时，敌人已经溃退到山腰了。就在此时，陈赓派警卫员跑上来，口传他的命令：追！追！追！

战士们如下山的夜老虎，挥着雪亮的马刀不给敌人喘息机会，猛追，紧追。13团的班、排长以上干部，大部分是老红军战士，他们熟悉夜战，更善于追击。班长带一个班，排长带一个排（有的只带一个班），横冲直撞，插到敌人当中去，跑到敌人前头截住了逃敌的去路。

就在13团奋勇杀敌的时候，3团也连续攻占敌3个碉堡，5连3排打进国民党军684团团部，捣烂敌指挥系统，活捉敌团长冀伍光；4连冲到山城堡北面一个窑洞，生擒国民党军704团团长高梁均；2连曾海庭指导员带领2排冲进国民党军234旅电台室，一声断喝，报务员立即举手投降。

经过一昼夜的激烈战斗，红军消灭了国民党军第78师丁德隆的232旅全部和234旅的两个团。其中，红1师活捉少将旅长一名，营、团长10余名，毙敌1000余人，俘敌1500余人，缴获大批武器弹药。在红军的强大打击下，整个进攻之敌被迫向西撤退。

当红军待命再战之时，"西安事变"的消息传来。于是，山城堡一战，也就成了结束第二次国内革命战争的最后一仗！

1937年7月7日，七七事变爆发，日本全面侵华战争开始。8月25日，红1师奉命改编为115师独立团，开赴抗日战场，为夺取抗战胜利和民族的独立和解放，全体将士不怕牺牲，英勇奋战，立下了卓著的战功，铸就了军史的辉煌。

（本例文选自《战铸辉煌——中国人民解放军第65军征战纪实》，李赟著，解放军文艺出版社2017年6月第1版。题目为编者所加）

例文 3：民族史

东 乡 族 简 史

（节选）

东乡族是形成于我国甘肃省东乡族自治县境内的一个民族。据调查共有人口 23 万多人。聚居在甘肃省临夏回族自治州东乡族自治县境内的，约 12.7483 万人，其他大多散居在甘肃临夏回族自治州的其他各县。其中 2.8536 万人散居在临夏回族自治州广河县境内，2.7414 万人散居在临夏回族自治州和政县境内，1.9456 万人散居在临夏回族自治州临夏县境内，0.7497 万人散居在临夏回族自治州积石山保安、东乡、撒拉族自治县境内，0.4381 万人散居在临夏回族自治州康乐县境内。此外，在甘肃省的兰州市、定西专区，宁夏回族自治区也散居着一部分东乡族人民。迁居于新疆维吾尔自治区境内的东乡族人数，目前尚无精确统计，估计约有 2 万多人。

解放以后，根据中国共产党的民族区域自治政策，于 1950 年 10 月，在东乡族主要聚居的东乡地区成立了县一级的东乡族自治区。1953 年和 1954年又相继在和政县的梁家寺、阿里麻士（现属广河县）、干沟和临夏县的安家坡、傅家、胡林家等地成立了东乡族自治乡。1954 年根据中华人民共和国宪法规定，上述自治地方分别改称为东乡族自治县和东乡族乡。1958 年人民公社化以后，随着全国乡一级行政机构的变化，东乡族乡也改变为人民公社体制。1981 年 9 月 30 日又在临夏回族自治州境内小积石山东麓成立了积石山保安族、东乡族、撒拉族自治县。

东乡族聚居的东乡族自治县位于临夏回族自治州的东北部，总面积约为 1462 平方公里，境内除东乡族外，还有回族、汉族等。据 1980 年调查全县共有 10.27 万多人，东乡族占全县人口的 67% 多，其次为汉族，约 3.02 万人，占全县人口的 16.9%，回族约 2.6 万人，占全县人口的 15% 左右。

自治县西面接临夏县，东北部与临洮县相邻，西北部与永靖县相邻，南部与广河县、和政县相邻。东乡族与四周相邻地区的回族、汉族有着长期的、密切的经济联系和往来。

自治县三面环河。在县西北边沿地区有著名的黄河流过，这一段黄河的流程约有30公里。目前我国发电能力最大的水力发电站刘家峡水电站及其水库就建造于这段黄河之上。在建造水库时，东乡各族人民从大局出发，为水库的建造贡献出了境内最好的河滩地。刘家峡水电站的建成，也直接为东乡族地区实现电气化创造了便利条件。自治县东北边沿，有洮河环绕。洮河是甘肃境内黄河上游较大的支流，它发源于甘青两省边境西倾山东麓，共长500公里，流经东乡边沿地区约70多公里。自治县的西南有大夏河（古代又称白水或漓水）流过。大夏河也是黄河上游的支流，源出甘南藏族自治州夏河县，全长约160公里，流经东乡边沿地区约20多公里。传说大夏河是夏禹王治水时疏水入河的一条水道，两岸一些地区尚有大禹时凿山导水的痕迹。明代河州人王竑曾有诗咏河州境内的大夏河说："河流滚滚日顷东，今古咸蒙大禹功。巨波奔腾连日雨，急湍澎湃九秋风。雄音远渡枫林外，遗响频来草舍中。多少蛙鸣与蝉噪，彼声不与此声同。"

东乡地区虽然三面环河，但可惜的是，由于县境地势高峻，在过去以及目前，尚不能充分利用这些河流来发展生产，只好眼望着河水滚滚流去。

自治县地处黄河及其支流洮河和大夏河的分水岭区，为黄土丘陵地带，全县大部分地区海拔为1900至2300米。地势最高的董家岭，海拔为2664米，最低在刘家峡水库边缘，海拔为1736米。境内大部分是干旱山区，山岭重叠，沟洞纵横，平地极少。从地貌上看，全县很像一把撑开了的伞，它以位于中部靠西的锁南坝为中心，向四周辐射状伸展出15到30公里长的六大山梁（韩则岭、沿岭、官吉利岭、张王家岭、柳树梁、阿楼池梁）和六大沟（大礼拜寺沟、妥家沟、自家沟、苦格里沟、直属沟、麦地沟），由这些大梁、大沟又分出几十条支岭、支沟，整个东乡地区，就是由这些大小不等的山梁和深沟组成。清代人说东乡地区是"乱山多破碎，崄嵯径逼仄"，是很形象而逼真的。

沿梁而下，东乡地势逐渐下降，临近黄河、大夏河的地区，始有200亩到2500亩大小不等的山塬9个。沿洮河、大夏河地区，有唐汪川和喇嘛川等谷地。境内山地占总面积80%以上。土壤除沿河平川地区多为淤积土，土层深厚，肥力较高以外，山地多是大白土，山根多为红土，质松散，肥力较低，水土流失十分严重。

东乡族自治县为温带半干旱气候，全年平均气温为 5.4 摄氏度，1 月份为零下 6.4 摄氏度，7 月份为 16.3 摄氏度。年平均降水量为 537 毫米，主要集中在 8 至 10 月。无霜期约为 150 天左右。春旱、霜冻对农作物危害较大。

东乡族人民并没有为这种恶劣的自然环境所吓倒，他们与各族人民一起，以坚强的毅力和勤劳的双手，同大自然进行了艰苦卓绝的斗争，在高山深沟之间，开辟出了 38 万多亩耕地，使自己的民族得以不断发展。

解放以后，在中国共产党领导下，东乡族人民进行了长期的大规模、有计划的改造自然面貌的斗争，使这个干旱山区发生了很大的变化。水是东乡地区最缺乏的东西之一，解放以来，全县修筑小、中型水库、塘坝 17 座，有效库容量达 200 多万立方米，解决了用水最困难的一些地区的居民用水。兴修水渠 15 条，总长 68 公里，有效灌溉面积 2.2 万多亩。全县还兴建电力提灌工程 190 处，其中有六级上水的工程。截至 1979 年，各项水利工程的总灌溉面积已达 6 万多亩，占总耕地面积近 20%，比解放前增长了 10 倍，为改变东乡农业落后面貌，打下了基础。东乡族人民为改变山坡地水土流失现象，30 年来修筑梯田、条田 13 万多亩，占山地总面积的 40% 多。达板、唐汪等公社沿洮河地区，还进行了修堤扩岸的工程。仅达板公社修筑洮河护岸石堤长达 20 公里，与河争地 3000 亩，保护了大片良田。在植树造林方面，解放以来造林累计面积达 4.62 万亩。全县最干旱的车家湾公社，过去是光山秃岭，见不到树的地方，如今已有 2700 亩的成林面积，社员个人造林也有较大发展，现在全县不少山区村庄已在绿树丛中。1979 年一年内又新造林 1.59 万多亩。目前，东乡地区贫瘠的土壤正在被改变，严重的水土流失现象也正在逐步被控制，许多山坡已是梯田层层，幼树丛生，不少深沟大涧被土坝截成池塘，不少山坡已成为良好的牧场。

近几年来，东乡地区的电力事业也有了巨大的发展，目前已兴建 3.5 万瓦的供电所 5 座，35 千伏线路 56 公里，6 至 10 千伏线路 480 公里，全县 25 个公社全部通了电，75% 以上的大队通了电，在东乡的山梁深谷中，到处可见巨大的高压线铁塔，大多数村已是家家有电灯，队队有电话，吃的是电磨面，用的是电提灌水，电在东乡族人民的生产和生活中，被愈来愈广泛地使用着，并日益发挥着巨大的作用。

东乡族以农为主，农业人口占总人口的 90% 多，农作物有小麦、洋芋、青稞、大麦、糜子、谷子、玉米等。春小麦占粮食作物的 70％多。其次是玉米和洋芋。东乡的洋芋由于种植在干旱山坡上，土质适宜，所以水少面饱，沙而甜，深受各族群众的喜爱。但是，解放以来，由于受到极"左"政策和"四人帮"的干扰、破坏，东乡地区的农业发展是很缓慢的。到 1980 年，东乡地区粮食平均亩产 248 斤，就全国，甚至就甘肃来说，也是很低的，但比解放前，东乡地区的亩产量，已增长了二至三倍。有些山地，亩产可达千斤以上。

自治县沿洮河、大夏河地区，盛产瓜果，著名的有三合的枣，科妥的苹果，喇嘛川的西瓜，唐汪川的桃杏、葡萄、软儿梨等。特别是唐汪川的桃杏，更是名扬远近，值得一书。桃杏是东乡地区人民在我国园艺业上的一种创造，是东乡族人民的骄傲。它具有桃子的个儿大、肉厚的特点，又保留了杏子的肉嫩、汁多、味甜以及皮色艳丽的特点，有的三四只就重达一市斤。50 年代和 60 年代前几年，东乡的桃杏不仅远销国内各地，而且由桃杏特制的罐头曾出口国外，受到国际市场的好评。十年浩劫中，桃杏树林遭到严重破坏，产量大幅度减少。近几年来，桃杏树林又得到恢复和发展，产量也逐年上升，1980 年东乡唐汪川公社在桃杏遭受自然灾害的情况下，全社每户社员仅桃杏的收入达 60 元。随着科学技术的不断发展，东乡地区的桃杏生产必将出现一个更大的发展。此外，东乡还生长着秦艽、冬花、狼毒、甘草、防风、柴胡、麻黄等野生药材。

畜牧业在东乡族社会经济中占重要地位。牲畜有骡、驴、马、牛、羊等，其中以羊最多。解放以来，党和人民政府帮助东乡族人民开辟了许多小型牧场，推行了饲养管理和繁殖的科学方法，使畜牧业有了进一步的发展。特别是近三年来，自治县引进了著名的宁夏滩羊，这种羊很适宜在东乡干旱山区饲养，而且毛长、皮薄，是制裘、制革、毛纺、制毯工业的好原料。这种羊与当地良种羊杂交，培殖出的改良羊种兼有食用和工业用的特性，很受东乡族人民的欢迎。

东乡地区的商业、工业，解放以来也有很大发展。全县已有各种商店 160 座，代购代销点 121 个，商业网点已经形成，工业从无到有，目前全自治县已有农机厂、面粉厂、地毯厂等。交通运输业也比解放前有了根本改观，目前全自治县各公社都能通汽车，临（夏）刘（家峡）公路，临（夏）

巴（下寺）公路横贯本县，由自治县首府锁南坝至邻近各县都有路可通。

东乡语是东乡地区的通用语言。东乡族的语言属阿尔泰系蒙古语族，单元齐少，复元音较多，没有长短元音的对立，词的第一音节里的元音 i、u 在送气塞音、塞擦音或清擦音后，一般都清化。东乡语的许多词汇都与蒙古语基本相同或相似。东乡族还能与青海同仁县的土族，临夏县大河家的保安族以及裕固族语言中的恩格尔语通话。语言中有部分突厥语的借词，在语音方面也受到突厥语的影响。汉语借词在东乡族语言中占相当比重。东乡族人民中会说汉语的，也愈来愈多。东乡族没有本民族的文字，解放前东乡族中只有很少数的人能够使用汉文。解放以来，文化教育事业也有了相应的发展，青壮年中已有很大一部分能上学读书。目前全自治县已有各级各类学校 120 多所，其中完全中学 3 所，师范 1 所，附设初中班学校 8 所，1979 年在校学生达 1.3 万余名，公、民办学校教员共达 700 多名。

解放前东乡族中各种疾病横行，毫无卫生防疫设施。解放以来兴办起设备齐全的县医院、防疫站、妇幼保健站，每个公社都有一所卫生院，全县有病床 100 余张，医务人员 170 余人。曾经严重威胁东乡族人民生命健康的黑热病、麻疹等基本消灭，克丁病、结核等已基本控制，其他疾病也已大大减少，并成长了一批东乡族的医疗卫生人员。

东乡族信仰伊斯兰教，解放前教派"门宦"众多，反动统治阶级凭借宗教封建特权，压迫剥削劳动人民，还经常利用教派的不同，进行挑拨离间，制造民族内部与民族之间的纠纷和仇杀事件。解放后，党和人民政府大力宣传与贯彻宗教信仰自由的政策，调解了教派、"门宦"之间的纠纷，加强了东乡族人民内部的团结。目前，曾一度被"四人帮"一伙破坏的党的宗教政策已经得到恢复，正当的宗教活动受到应有的保护，信教与不信教，信这个教派或信那个教派的自由都获得了充分的尊重。

解放前，勤劳勇敢的东乡族人民和我国各族人民一样，在历代反动统治阶级和本民族的地主阶级压迫、剥削下，过着极其悲惨的生活。为了反抗反动阶级的统治和压迫，东乡族人民与各族人民一起，进行过英勇的斗争。特别是解放前的 20 年，在中国共产党的影响和领导下，东乡族人民与西北汉、回各族人民一起，对国民党政府的统治，进行了坚决不屈的斗争，不少东乡族人民为我们伟大祖国各族人民的解放，贡献出了宝贵的生命。

解放后，在中国共产党和人民政府的领导下，东乡族的历史揭开了新的一页。解放初期，党和人民政府在东乡族聚居地区实行了民族区域自治，培养了大批本民族的干部，使东乡族人民获得了当家作主的权利。1951年，东乡族人民和全国人民一道，进行了伟大的土地改革运动，消灭了封建地主阶级剥削制度，完成了封建生产资料所有制的改革。接着通过互助组、初级合作社、高级合作社，实现了生产资料集体所有制。1958年，这里和全国一样，实现了人民公社化。在"文革"期间，东乡族人民的正常生产、生活秩序和全国人民一样，遭受"四人帮"一伙的严重破坏和摧残，社会主义建设以及党的民族政策、宗教政策都受到任意歪曲，解放以来东乡族人民所获得的经济建设和政治上的成就，几乎被破坏殆尽。粉碎"四人帮"后，东乡族人民和全国人民一样，无限欢欣鼓舞，党的民族政策和宗教政策又回到了东乡族人民之中。东乡族人民目前正以冲天的干劲，决心在党中央的领导下，为我们伟大祖国实现四个现代化，为迅速改变本民族的落后状况，做出新的贡献。

（本例文选自《东乡族简史》，甘肃人民出版社1984年4月第1版）

例文 4：城市史

衡 水 市 发 展 史

（节选）

　　衡水市的前身是衡水县，建置于隋开皇十六年（596），并筑城于今治西南 15 里的旧城村。衡水历史悠久，是小国古代文化较发达的地区之一。唐朝，衡水出现了孔颖达、盖文达、盖文懿、孔忠、孔惠元、傅潜等诸多的文人学士。在唐太宗的十八学士之中，就有孔颖达、盖文达二人，尤以国子祭酒孔颖达的成就最高。

　　孔颖达自幼聪明过人，八岁入学，日诵千言，青年时代从师名儒刘焯，对《春秋》《尚书》《毛诗》《礼记》等有精湛的研究，且深通历法。隋大业初年举明经，名列前茅，被授予河内郡博士。唐太宗即位后，孔颖达深受器重，任国子祭酒，侍讲太子府。贞观初，与魏征撰成《隋史》，文笔严谨，"良直著乎青史，微婉表于丹书"，是我国正史中的佳品，为世人所敬佩。唐代科举取士，要考试儒家经典，孔颖达博采众议，融会群言，撰定五经义疏一百八十卷，定名《五经正义》，唐高宗永徽四年（653）颁行，成为钦定官书，作为当时科举取士的标准。书中还深入揭示了古人遣词造句的规律，从语法上加以阐释，从而奠定了后世语法学的基础，在中国文化史上是一大贡献。衡水灿烂的初唐文化一直为后人所称道。

　　衡水因水得名，据史料记载，衡水之名盖取漳水横流之意。除滏阳河外，历史上滹沱河、漳河都曾流经此地。尤以漳河最为凶暴，时常泛滥成灾。古时"衡"与横通，在《禹贡》中对此地之漳水统称衡漳，郦道元的《水经注》也将"衡漳"直谓"衡水"。

　　由于衡水地势低洼，河流纵横，历史上是个洪涝灾害比较频繁的地区。据统计，自明永乐五年（1407）到清乾隆二十七年（1762）的 356 年间，洪水造成鱼虾关厢、村落漂没、陆地行舟者约计 9 次，造成堤岸溢决、田禾淹没者约计 22 次。每遭此岁，都给人民的生命财产造成严重损失。

　　明永乐五年（1407）漳水泛滥，城垣颓塌，人畜多没。苦居数年后，又赶上永乐十三年（1415）淫雨河溢，大水坏城，官庐民舍不可居，不得不将治所由旧城迁到范家疃（即今衡水城）。历史上衡水人民与洪水进行了顽强的斗争，多次围堤筑埝，曾修筑了羊令渠、会堪渠等引水输导工程。

随着历史的变迁，衡水境内河流发生了大的变化。清康熙四十七年（1708）漳河东徙。同治七年（1868）滹沱河北移，境内只存滏阳河这一主要河流，成为水运交通的一条大动脉。据民国初年的《衡水乡土志》记载："上自临水（磁州），下达津沽，来往商船，帆樯如林。"衡水县城成为齐晋及畿南诸郡通衢，车马辐辏，商贾云集，当时衡水有水陆码头之称。水陆交通便利促进了衡水经济的发展。城区内店铺林立、贸易繁多。彭城的缸碗，清河的竹器，山东西部的绢帛、铁类，天津的洋广货，唐山、开平的烟煤，无不荟萃于此，以供枣、冀、深、武等地取求，成为冀中南的商品物资集散中心。

商品经济的发展也促进了衡水手工业的发展，尤以制曲酿酒为特色，滏阳河两岸有造酒厂二十余区，日酿酒数百石。制笔业也很兴盛，城西南的侯店、杜村、开河，城北的野营、夏寨皆是，尤以侯店、杜村为最多。当时这两种产品在我国北方享有盛名。除酒、笔之外，其他作坊也有发展。但就全县来说，仍是以落后方式经营农业为主，再加上土地低洼盐碱，旱涝灾害频繁，粮食产量低而不稳。1935 年三全县粮食产量约 5671 万斤，平均亩产 114 斤，人均粮食 326 斤。经济发展相当缓慢。

1937 年初，中共冀南特委派人来衡，主持成立了中共衡（水）武（邑）工作委员会，创建了党的领导机构，从此衡水人民在中国共产党的指引下，英勇奋斗，绘出了一幅波澜壮阔的历史画卷。

"七七"事变后，日本侵略者长驱直入，1937 年 9 月 24 日衡水县城沦陷。国民党县长弃城逃走。在共产党领导下，衡水人民组织了抗日武装，先后成立了"中华民族解放战争战地总动员委员会""妇女抗日救国会"等抗日救亡团体。当时环境虽然非常恶劣、生活非常艰苦，但在党的领导下，依靠全体民众，使抗日根据地不断巩固扩大，抗日武装越战越强，扒铁路、割电线，不断给敌人以有力打击。1940 年 5 月 29 日县大队和回民支队采取围点打援的战术，佯攻衡水城北最大的安家村据点，诱使驻衡日军出城增援，我军在县城通往据点的公路有利地形埋伏，出其不意，伏击了日军的增援部队，消灭日军 17 人，伪军 50 多人。日军中队长和伪军中队长当场毙命。缴获平射炮一门，重机枪一挺，轻机枪三挺，其他军用物资一部。在衡水的抗日史上留下了光辉的一页。

1942 年，日军为支持其太平洋战争，妄图变华北为大东亚作战的兵站基地，多次对冀南区发动惨绝人寰的大扫荡。先后在衡水制造了"班曹店""张家庄""西胡景官"三大惨案，仅班曹店惨案一次就杀害无辜农民 24 人。尽管斗争环境极为残酷，但衡水根据地的广大群众并没有被敌人的淫威所吓倒，他们掩埋了自己的亲人，冒着生命的危险，为敌后抗日武装送粮、送衣、送药、送情报，掩护了大批党政军干部。1942 年日军大扫荡期间，冀南军区医院坚壁在衡水境内的 3000 多名伤病员，无一损失。衡水人民在抗战期间作出了突出贡献。

经过八年抗战，1945 年 12 月 16 日衡水县城解放。衡水回到人民手中。解放后，在中国共产党的领导下，1946、1947 年全县陆续完成了土地改革，极大地调动了广大群众的生产积极性，衡水经济率先得到恢复。在解放战争中，富有革命传统的衡水人民为全国解放输送了大批优秀儿女，贡献了大量粮食和物资。全县经济建设也取得了显著成绩。1949 年全县工业总产值达到 72 万元，农业总产值达到 1252 万元。粮食总产量 6707 万斤，棉花总产量 97 万斤，油料总产量 228 万斤，都达到了历史最高水平。

中华人民共和国成立后，衡水走上了迅速发展的道路，取得了很大的成就，由一个县的城关镇发展成为一座新兴的城市。

中华人民共和国成立后的头 3 年，衡水经济发展十分迅速，尤其以工业、商业和文化教育事业最为显著。三年内，工业企业由 5 家增加到 11 家，工业总产值由 72 万元猛增到 267.1 万元，每年递增 54.8%，基本建设投资由 5 万元猛增到 79 万元，商业、饮食业、服务业网点由 13 个发展到 152 个，衡水历史上第一次办起了正规中学，建起了剧场、文化馆、图书馆等文化设施。

1952 年，衡水农村掀起了互助合作的高潮，当年就有 90% 以上的农户加入了互助组。同时还办起了八个示范性的初级农业生产合作社。1955 年，初级社发展到 408 个。1956 年 1 月初级社猛增到 692 个，入社农户达到 99.8%。同年 2 月，初级社又合并为 37 个社会主义性质的高级社。完成了全县农业的社会主义改造。当年又完成了手工业和资本主义工商业的社会主义改造任务。在这项工作中，也曾出现了求成过急、工作过粗、形式单一的偏差，留下了一些问题，造成了一些弊端。但总的来说，党的过渡时期的总路线和"三大改造"是符合当时群众要求的，因而推动了经济建设的发展。全县工业总产值由 1949 年的 72 万元达到 1956 年的 923.6 万元，增长近 12 倍，保持了每年平均递增 44％的高速度。发电量、电池、酒、建材、铁制农具等主要产品产量，或从无到有，或几倍几十倍地增长，农业生产虽然连续遭受自然灾害，农业总产值和主要作物产量仍保持稳中有升。以 1955 年（因 1956 年遭受严重水灾减产不可比）与 1949 年相比，农业总产值由 1252 万元增长到 1531 万元，增长 22.3％，平均每年递增 2.5％。粮食产量由 6725 万斤增长到 8096 万斤，增长 20.4％，平均每年递增 3.1％，棉花产量由 97 万斤增加到 285.4 万斤，增长近 2 倍，平均每年递增 19.7％。社会商品零售总额增长近一倍。文化教育卫生事业的发展也取得了可喜成绩。这一时期，农业发展较快，经济效益较高，各业发展的比例也比较协调。但工作中仍存在"一刀切"和行政命令等偏差，留下了经营管理上的"大锅饭"和分配上的平均主义等弊端。

社会主义改造基本完成以后，衡水和全国一样，开始转入大规模的全面的社会主义经济建设。但是，由于指导方针上的严重失误，再加上自然灾害的破坏，经济的发展受到很大挫折。1959 年到 1961 年的国民经济困难时期，衡水经济陷入低谷，人民生活非常困苦。到 1962 年情况开始出现转机，农业生产得到较快恢复，但是 1963 年的特大洪水，又使刚刚从三年困难中解脱出来的衡水经济受到惨重损失。

1963 年衡水遇到了历史上罕见的特大洪水。这年从 8 月上旬开始，衡水全县连降暴雨，不足十日，降雨量竟达 371 毫米，大部农田处于饱和状态，低洼地出现了沥涝。更为严重的是由于太行山南部的各条河流洪水暴涨、疯狂下泄，洪水溢出河道，形成大面积的洪峰，铺天盖地，自西南而东北扑向衡水。8 月 9 日傍晚洪水进入衡水城区，一夜之间衡水城尽在一片汪洋之中。老石桥桥面水深过膝，新桥桥面可以行船。8 月 10 日，漫天的洪水，漫过堤埝，漫过桥梁，漫过石德铁路，向东北方向倾泄，到下午 7 点，衡水全境一片汪洋。庄稼淹没，房屋倒塌，人民的劳动成果顷刻之间付于东流。特大洪水造成的经济损失十分惨重。全县农作物 98.5%受灾，粮食减产 4511 万斤，棉花减产 110 万斤，油料减产 96 万斤。农田水利、交通设施和生产资料损失严重。冲毁堤埝 90 公里、渠道 86 条、扬水站 32 座、机井 57 眼、砖井 1103 眼。损失农用动力机械 87 台、水泵 59 台、水车 507 辆，铁路、公路被冲毁数段，受到严重破坏。全县 359 个大队，有 305 个被水淹没。农村共倒塌房屋 16 万间，占总数的 70%；城区倒房 3200 多间，占总数的 54%。城区各机关、各企事业单位及私人财产损失达 5800 万元。因水灾损失的文书档案、图书、账目以及因水灾停产停业停课而造成的损失更是难于估计。

面对 1963 年的特大洪水，衡水人民表现了团结一致、无私无畏的革命精神。从领导到群众上下一体拧成一股劲。地、县领导始终站在抗洪第一线指挥抢险。没有一个人考虑自己的安危，没有一个人去安排自己的家人、财物。搬运工人在洪水到来之际，冒着瓢泼大雨，动用人抬、肩背、人力车、马车等一系列手段，把抗洪急需的草袋、木桩、铁丝等防洪物资运往抢险地段，把几十万斤粮食运到较高地点。饮食服务公司饭店的全体职工，昼夜赶做馒头、大饼，保证了抗洪第一线上万名民工的吃饭问题。医务工作者冒风顶雨，巡回在抗洪抢险工地上，巡回在群众避难的高地上，治伤、治病、接生，并且及时抢运出一批医药器材。邮电局职工，在全部电话线被冲断，与外界失去联络的情况下，蹚着齐胸深的水，冒着随时被水冲走的危险，把唯一的电台转移到房顶上，保证了与外地的通信联系。

灾情发生后，党中央、国务院立即派来了人民解放军进行营救。驻青岛海军某部和驻大同的舟桥部队，架着槽舟机和橡皮艇，在咆哮的洪水中奋力拼搏，把一批批被洪水围困面临危险的人民群众转移到安全高地。在几天的艰苦斗争中，先后出动船只 95 次，救出群众 4818 人，遣送返乡民工 1712 人，并打捞了大量的物资。在一片汪洋中，人民空军的飞机多次飞临衡水上空轮番空投救生器材和各种食品，据不完全统计，三天时间，全县共获食品 7300 斤，救生圈、橡皮船数百件，还有大量的力车内胎、打气筒和医疗用品，英勇的人民解放军在衡水抗洪救灾中立下了卓越功勋。

党中央、国务院时刻关心着衡水人民，洪水过后，党和国家领导人李先念、彭真以及华北局、河北省委、省人民政府的领导同志先后到衡水视察慰问，深入工厂、农村，了解群众的吃、穿、住、医情况，问寒问暖，鼓励人民增强信心，重建家园。全国各省、市、自治区，河北省各地区、各市、县，纷纷派出自己的慰问团、医疗队、运输队。国家和各地支援了衡水大量的救灾物资，总计发放各种贷款362万元，救济款347万元，全县人均44元。国家调入粮食5453万斤，发放救济粮25万斤，供应议价粮43万斤，总计5521万斤。按人均口粮1斤标准计算，为全县人民10个月的口粮。支援奶粉、肉类、鱼类、豆类、干鲜果品等营养品479万斤，蔬菜4703万斤。国家调拨布匹70多万尺，絮棉19万斤，衣服4000多件，棉毯2200多条。发放救济煤5000万斤。支援小麦种子462万斤，保证了当年适时种麦。为保证灾后牲畜安全过冬，河北、山东八市、县为衡水寄养大牲畜4532头。来自全国各地的医疗队和当地医务人员一起，奔赴广大农村，不分昼夜，在十分简陋的条件下，免费为群众治防病，控制了疫病的流行。

全国各地的共产党员、共青团员、干部、工人、战士、学生写来了许多热情洋溢的慰问信，寄来了自己节省下来的钱、粮票、布票、衣服、被褥，以表达对灾区人民的深情厚谊。1963年的特大洪水是历史上罕见的，而在社会主义新中国，衡水人民得到的温暖更是历史所没有的。在社会主义制度下，一方有难，八方支援，做到了大灾之年无冻饿、无疾病。

洪水过后，由于认真贯彻执行中共中央"调整、巩固、充实、提高"的方针，到1965、1966年期间，衡水经济逐步得到恢复和发展，农业机械化和农用水利基本建设有了较快发展，1966年，全市各种水井发展到4294眼，机井从无到有，达到101眼，灌溉面积13.88万亩，大、中型拖拉机发展到67标准台，比1957年增长73%。农业总产值开始回升，主要农产品特别是粮食、油料产量开始增长。

1966年工业总产值由1956年的923.6万元增加到1624万元，平均每年递增5.8%，主要工业产品品种增加，产量提高。商业机构增加81%，社会商品零售总额增长79.3%。

（略）

（本例文选自《河北城市发展史》，徐纯性主编，河北教育出版社1991年版）

北 关 村 史

（节选）

历 史 沿 革

明初至清宣宗道光二十二年（1842），北关村属在城里。清宣宗道光二十二年（1842）至民国 15 年（1926），北关属金川里。民国 16 年（1927），将里改区，北关村属第一区。民国 23 年 12 月，改区设乡（镇），划编保甲，北关村属栖云镇。1949 年 8 月 16 日，榆中解放。1949 年 10 月，成立栖云区三堡乡人民政府，北关村隶属于三堡乡，后改名为北关乡人民政府。1955 年 10 月撤销北关乡，成立城关乡人民政府，北关村隶属城关乡人民政府。1958 年 10 月隶属城关人民公社，并将高级农业社更名为生产大队。1961 年 7 月，北关生产大队隶属于城关工作委员会下辖的城关公社。1983 年 5 月，撤销公社，恢复乡镇，北关村隶属于城关镇人民政府。

北关村划分为四个社、十三个组，裴家堡由一组、二组、十一组合为一社，原梁家堡、庙背后、前营堡由三组、四组、上下五组合为二社，原朱家街、新市街、下沙塄街由六南组、六北组、七组合为三社，原上沙塄街、教场街由八组、九组、十组合为四社。朱家街、新市街、教场街先后征用建为办公楼、职工楼或商居楼。上沙塄街和下沙塄街建成了今天的兴隆路。

三堡的来历和文武师院

梁家堡、裴家堡因两族户大人多，筑起土堡居住，古称梁家堡、裴家堡。前营堡刘家户大人多，堡子内住着刘怀俭兄弟五户和亲房们，堡子是他们的祖先们筑的，堡门朝西，堡巷南北。相传，三国时期，曹操谋划统一，屯兵各地，当时在榆中设立了多个兵营，其中刘家堡子为前营，因此，古称前营堡。裴家堡相传是明朝建的，堡门朝北，西北角堡墙上有堡楼，对此人们很重视，每年八月十五给堡楼献猪献羊，白天演木偶戏，晚上演皮影子，过去年年搞。梁家堡相传是清同治年间建的（距今一百六七十年了），是以梁自廉的太爷为首的白、赵、高、薛等几家的先人，为防土匪筑建的，堡门朝北，南北巷道。

民国时期，国民党军马步芳部在榆中设立三个营为36团，团长姓杜，前营堡驻扎的一营，是医疗卫生队，营长姓张，兵员多是四川籍。梁家堡、裴家堡驻扎的部队是征收粮草队和指挥部，练兵场在魏家巷。36团部队1948年后撤走。当时对一营区还称前营堡。

以上三个堡子在解放后，互助合作化时期，同城墙一起拆毁被当成土粪上到地里了。从此，三个土堡和城墙就都不见了。

现裴家堡裴家居住着愎、彦、兆、怀、家、国六代人，户数人口占全队总数的80%左右。一队裴家孟的父亲叫裴尚礼；大大叫裴尚忠，是国民党县党部委员兼抓兵员；大哥叫裴宗华（现年87岁），是裴国安的父亲，解放前在重庆测候台（气象气候）工作，解放后到台湾，后又到美国洛杉矶。裴家堡裴彦陇、裴宗孟两家都有家谱资料。

民国时期，裴家堡有两个有名的"文武师院"，两院相连，武院靠南，堂屋在东面；文院靠北，堂屋在北面。文武两院大门都是青砖建的（穿鞋戴帽的），武院原址在裴彦林家院内，文院在裴彦林家院子北侧，解放后两院都拆毁了。武院练武"石锁"据说为裴彦林收管。文师父的后代是裴彦陇等人，武师父的后代是裴愎慈、裴彦伦等人。

北关村概况

北关村地处榆中县城中心位置，东临周前村，南接城关村，叫依李家庄村，北与大营和金家圈村接壤。三（三角城）兴（兴隆山）公路、石（石头沟）新（新营）公路在境内交汇，交通四通八达，是全县的政治经济文化中心。总面积4.67平方公里，地域东西长3.1公里，南北长2.8公里。海拔1900多米。全年平均气温6.6摄氏度，春秋凉爽，夏季酷热，冬季寒冷，无霜期138天，年降雨量450毫米。主要农作物有小麦、蚕豆、玉米、胡麻等。村民经济收入主要由房屋出租、三产服务、农业种植、务工四大块组成。

改革开放以来，北关村利用独特的地理优势，在历届村党支部村委会的正确领导和带动下，通过村上兴办实体，经济不断发展壮大。2013年，村经济实体主要有：北关农贸市场、金县宾馆、九纪火锅城、惠漪莲人文茶馆等，有村属商铺40间、客房及餐饮包厢60间，村综合收入达到120余万元。另有北关医疗站、北关幼儿园两个村属单位，从业人员20多人。村上不仅涌现出李海珊、李海珑、李友林、李友栋、刘永华、王庭玉、张胜利、豆桂湖、张玉良等建筑企业家，而且培育出甘肃陇鑫集团等省内知名民营企业。

1987年以来，在城市拓建、土地减少的情况下，通过以土地置换商铺、楼房形式，实现了部分农民由粮农向商农的转变。据不完全统计，村属各社共拥有商铺500多间，从业人员300多人，年综合收入达到2500万元。特别是近年来，通过兴隆市场步行街改造、兴隆路东端拓建、北关花园、北关综合市场、陇顺小区项目的实施，极大地带动了第三产业的发展。全村从事三产服务业人员达到500人，小规模民营宾馆、旅社、出租房经营户300家，年经营收入1000万元，三产收入已成为农民增收主渠道。

2005年以来，不断改进和加强村公共医疗卫生保障建设，不仅投资完成村医疗站改造、建立村民健康档案，而且开展村民健康体检、妇科病筛查、优生检测等服务项目，提高了村民健康水平。并且通过村集体承担村民新型农村合作医疗保险费方式，减轻农民负担，有效化解了农民因病致贫、因病返贫现象的发生，目前，医疗保险参保率均达到100%。养老保险参保率达到100%，参保人数达到2326人。

2008年起，村集体出资奖励本村高考上线录取学子，本科每人1000元，专科每人500元。截至2013年，全村共出资奖励高考录取学子60人，发放奖金6万元。近几年来，共走访慰问应征入伍青年及家属10人（次），发放慰问金5000余元，共向贫困群众、贫困党员发放救助金、慰问金3万元。村五保供养16户（人），低保救助43户，156人。

社会事业各项工作稳步推进，民主法制建设不断完善。在涉及农村低保救助、危旧房改造、项目建设、计划生育两户家庭奖励等重大事项决议当中，村两委始终坚持"四议两公开"工作方法，做到办事公开透明。制定符合村情民情的村规民约，促进村风民风好转，全村近几年没有发生"民转刑"案件、"法轮功"邪教等问题。

村文化投入不断加大，创办了农家书屋、农村远程教育网站，而且投巨资修建村民文化广场，树立村民社会主义荣辱观，激发村民建设美好家园的热情。

2013 年，北关村辖 4 个社、13 个组，926 户，3772 人，其中回族 13 户，66 人。村内姓氏以裴、梁、刘、范、叶、李等姓为主。有耕地 2752 亩，其中水地 2250 亩，人均耕地 0.72 亩，总劳力 2701 人，其中男劳力 1429 人，亩产粮食 800 斤，人均口粮 589 斤。人均纯收入 5953 元。全村有线电视全覆盖，自来水入户率达到 85%，村级道路硬化率达到 80%，60% 的家庭使用水冲式厕所和清洁能源。

近年来，北关村多次被市县评为"文明村"，是城关镇规模最大、人口最多、靠市场最近的村子。

（本例文选自《北关村史》，高永福主编，中国文史出版社 2015 年 4 月版）

例文 6：厂史

邯郸钢铁总厂厂史

（1957 年—1966 年 5 月）

（节选）

　　邯郸钢铁总厂（以下简称邯钢）是省属钢铁联合企业，是河北省上交利税超亿元的五大厂家之一，在我国地方骨干企业中规模最大。邯钢从 1958 年建厂到 1990 年，已走过了 32 年的历程。

　　从 1957 年到"文化大革命"开始的 1966 年，邯钢经历了选择厂址、创业建厂，大规模调整"下马"和调整后的大发展。这一时期，在邯钢的发展史上起着重要的奠基作用。

选 择 厂 址

　　邯郸的冶铁业有着悠久的历史，在司马迁的《史记·货殖列传》中，就有"邯郸郭纵以铁冶成业，与王者埒富"和"蜀卓氏之先，赵人也，用铁冶富"的记载。1840 年以前，邯郸的民间冶铁业也一直未间断。但是，到了近代，由于帝国主义的侵略，军阀混战和国民党政府的腐败，邯郸的冶金工业衰落了，到中华人民共和国成立前，几乎寸铁不产。

　　新中国的诞生，为邯郸冶金工业的复兴带来了希望。全国解放不久，国家即组织了对邯郸地区铁矿的普查工作。随着第一个五年计划的接近完成，为解决河北省工农业发展对生铁的急需，1956 年底，河北省工业厅提出了在邯郸磁山铁矿区建设年产 2 万～4 万吨炼铁厂的方案。1957 年 3 月，成立了炼铁厂筹建处。这第一批建厂的先驱们，抛弃了优越的城市生活，来到了荒山野岭，风餐露宿，跋山涉水，选厂址，找水源。经过两个多月的艰苦工作，终因水源问题没有解决，筹建处 7 月搬迁到邯郸。

　　1956 年，毛泽东同志《论十大关系》的发表，党的八大的召开，党领导全国各族人民开始转入全面的大规模的社会主义建设。1957 年 7 月，全国冶金工业会议在北京召开。会议确定，在地方兴建 18 个中小型钢铁厂。

其中，河北省兴建一个年产铁 35 万吨、钢 30 万吨、钢材 25 万吨的钢铁厂，并要求 1958 年开始建设，1961 年建成。随后，河北省工业厅、河北邯郸钢铁厂筹建处、黑色冶金设计总院鞍山分院和冶金部有关司局等组成了选厂工作组，在邯郸、邢台、石家庄 3 市进行了厂址选择。在 8 个候选厂址中，最后选中邯郸庞村以北地区。1957 年 11 月由鞍山分院提出了《河北钢铁厂厂址选择报告书》，认为从建厂的技术条件和"整个冀南的政治、经济、社会等条件来考虑，以邯郸庞村建厂为好"。1957 年 11 月 20 日，中共河北省委正式批准了这个厂址选择报告书。河北省邯郸钢铁厂筹建处由县团级升为地市级。河北省工业厅第一副厅长辛明同志任筹建处主任。邯郸市委书记处书记肖寒同志任副主任。

建设与生产

筹建处成立之后，立即开始了大规模建厂工作。按照冶金部确定的对地方钢铁厂实行对口包的方法，从鞍钢、太钢、石景山钢铁厂调来的技术人员、管理人员和技术工人陆续来到邯郸，开始了紧张的设计、征地、设备订货等工作。

1958 年 3 月，冶金部机装十公司、筑炉四公司、电装五公司和太钢三公司三工地、森铁工程处二工段、峰峰电业局、邯郸市建工局二处等施工单位，陆续进入了施工工地做准备。加上支援钢铁建设的民工，数万建设大军，或住工棚，或住民房，不论远近一律徒步上下班，生活极其简陋艰苦。

4 月 1 日，一号 $55m^3$ 高炉破土动工，揭开了邯钢建设的序幕。邯钢的建设者们，对社会主义建设表现出了高度的责任感和艰苦创业、团结协作的革命精神。资金短缺，物资供应不足，没有大型施工工具，为了解决施工必备条件，参加建设的各单位，有人出人，有力出力，有物出物，群策群力，团结协作。一号 $55m^3$ 高炉 6 月 17 日流出了第一炉铁水，比计划提前了 3 个半月。就是靠这种精神，用这样的速度，短短的一年半时间，在邯钢这块热土上，矗立起大小 14 座高炉，其中，$55m^3$ 高炉 6 座、$28m^3$ 高炉 6 座、$255m^3$ 高炉 2 座。

随着一号 $55m^3$ 高炉出铁，邯钢进入边建设边生产阶段。为了把生产建设搞好，党委要求各级干部特别是领导干部要坚持跟班生产，定期参加义务劳动，和工人同吃、同住、同劳动。建设工地白天一片人，晚上一片灯；高炉旁工人、干部日夜奋战，特别是高炉不顺时，大家几天几夜不下火线。

1959年6月4日，周恩来总理视察邯钢，给全厂职工以极大的鼓舞，激发了全厂职工的干劲。正在安装二号255m³高炉的职工，开展了热火朝天的劳动竞赛，设备安装工期只用了45天，创造了当时国内同类型高炉安装工期的先进水平。9月毛泽东主席视察邯郸，发出了"邯郸是要复兴的""很有希望搞个大钢铁城"的指示，进一步鼓舞了全厂职工的劳动热情，提前23天完成了国家计划。

1960年初，党委提出了开展"五二九"运动的口号，即全员实物劳效每人每月5吨铁，高炉利用系数达到2，入炉焦比900kg/t铁。为了实现这个目标，采取了"党政一揽子工作，组织工作组，分片包干，包炉包产"的方法，生铁产量显著提高，但是终因"五二九"指标过高而未完成。

1958年到1960年，是邯钢艰苦创业的3年。完成基建投资7729万元，建成了14座总容积1008m³高炉，2座400kVA硅铁电炉、18公里铁路、83620m²职工宿舍，生产了37万吨生铁，职工增加到19812人。在短短的3年中，全厂职工在党的领导下，艰苦奋斗，自力更生，建成了一个初具规模的钢城，为邯钢今后的发展奠定了基础。

调　　整

1958年开始，在我国经济生活中出现了严重的"共产风""浮夸风"。这些"左"的错误给邯钢的生产和建设带来了极大的冲击和影响，生产不计成本、不计盈亏、不讲经济核算，造成了成本高、浪费大、亏损严重。

一、精简

1960年底，党中央开始纠正"左"的错误，对国民经济实行"调整、巩固、充实、提高"的方针。从1961年6月起，邯钢开始贯彻八字方针，对企业进行调整，基本建设全部下马，6座28m³和6座55m³高炉全部停产；7月13日，一号255m³高炉停产，全厂只剩下二号255m³高炉维持生产。1962年初，两座55m³高炉和一号255m³高炉恢复生产，刚刚恢复生产的3座高炉于3、4月份又停了下来。6月20日奉上级指示，邯钢全部停产。直到 12 月 25 日，一号 255m³ 高炉才恢复生产。

在高炉陆续停产之后，职工也大批精减，近 2 万名职工，精简下放后只留 2000 余人，这 2000 余人大多数是技术业务骨干，为以后的恢复生产打下基础。在精简下放中，开展了新旧社会对比，忆苦思甜活动，全厂职工表现了高度的组织性和纪律性，做到了留者安心，走者愉快。

二、贯彻《国营工业企业工作条例》

在抓精简下放的同时，认真地贯彻《国营工业企业管理工作条例》，即工业七十条。1961 年党委"一手抓生产，一手抓生活"，开展了五好竞赛活动，以稳定职工情绪，坚定渡过困难的信心。从 1962 年开始，用了 3 年时间抓企业的基础工作，整顿了原始记录，建立健全了各种定额 1259 种，制订了多种产品的质量标准，修订了 137 个技术操作规程，推行了经济核算。同时，为了适应生产规模大大缩小的形势，有利于机关革命化，调整了机构，党政领导改变领导作风，深入车间蹲点，跟工人实行"三同"。由于管理的加强，生产稳定，消耗下降，产品质量提高，1963 年 5 月至 7 月开始盈利。如果不是 8 月份的洪水造成停产，全年可扭亏为盈。1964 年在企业管理上，突出抓技术管理和财务管理，开展比、学、赶、帮、超竞赛活动，在只有一座高炉生产，并且只有生铁一种产品的情况下，夺得了调整以后，也是建厂以来的第一个盈利年。

经过 3 年调整，邯钢的生产经营和管理上了一个台阶。1965 年、1966 年，全厂乘胜前进，在企业管理上，继续加强基础工作，整顿劳动纪律，加强班组建设，健全班组八大员；在生产上开展技术革新和技术革命，高炉上进行了喷煤粉试验。在全厂掀起了以"五好"为目标，学赶王有录等 9 名市标兵活动，1965 年 11 月和 12 月，炼铁利用系数、焦比、风温、合格率和成本 5 项技术经济指标在全国同类型企业中，夺得了三项第一，一项第二，一项第三，全年盈利 474 万元，是上年的 7 倍。

1966 年上半年仍然保持了好的势头，下半年由于"文革"的影响，全年盈利下降到 218 万元。

三、恢复"小洋联"建设

1965 年初，为了解决河北省农业机械化对钢材的需要，中共河北省委决定恢复"小洋联"建设，使之成为一座年产 10 万吨钢的钢铁厂。所谓

"小洋联"，就是指 1961 年停产的 55m³ 高炉车间和未建成即停建的一炼钢和一轧钢车间。5 月 6 日，河北冶金工业管理局和冶金工业厅联合通知，命名此厂为"滏阳钢铁厂"，为省属企业，由邯钢代管。中共河北省委要求邯钢积极组织力量，尽快建成投产。邯钢立即组织了建设指挥部，抽调了几十名技术人员突击设计，由河北省冶金建安公司承担施工。在只有 160 万元资金的情况下，指挥部提出了"因陋就简，先成龙后配套"的建设方针，大家苦干实干，在很短的时间内建成了 4 个车间；4 月，2 座 55m³ 高炉投产；7 月 25 日，2 座 3 吨空气侧吹转炉投产；9 月 24 日，500 中型轧机投产；10 月 14 日，300 小型轧机投产。至此，滏阳钢铁厂成了小型钢铁联合企业。

1961 年至 1964 年的调整，在邯钢的发展史上占有重要地位。在调整中党委总结了 3 年创业的经验教训，下大力量整顿基础工作，加强企业管理，带来了连续 3 年盈利。如果说 3 年创业为邯钢的发展打下了物质基础的话，那么，2 年调整则为邯钢发展打下了企业管理的根基。

（本例文选自《前进中是邯钢——邯郸钢铁总厂厂史》，王绍民主编，光明日报出版社 1992 年版）

例文7：校史

中共河北省委党校校史

目　录

（本例文选自《中共河北省委党校校史》，王玉琮、任树江主编，河北人民出版社1999年版）

第二章 志

志是记载全国或一地的地理、历史、建置、风俗、文化、教育、物产、人物、古迹等的实用文体。我国古代"史"与"志"是合一的，并不分列，如春秋时期，周与诸侯国的史书，统称为"志书"。三国史就名为《三国志》，后来由于地方"志"书大量出现，才使二者有了较为明显的分野，"史"与"志"各成一体。

志是记录发展历史的志传文体。志与史既有联系又有区别。它是以保存历史资料、真迹为主。在某种意义上，它是历史的真实记录，没有也不允许有任何的雕饰与剔琢，只叙述不详论。在内容上志应包含现状，史只写历史。

一、志的特点

志与其他史传文种相比较，在写作上有如下特点：

（一）分门别类

大多数志所涉及的内容较广，篇幅较长。以横向安排结构，如军事志先分成军队体制、兵役、军事训练、政治工作、后勤、重要战事、民兵、人民防空等若干个纲目，然后再以时间顺序作纵向的叙述。

（二）详今略古

志着眼当代，把介绍目前状况当作写作的重点，详加叙写。而对于过去历史，虽不是一笔带过，却也较为简略，有时一并概说，有时仅以图表数字说明。

（三）专业性强

由于各个单位的历史和任务不同，因而志的写作必然表现出很强的专业性。术语的表达、数据的引用等，无不带上该单位的专业特点，反映其特有性质。

二、志的分类

按照不同的分类方法，古今志书分为若干种类。

依据行政范围，志书分为一统志、总志、通志等。一统志，是全国性的综合性志书。如《大元一统志》《大明一统志》《大清一统志》等，就是分别由元、明、清三个朝代官方主持编撰的大型志书。总志是全国性或多省一同编撰的综合性志书。如唐朝的《括地志》、宋朝的《太平寰宇记》，以及后来的《湖广总志》等。以上两类志书见于古代旧体志书，我国新志书基本都是地方志，未编写全国综合性的超大型志书。通志一般是以省为单位的志书，大部分是多卷本。

依据详略程度划分，分为繁本和简本两种。繁本，内容全面，叙述详尽，容量宏达。简本，内容较少，叙述简要，篇幅较短，具体有两种情况：一种情况是由同名志精简改编而来，是对原本的删节和浓缩，冠以"简本"之名。如新编的《大足县志》141万字，《顺德县志》180万字，《阜阳地区志》205万字，《绍兴市志》540万字，《秦皇岛市志》700万字，方志出版社出版的这些志的简本，均为30万字左右。另一种情况是并无同名志，而是一开始就编写成简本。除后一种情况外，简本不仅对原本的篇幅进行浓缩精简，内容也有所升华充实，同时结构形式也进行了创新，由于简本晚于原本编撰和出版，也更具有时代特色。

依据写作笔法，志分为两种类型：一种是纯史学笔法的记述，它无文学色彩，资料性很强，并附有许多的图片和表册。这是当前新方志编写提倡的一种写法，特别是官方组织编写的志书，规定行文"使用规范的现代语体文记述，不用总结报告、新闻报道、文学作品、教科书、论文等写法"。另一种是用文学笔法来写的，在保证历史及现状材料的真实基础上，运用多种文学技巧、修辞手段进行加工、渲染。它既有重大事件记载，又有动人的场面及细节描写。

依据详略及篇幅的长短，志分为书册型和文章型。志书册型有一卷本和多卷本。书册型志内容丰富、体系完备，记叙全面，系统地记述各时期、各阶段的情况，并且对历史作出较为深刻的分析和正确的评价。一般来说，这种可看作正规类型的志，多用纯正的史学笔法来写。官方组织编写的新方志一律采用书册型。另一种是文章型，它篇幅较短，概括介绍某个单位的历史及现状。一般不分门别类地安排层次，多以时间顺序行文，述及的问题较少、较为简略，而且详今略古的特点更为突出。这种文章型的小型志，大多都是为宣传本单位而写，所以它的词句较为优美，文学色彩浓郁。

另外，按领域划分，有政党志、军事志、风土志、风俗志、地名志等。按行政级别划分，有省志、市志、县志、乡镇志、村志等。按单位划分，有厂矿志、院校志、街道志等。按部门划分，有政府志、人大志等。

三、志的编写原则

（一）目的明确，立场坚定

志既是为"存史"而编，更是为适应时代的发展需要而编。因此，既要强调资料性，又要强调用正确的政治观点、科学的思想方法去驾驭和处理资料，这就要处理好资料性与政治性的关系。处理的原则是坚持马克思主义的立场，运用辩证唯物主义和历史唯物主义的方法撰写志书，从而弘扬民族精神，促进建设事业发展。

（二）厚今薄古，详略得当

写志是为了认识历史，认识历史是为了借鉴，而距我们的时代较近的，借鉴意义将会更大。所以，应本着厚今薄古、古为今用的原则去处理古与今材料的安排。

（三）彰显个性，突出特色

一个地方的志与另一地方的志有共性，一个小范围的志与一个大范围的志有共性。但它们之所以有存在的意义，就在于有各自的个性，所以，应当在保证共性的同时，尽量突出个性，写出自己的特色来。

（四）述而不评，评于叙中

志虽然也属历史发展的记录，但它不同于历史论著。原因是"隔代修史，当代修志"。历史论著是总结历史规律，作者可以从得失的历史经验中，做出判断是非，评价优劣，以醒世人；志一般说是眼前刚发生或刚刚发生过的历史；是尚未充分经过实践检验的事实，如果仓促做出评价既不符合认识论的原则，也容易造成偏颇与失误。因此方志只要起到"存史""资政教化"的作用就达到目的了，是非曲直由后人论断。当然，这并不是说方志编写者可以采取自然主义的纯客观的态度，只不过是融评论于史实当中罢了。

（五）纵不断线，横不漏项

所谓纵不断线，是指从历史发展角度叙写成长过程和发展阶段，要注意历史的发展脉络和规律，各阶段有详有略，但略的部分不能一笔带过，略到不显眼的地步，失去了前与后的内在联系。不能像写诗歌那样，允许跳跃，而要如同历史的链条，不断档，不断链。所谓横不漏项，是指志要全方位地、多侧面地反映历史，丢项就不全面，就失去方志"存史"的作用。

四、志的结构

志的种类很多，但书册型志的框架结构及其基本写作要求大体一致，它一般由以下部分组成：

（一）书名

志书的名称由行政区划加内容与文种构成。如《河北省地名志》《青海风物简志》"河北省""青海"为行政区划，"地名""风物"是内容，"志""简志"属于文种。地方志的名称依据中国地方志指导小组制定的《地方志书质量规定》要求，志书名称以下限时间的本行政区域名称冠名；其中，市辖区志书在行政区域名称前冠以上一级行政区域名称，如《××市××区志》。续修志书名称标明上下限年份，如《××县志（2000—2020）》。

（二）编写机构人员组成

通常设编撰委员会，由一名主任、一名或多名副主任、若干委员；一名或多名主编、副主编和若干编撰人员组成。委员会的主任、副主任一般由单位领导担任，委员为各部门领导和相关人员。他们通常只参加有关编写会议，研究志的编写原则的确定、计划的制定、人员的调配及各种保障工作，并不参与具体志书的写作。真正参加撰稿的是主编、副主编和编撰人员。

（三）前言、序言

前言和序言，所起的作用和内容大致相同。通常是简要说明"志"的编写缘起、宗旨及其质量的评价。

一般说来一本志书前言和序言可二选一，名称叫前言或序言均可。有的志既有前言，又有序言，通常是由两位署名人所写，内容各有侧重。序言不一定是一篇，也可以多篇。如有多篇序言，依次标为序一、序二、序三……但各篇序言应各有特色，不能雷同。

（四）凡例

凡例是说明体例、指导阅读的文字。通常包括编志的指导思想、范围的限定、体裁和结构的介绍、入志的标准、数字和称谓的用法、资料来源等。如《东良庄村志》的凡例分为指导思想和基本原则、时空范围、体裁、章节编排、人物入志、数字用法、人地称谓、资料来源等八部分。

（五）目录

目录按照符合"事以类聚""类为一志"的基本要求，科学分类与现实社会分工（现行管理体制）、全志整体性与分志相对独立性的关系设置，专志部分通常设 3 级目录，篇、章、节或章、节、目。如：《南京政党志》将中国共产党、中国国民党和八个民主党派各列一章，各章目录各设 3 级。

针对地方志的编写，《地方志书质量规定》对篇目设置提出如下要求：整体分部合理，结构严谨，归属得当，层次分明，排列有序。类目的升格或降格，使用适当。标题简明准确，题文相符，同一门类各级标题不重复。

（六）正文

志的正文一般由概述、大事记、专志等部分组成。概述，也称总述，设于志书正文之首，随后是大事记和专志。专志，又叫分志，是根据地方志的构成从几个方面分别记述。

方志正文的内容，包括本行政区域内自然、政治、经济、文化、社会的历史和现状。具体大致涵盖 7 个方面：（1）建置、自然环境、资源、人口等；（2）城乡建设、环境保护、交通、邮电信息、公用事业等；（3）农业、工业、建筑业、服务业、经济管理等；（4）中国共产党、人民代表大会、人民政府、政治协商会议、民主党派、群众组织、公安司法、军事等；（5）教育、科学技术、文化艺术、新闻出版、广播影视、卫生和计划生育、体育等；（6）人民生活、人事和劳动社会保障、民政、民族、宗教、风俗、方言等；（7）人物。

志正文的写作要求是：内容完整，横不缺要项，纵不断主线；详略得当重点突出；反映事物基本特征，记述有深度。

（七）附 录

附录根据其所属类别附在各篇或各章后面，也有集中附在志最后的。附录是不便载入正文而有参考价值的资料，通常包括重要文献、地方文献要目；不够立传标准的人物和占有的人物事迹资料少而难以成传但又应记述者而编制的名录或英名录；无所归属又需要记载的事物所写成的杂记等。无论是文献，还是名录、杂记，都应是必录资料，而不是可录可不录的资料。

（八）后 记

后记，古称"跋"，是追记编写过程、对给予支持和帮助者表示谢意，对专家学者征求意见等。

五、志的体例

当今撰写志多是官方撰制。其体例在中国地方志指导小组制定的《新编地方志条例》中有明文规定，新志书的体例要求是：（1）区域性，严格以行政区划为限，突出地方特点。（2）历史与现实兼顾，以现实为主。（3）横排竖写，横竖结合，以横为主。（4）新志书包括记、志、传、图、表、录六种体裁。（5）纪实性，以纪实叙事为主，寓褒贬于叙事之中。

上述规定，（1）、（2）项是对志内容说的。某个地区的志书，只记写本地区的人、事、物，这个地区划分标准是以国家行政区划分的标准为依据，范围不得缩小与扩大。本地区志内容要以现实为主，即详今略古。（3）是讲结构安排。横排，即是指所志的一个历史阶段的人、事、物，逐项排列，逐项写出，从而使读者看到一个横断面。竖写，是将每项人、事、物，从远及近、从历史到现时写下来，从而使读者看到纵断面。以横为主，则能更清晰地看到所志的现实面目，纵横结合，才能给人立体感。（4）是讲体裁的。

（5）是讲表达方法的。这五个方面概括了"志"的纲目、构局和构建法则，形成了"志"的独特体例。

六、志的体裁

依据《地方志书质量规定》志的体裁包括述、记、志、传、图、表、录、索引 8 种。志书写作中体裁运用要得当，要以志为主。

（一）述

述即概述，要根据志种和内容层次的不同，合理设置，概述事物发展全貌和特点等。

（二）记

记包括大事记、专记和编后记。

大事记是编年体，按详略程度分有历史大事记、大事记、大事年表。大事记是志书的总纲，以时间为经，以事件为纬，在一部志书中起提纲挈领、总括全貌的作用。大事记选录大事要得当，不漏重要事项，时间、地点、人物（单位）、结果等要素要齐备。

专记设置要因事制宜，选题要严格，数量要适度。

编后记重点是反映修志始末。

写记，内容要精，选择那些有较大影响、具有特殊意义，可资借鉴的事件，不能每事必录，成流水账。记的排列，要按时间先后为序。

（三）志

志是对各专题（项）的记叙，它是志书的主体，一般采用纪事本末体。拟定专题篇目，要经过周密调查研究，编写过程中还要不断修改、调整；以做到有特色又不丢项。

写志，要做到门类设置合理。纵述史实把握事物的发端、变化和现状，不缺失主要事物、事物的主要方面和事物发展的重要阶段。

（四）传

传是指人物传记，立传人物为在本行政区域有重大影响者，以及本籍人物在外地有重大影响者。传专门记有影响重大、贡献突出的人物的生平、事迹。人物传记要重点写人物成长过程、思想变化、性格变化的历史，从而突出人的精神品质、思想风貌。根据"生不立传"的原则，志也只能对谢世的符合立传标准的人物作传。作人物传的范围可由单位党委酌情而定。

人物传记述传主的生卒年月、籍贯（出生地）、主要经历、典型事迹、个性特征、社会评价等要准确、客观、公允。人物简介略记人物履历及主要事迹，不面面俱到。人物直书姓名，不冠褒贬词语，不在姓名后加身份词；必须说明身份的，首次出现时在姓名前冠以职务（职称）。

（五）图、照

图画和照片有"无言之史"的美称，能表现文字难以表现的事物。古代旧志有"左图""右史"之例，使"图"与"文"紧密配合，互相补充的做法，今天修志仍可以借鉴。

图、照选用要注重典型性、资料性，从不同角度反映变化的情况。卷首插图包括本行政区域位置图、地形图、行政区划图、交通图等。地图采用国家测绘部门和有关部门绘制或者审定的。重要地理信息数据采用测绘部门公布的法定数据。照片无广告色彩。除人物传、人物简介外，无个人标准像。

图的制作要规范，要素要齐全，包括必要的图题、图例和注记。文中图要统一编号。照片主题要明确，图像要清晰，应注明时间、地点、事物、需要说明的人物的位置及时任职务等。

（六）表

表是指列出表格以说明情况。它简明易览，节省文字，是一种特殊的记叙方法。一般志都有机构建制表、历届领导人员表等。

表设计要合理，要素要齐全，内容要准确，不与正文简单重复。表格包括表序、表题、表体和必要的表注等。表题的时间、范围、主体内容和表格性质等要素要齐全。全书表格样式、编号要统一。

（七）录

录也叫附录。附录的原始文献、补遗考订等资料应具有重要存史价值。

（八）索引

索引分类标准要统一，名称概念要清楚，提炼的标目要符合主题意愿，附缀正文页码要准确。

七、志的写作步骤

志的写作主要应有以下几个写作步骤：

（一）确定内容范围

确定志所要包含的内容，所要涉及的范围，这是首先要做的一步高难度工作。要按各部分主次轻重安排结构，既要注意突出中心，避免烦冗，又要防止欠缺遗漏、交代不全。另外，划分方面要讲究逻辑性，不能随意归并。

（二）充分获取材料

方志的写作材料是十分广泛的，除了往年文献等现成材料需要查阅外，还有一些流散到各部门、甚至个人手上的零星材料也要广为寻求。这是扎扎实实要做的一步烦劳的基础工作，为了志内容的真实及详尽，材料必须俱全细密。

（三）精心进行写作

1. 准确表述史实。这是志执笔者的任务，有赖于个人的语言文字功底。要求文笔明白晓畅，层次清晰分明。有些数据，要配以文字语言加以解释；而有些状况或观念的表述，又须配以数字图表加以说明，取舍行止，都要恰到好处。

2. 正确评估历史。在叙写历史过程中，编写者不可能没有思想倾向，或渗透进叙写的词句中，或直接加以评价议论。正确与否，则取决于编写者的思想水平。对成绩或缺点，都要恰如其分表述，不夸大，也不缩小，更不伪造或隐瞒。要以历史的眼光看待往事，要联系当时的社会环境，根据全局的、长远的利害关系作出评价。

3. 概括写出全貌。为了让读者把握发展变化线索，对写作对象的过去和现在有个总括的整体印象，大型方志往往要在篇首或篇尾作个概说，有些在篇章之首也要作个概说。在这个部分的写作中，要注意抓住事物的本质，站在较高的角度总览全局，行文要言简意赅，词句精练。

八、志的写作要求

志书写作，要有正确的指导思想、原则和实事求是的科学态度。要突出特色，充分反映最基本的实践活动，使志具备现实的指导意义。志书写作要走群众路线，发动各级组织和群众共同协作编写志书，集众人之智慧，合众人之力量，努力编写出一部广博精深、真实可信的志书来。志书写作的总体要求是：观点正确，体例严谨，内容全面，特色鲜明，记述准确，资料翔实，行文规范，表达通顺，文风端正。

（一）观点要正确

志书写作要以马克思列宁主义、毛泽东思想、邓小平理论和"三个代表"重要思想、科学发展观和习近平新时代中国特色社会主义思想为指导，坚持辩证唯物主义和历史唯物主义的立场、观点和方法。要坚持人民群众是历史创造者的根本观点，热情歌颂人民群众奋发拼搏、创造历史的伟大功勋，不要拔高或夸大个人的功绩。要尊重历史事实，做到"实录直书"，"不虚美、不隐恶"。记述社会主义时期的内容，应体现社会主义时代精神风貌，全面反映记述中国特色社会主义事业的历程和成绩，正确反映历史发展中的曲折和问题。

志书不得含有以下内容：反对宪法确定的基本原则的；危害国家统一、主权和领土完整的；泄露国家秘密、危害国家安全或者损害国家荣誉和利益的；煽动民族仇恨、民族歧视，破坏民族团结，或者侵害民族风俗、习惯的；宣扬邪教、迷信、赌博、暴力的；侮辱或者诽谤他人，侵害他人合法权益的；危害社会公德或者民族优秀文化传统的；法律、法规和国家规定禁止的其他内容。涉及国家安全、社会稳定等重大问题，法律、法规及政策未作规定的，经由有关部门审查把关，正确把握记述尺度。

（二）记述要准确

1. 区域、时间界限明确。以本行政区域为记述范围，越境不书。不随意突破志书的上限和下限。严格控制上溯或下延。续修志书处理好与前志的衔接，注意对前志的拾遗补阙、订讹正误。

2. 记述事物、时间和人物，寓观点于记述之中。述体中的必要议论适度，不空泛。

3.志书中同一名称、事实、数据、时间、度量衡、术语的表述，前后要一致。

4.是内容记述不机械重复。交叉记述的事物，从不同的角度记述，或此详彼略，或用互见法。

（三）资料要翔实

1.资料真实、准确。资料经过鉴别、考证、核实，时间、地点、人物（单位）、事实、数据等准确。有歧义但不可或缺的资料，多说并存。

2.资料全面、系统。自然、政治、经济、文化、社会、人物等方面的资料齐全。反映事物发生、发展过程的资料连贯、系统。人、事、物，时间、地点、事件经过等要素齐备。

3.资料具有代表性、权威性。要注重使用原始资料。

（四）行文要规范

1.使用文体、用语、人称要规范。志书写作要使用规范的现代语体文记述，不用总结报告、新闻报道、文学作品、教科书、论文等写法。要使用规范汉字，用词概念准确，符合现代语语法规范。使用口语、方言、土语、俗语要适当；不滥用时态助词；慎用评价词语；不用模糊、空泛词句。无知识性常识性错误，不乱改科学定律、理论概念、政治术语、历史典籍、名家名言的提法和内涵等。除引文和特殊情况外，要以第三人称记述，不用第一人称。

2.使用各类名称要规范。一是各种组织、机构、法律法规、文件、会议等专有名称使用全称。使用简称的，在适当地方括注于全称之后。简称概念准确规范，不产生歧义。二是不同时期的国家、团体、机构、职务等名称，均用当时名称。三是历史朝代名称使用规范的通称，以新版《现代汉语词典》附录的中国历代纪元表为准。四是今地名使用各级政府审定的标准地名。历史地名使用当时名称，括注志书下限时名称。涉及其他行政区域地名的，其行政隶属关系应明确。跨区域的山脉、河流、湖泊、水库、公路、铁路、航线、文物、名胜古迹、重大事件等，其名称和数据以国家有关部门公布的为准。五是译名要准确。外国国名和常见的地名、人名、党派、政府机

y

第二章 志

构、报刊等译名，以新华通讯社译名为准。新华通讯社没有译名的，首次使用译名时括注外文全称。六是生物、矿物名称，使用学名。记述自然资源涉及本地生物名称的，首次出现时采用学名，括注本地俗名。

3.使用统计数据、数字、量和单位、标点符号、注释等要规范。

统计数据要符合国家统计法律、法规和有关规定，数据的定义、含义、统计口径和计算方法等清楚、准确，不错用、滥用。统计数据以国家统计部门公布的法定数据为准。统计部门没有统计的，采用业务主管部门的统计数据。

数字、量和单位、标点符号的使用要规范、统一，符合国家有关标准的规定。

注释要符合学术规范，便于查找原文。注释形式全书要统一。引文和重要资料要标注出处。

例文 8：政党志

南 京 政 党 志

（节选）

中国共产党南京地方组织

中国共产党，民国 10 年（1921）7 月 1 日在上海创建。中国共产党是中国工人阶级的政党，以马克思列宁主义、毛泽东思想作为行动指南和理论基础，最终目标是实现共产主义的社会制度。

中国共产党南京地方组织于民国 11 年（1922）秋建立。中共"三大"以后，中共南京地方组织与国民党南京地方组织合作，推进国民革命运动。国民党叛变革命后，中共南京地方组织进行了长期艰苦的斗争，与南京各民主党派一道，带领南京人民为新民主主义革命的胜利和南京解放而奋斗。南京解放后，中共南京地方组织继续与各民主党派南京地方组织亲密合作，带领南京人民进行社会主义改造和社会主义建设。中共十一届三中全会以后，中共南京市委在邓小平建设有中国特色社会主义理论指导下，坚决执行中国共产党在社会主义初级阶段的基本路线和方针、政策，开创了南京社会主义建设事业的新局面。

第一节　组　　织

[中共南京市级组织]　中共南京地方组织创建阶段　民国 10 年（1921）5 月前，南京已有中国共产主义组织的活动。5 月，南京高等师范学校学生吴肃、谢远定，工人王光林、金太�|等加入中国社会主义青年团。民国 11 年（1922）夏，浦镇机厂机匠王荷波在北京加入中国共产党，浦口车务段行车司事王国珍在北方加入中国共产党。同年，谢远定、吴肃和同学李国琛在南京加入中国共产党。秋，中共南京第一个小组在浦镇成立，组长王荷波，属中共北方区委领导。民国 12 年（1923）2 月，王荷波离开浦镇，由张振诚、王恩荣先后任组长。此后，中共浦镇小组（即中共浦口小组）改

属中共上海地方兼区执行委员会领导。10月11日，中共上海地方兼区执行委员会决定：南京、浦口的中共党员，分别编为第六、第七两个小组，组长分别为谢远定、王恩荣。同年12月，第六、第七小组合并，成立中共南京地方执行委员会，负责人谢远定。自此，南京地区有了统一的中共地方组织。根据中共"三大"有关国共合作的决议和中共上海地方兼区执行委员会的决定，南京全体共产党员和青年团员都以个人名义于年底前加入国民党。

第一次国内革命战争阶段 民国13年（1924）4月，中共上海地方兼区执行委员会改组为中共上海地方执行委员会，中共南京地方执行委员会改为直属中共中央局领导。民国14年（1925）初，根据中共"四大"党章有关规定，撤销中共南京地方执行委员会，分别成立中共浦口支部和中共南京支部，由丁发武、宛希俨负责，属中共上海地方执行委员会领导。8月，中共上海地方执行委员会改组为中共上海区执行委员会。9月25日，中共上海区委批准成立中共浦口地委，12月，改为中共南京地委，吴芳任书记。中共南京地委机关设在北门桥居安里20号和大纱帽巷10号。民国15年（1926）6月，吴芳调离南京，吴致民任中共南京地委书记。7月底，吴致民调离南京，谢文锦任中共南京地委书记。民国16年（1927）3月24日，国民革命军攻克南京。4月9日上午，蒋介石从上海到南京。4月10日晚，中共南京地委在大纱帽巷10号召开紧急会议，突遭公安局侦缉队围捕，参加会议人员除任国共合作的国民党南京市党部常务委员刘少猷脱险外，中共南京地委书记谢文锦和地委委员文化震、陈君起等10人全部被捕，15日被秘密杀害，中共南京组织遭到国民党当局第一次破坏。4月中旬，中共上海区委派刘少猷来南京任中共南京地委书记。5月初，刘少猷离开南京。6月初，中共上海区委派黄国材（黄逸峰）来南京任中共南京地委书记，地委机关设在高家酒馆6号。同月，中共上海区委撤销，成立中国共产党江苏省委员会。7月，中共南京地委书记黄国材和地委委员姚家让、谢德生等被国民党当局逮捕，中共南京组织第二次遭到破坏。

土地革命战争阶段 民国16年（1927）8月，中共中央"八七"紧急会议确定土地革命和武装反抗国民党反动派的总方针。9月，中共江苏省委派罗世藩来南京恢复中共组织；10月初，又派吴雨铭来组建中共南京市委员会，并任书记。12月4日，中共南京市第一次代表大会召开，选举产生中共南京市第一届委员会，吴雨铭为书记。民国17年（1928）3月，吴雨铭调离南京，中共江苏省委任命孙津川为中共南京市委书记。5月中旬，中共南京市第二次代表大会召开，选举产生中共南京市第二届委员会，孙津川为书记。7月，孙津川等被捕牺牲，中共南京组织遭到国民党当局第三次破坏。9月，中共江苏省委派黄瑞生来南京恢复组织。11月初，中共南京市委建立，游无魂任书记，市委机关设在杨将军巷1号。民国18年（1929）4月，中共南京市委组织委员缪庄林被捕，中共江苏省委决定当时在上海开会的游无魂不再回南京，由黄瑞生任中共南京市委书记。5月，由于中共南京市委军事委员王昭平叛变，黄瑞生被捕，中共南京组织遭到国民党当局第四次破坏。6月，中共江苏省委派王培槐来南京恢复中共南京市委，并任书记。7月，王培槐调回上海，中共江苏省委派夏采晞来南京任中共南京市委书记。民国19年（1930）2月中旬，夏采晞调上海，中共江苏省委派王文彬来南京任中共南京市委书记。4月27日，共青团南京市委委员梁公弼等因散发传单被捕，王文彬等亦牵连被捕，中共南京组织遭到国民党当局第五次破坏。5月上旬，中共江苏省委派王弼任中共南京市委书记。为组织罢工、罢课、兵变和示威，5月16日，中共南京组织与共青团、工会组织合并，成立南京市红五月行动委员会，王弼任书记。6月初，红五月行动委员会撤销，党、团、工会组织分开。7月15日，李立三兼任江苏省总行委书记。省总行委确定以南京为中心举行暴动。中共南京组织与共青团、工会组织再度合并，成立南京市行动委员会，李济平任书记。因客观形势及主观力量不足，武装暴动计划未能实现。7月底到8月中旬，李济平和委员夏雨初、任雪涛、陈景星、谭籍安等近百名中共党员干部被捕牺牲，中共南京组织遭到国民党当局第六次破坏。8月，中共江苏省委派曹瑛来南京恢复工作。9月6日，曾中生（曾钟圣）任中共南京市委书记。9月下旬，曾中生调回上海，中共南京市委由曹瑛、杨子庄负责。根据9月下旬中共六届三中全会的决定，停止组织武装暴动，恢复中共及共青团、工会在南京的各级组织及其正常工作。10月，江苏省总行委改为中共江南省委。11月初，中共江南省委派恽雨棠任中共南京市委书记。民国20年（1931）1月，恽雨棠在上海开会时被捕，不久牺牲。同月，中共江南省委改组为中共江苏省委。2月，中共江苏省委派李耘生（李立章）来南京恢复中共组织。4月，中共江苏省委派王善堂来南京任中共南京市委书记，市委机关先后设在游府西街裁缝铺、黄家塘1号、水佐岗3号等地。年底，建立中共南京特别委员会，由李耘生负责。民国21年（1932）2～4月间，中共南京市委书记王善堂和军事委员路大奎被捕叛变，特委负责人李耘生被捕牺牲，中共南京组织遭到国民党当局第七次破坏。11月，中共江苏省委派巡视员骆梦英来南京建立中共南京特别支部，何治垓任书记。民国22年（1933）6月，中共江苏省委派顾衡来南京任特别支部书记。民国23年（1934）初，中共南京特别支部改为中共南京市委，由顾衡负责，市委机关设在逸仙桥中共党员葛和林的宿舍。8月，顾衡被捕，中共南京组织遭到国民党当局第八次破坏。此后两年多，中共南京组织没有恢复，只有一些与上级失去联系的中共党员和情报系统的中共党员继续进行革命活动。民国25年（1936）夏，属中共河北省委领导的中共党员周玑璋到南京扶轮日报社工作，并建立中共支部，有中共党员4人。民国26年（1937）春，周玑璋调离南京，所建中共支部亦撤销。

抗日战争阶段 民国26年（1937）7月7日，卢沟桥事变爆发。8月上旬，中共中央和红军代表周恩来、朱德、叶剑英等来南京与国民党商谈合作抗日事宜。9月，根据中共中央代表的指示，由平津流亡学生团领队、北平学委负责人之一的李华负责组建中共南京市委，并任书记，属中共长江沿岸委员会领导。开会和联络地点设在八府塘傅家菜园17号和成贤街文德里14号。11月，上海等地失守，日军进逼南京，李华于12月初离开南京到武汉，中共南京市委停止工作，组织中断。12月13日，南京沦陷。民国27年（1938）4月起，中共中央保卫部（后称中共中央社会部）上海情报站陆续派人进入南京日伪军政机构从事情报工作。民国29年（1940）起，中共江苏省委、中共中央华中局城工部和中共苏皖、苏中、皖江、淮南区委，先后来南京建立地方组织。中共中央保卫部上海情报站也在南京建立起情报机构。

中共江苏省委：民国29年（1940）4月和9月，先后派马卓然、朱启銮来南京恢复中共组织，由朱启銮负责。民国31年（1942）6月，中共江苏省委派刘峰来南京。8月，建立中共南京小组，由刘峰、朱启銮负责。

中共中央华中局城工部：民国32年（1943）3月，中共南京小组改属中共中央华中局城工部领导。民国33年（1944）6月，中共南京小组改建为中共南京工作委员会，刘峰任书记，朱启銮任副书记。开会和联络地点主要在南台巷 3 号和小板巷 18 号。

中共苏皖区委（后又称中共江南区委、苏浙区委）：民国 29 年（1940）8 月，派中共党员来南京建立中共支部，王秀琪任支部书记。民国 31 年（1942）初，改中共支部为中共南京特别支部，舒诚任书记。同年秋，改中共南京特别支部为中共南京工作委员会，舒诚任书记。开会和联络地点主要在珠江路 48 号。民国 33 年（1944）7 月，中共南京工作委员会撤销，建立 2 个中共中心支部，分别由姜秀英和王秀琪负责。年底，姜秀英等先后撤离，留下的中共党员由王秀琪、张杰（鲁平）领导。民国 34 年（1945）1 月，中共党员改由中共苏皖区委特派员方休（楚丰）领导。

中共苏中区委：民国 30 年（1941）8 月，派芮琴和（荒砂，女）、王兆珍在南京发展中共党员。民国 33 年（1944）春，党员关系交中共苏皖区委所属南京工作委员会领导。

中共皖江区委：民国 33 年（1944）9 月，派葛平（周大才）等来南京建立 2 个中共支部。一是中共江东门北河口支部，魏道荣任书记；一是中共江浦石佛寺支部，万光华任书记。民国 34 年（1945）春，建立中共花浦区委（后改称中共两浦区委），葛平任书记，归中共皖江区委和（和县）含（含山）地委江（江浦）全（全椒）县委领导。下属中共北河口、石佛寺 2 个支部。

中共淮南区委：民国 34 年（1945）4 月，先后派员来南京发展中共党员，从事策反工作。

中共中央保卫部上海情报站：民国 29 年（1940）3 月，在南京建立情报组，李德生（纪纲）任组长。民国 31 年（1942）7 月，南京情报组遭破坏，李德生被捕。年底，中共中央华中局情报部派白沙来南京重建情报组。

全国解放战争阶段 民国 34 年（1945）9 月，中共中央华中局和山东分局组成中共中央华东局。在中共中央华东局领导下成立华中分局。10 月，中共华中分局城工部建立南京工作部，陈修良任部长，原各系统在南京的中共组织和中共党员均先后划归领导。民国 35 年（1946）4 月，中共华中分局决定撤销南京工作部，成立中共南京市委，陈修良任书记，刘峰任副书记。民国 36 年（1947）1 月和 5 月，中共南京市委改由中共上海分局和上海局领导，市委机关先后设在中正路（现中山南路）武学园 3 号楼上、湖南路 223 号、马路街复成新村 10 号。

基本完成社会主义改造阶段　1949 年 4 月 23 日，中国人民解放军解放南京。4 月 28 日，成立中国人民解放军南京市军事管制委员会，刘伯承任主任，宋任穷任副主任。5 月 1 日，经中共中央批准，成立新的中共南京市委员会，刘伯承任书记，宋任穷任副书记，属中共中央华东局领导。市委机关设在中山东路 128 号（原国民政府财政部）。同月，中共中央华东局决定将中共皖北、皖南、赣东北 3 个区委和中共芜湖市委交由中共南京市委代管，至 8 月又重新交出。8 月，中共南京市委机关设在原北平路 93 号（现北京西路 67 号）B 楼。9 月，刘伯承率师进军西南，经中共中央批准，中共南京市委由粟裕任书记，唐亮任第一副书记，江渭清任第二副书记。1950 年 5 月，粟裕调离，唐亮任书记，江渭清任副书记。8 月，唐亮调离，柯庆施任书记。12 月，市委机关设在中山北路 32 号（原国民政府外交部）。1952 年 11 月，中共江苏省委成立，柯庆施、江渭清调省委工作。中共南京市委改属中共江苏省委领导，惠浴宇任书记。12 月，市委机关设在成贤街 43 号。1954 年 5 月，市委机关设在北京东路 41 号。8 月，惠浴宇调中共江苏省委工作，中共南京市委由许家屯任书记。1956 年 2 月，中共江苏省委批准成立中共南京市委书记处。5 月，许家屯调中共江苏省委工作。6 月下半月，中共南京市第三次代表大会召开，选举产生中共南京市第三届委员会，彭冲为市委书记处第一书记。

开始全面建设社会主义阶段　1959 年 2 月上半月，中共南京市第四次代表大会召开，选举产生中共南京市第四届委员会和市委监察委员会。彭冲为市委书记处第一书记。1960 年 9 月，彭冲调省工作，陈扬任中共南京市委书记处第一书记。1961 年 12 月下半月，中共南京市第五次代表大会召开；选举产生中共南京市第五届委员会和市委监察委员会。陈扬为市委书记处第一书记。1963 年 1 月，中共江苏省委任命彭冲兼任中共南京市委书记处第一书记，陈扬改任书记处书记。1964 年 4 月，陈扬调省工作。1965 年 10 月，书记处书记刘中负责中共南京市委书记处日常工作。

"文化大革命"阶段　1966 年 5 月，"文化大革命"开始。1967 年 1 月 26 日，中共南京市委被"造反派"组织夺权。3 月，成立南京市军事管制委员会，张潮夫任主任。1968 年 3 月，成立南京市革命委员会，实行党政

新编史志传记写作方法与范例

"一元化"领导，杨广立任主任。1969年6月，成立中共南京市革命委员会核心小组，行使中共南京市委职权，杨广立任组长。1971年4月，杨广立调省工作，方敏任中共南京市革命委员会核心小组组长。1971年6月中旬，中共南京市第六次代表大会召开，选举产生中共南京市第六届委员会，方敏为书记，不再设书记处。1974年6月，方敏调离，副书记王楚滨主持市委工作。1975年8月，中共江苏省委任命储江为中共南京市委书记。

社会主义建设新阶段 1976年10月，中共中央政治局摧毁"江青反革命集团"，结束"文化大革命"的动乱局面。1978年8月上半月，中共南京市第七次代表大会召开，选举产生中共南京市第七届委员会和市委纪律检查委员会。储江为中共南京市委第一书记。1981年10月，储江调中共江苏省委工作，柳林任中共南京市委第一书记。1982年9月，柳林调中共江苏省委工作，汪冰石任中共南京市委第一书记。1984年2月，汪冰石调省工作，程维高任中共南京市委书记。1984年10月下旬，中共南京市第八次代表大会召开，选举产生中共南京市第八届委员会、中共南京市顾问委员会和中共南京市纪律检查委员会。程维高为市委书记，贾世珍为市顾委主任，潘寒操为市纪委书记，1986年11月，贾世珍离休。1987年7月，程维高调离，中共南京市委由副书记张耀华主持工作。1987年12月，张耀华任中共南京市委书记，刘平任中共南京市顾委主任。1989年10月上半月，中共南京市第九次代表大会召开，选举产生中共南京市第九届委员会、中共南京市顾问委员会和中共南京市纪律检查委员会。戴顺智为市委书记，刘平为市顾委主任，潘寒操为市纪委书记。

第二节 会 议

[中共南京市代表大会]（略）/[中共南京市代表会议]（略）[中共南京市委全体和全体（扩大）会议]（略）/[中共南京市委工作会议]（略）[中共南京市党员负责干部会议]（略）

第三节 要 事

[中共南京地方组织创建阶段]（略）/[第一次国内革命战争阶段]（略）/[土地革命战争阶段]（略）/[抗日战争阶段]（略）/[全国解放战争

阶段〕（略）/〔基本完成社会主义改造阶段〕（略）/〔开始全面建设社会主义阶段〕（略）/〔"文化大革命"阶段〕（略）/〔社会主义现代化建设新阶段〕（略）/〔整党整风〕（略）

第四节 宣 传

〔中共党员教育〕（略）/〔干部理论学习〕（略）/〔时事政治教育〕（略）/〔经济宣传〕（略）/〔精神文明〕（略）/〔宣传队伍与阵地〕（略）

第五节 统 战

〔对国民党的工作〕（略）/〔对民主党派的工作〕（略）/〔对原工商业者的工作〕（略）/〔对少数民族的工作〕（略）/〔对宗教界人士的工作〕（略）/〔对侨胞和港澳同胞的工作〕（略）/〔市人大中非中共人士安排〕（略）/〔市政协中非中共人士安排〕（略）/〔促进祖国统一〕（略）/〔落实统战政策〕（略）/〔统战理论研究〕（略）

第六节 顾 问

〔参谋咨询〕（略）/〔承担任务〕（略）/〔调查研究〕（略）/〔社会活动〕（略）

第七节 纪 检

〔查处违纪案件〕（略）/〔打击严重经济犯罪〕（略）/〔甄别复查〕（略）/〔纠正不正之风〕（略）/〔制度建设〕（略）/〔调查研究〕（略）/〔干部培训〕（略）/〔县区纪委、部门纪检组〕（略）

第八节 党 校

〔市委党校〕（略）/〔县区委党校〕（略）/〔基层党校〕（略）

第九节 编 史

〔机构设置〕

1960年9月3日，中共南京市委成立编史领导小组，下设办公室，

新编史志传记写作方法与范例

106

1962年8月撤销。1980年8月14日，中共南京市委重新建立党史汇编工作领导小组（后改称中共南京市委党史编写领导小组），下设办公室。1981年6月，中共南京市委建立党史资料征集小组，与中共南京市委党史汇编工作领导小组并存，两块牌子，一套成员。1984年1月12日，中共南京市委党史编写领导小组和党史资料征集小组撤销，改设中共南京市委党史资料征集编研委员会，下设办公室（历届办公室统一简称市党史办），负责南京中共党史资料的征集编研和提供利用工作。

[资料征集]

1959年9月，中共南京市委抽调干部10多人，对南京中共党史资料广为收集。历时9个月，共收集到有关资料1400余件，约150余万字，进行初步整理。1960年9月至1962年8月，共收集南京解放前的中共党史有关资料4673份，约480万字。其中中共历史文件318份，约48万字；中共南京组织有关当事人提供的材料816份，约172万字；公开的中共报刊及其他革命报刊材料1871份，约159万字。1980年8月至1989年，共征集整理南京解放前中共各种文字资料3299份、1540万字，历史照片800多幅；南京解放后中共文字资料200多万字，完成中共中央党史研究室和中共江苏省委党史工作委员会下达的7个中共党史专题和有关中共南京地方史的30多个专题的征集研究任务，弄清了全国和南京中共党史上的一些重大问题。

[编研成果]

1959年至1962年，市党史办经过征集、整理、研究，编撰内部资料《南京人民革命斗争记述》，12万字；《南京党的组织情况》，6万字；《南京人民革命斗争史》，6万字；《南京人民革命斗争日志》，10万字；《南京党组织主要负责人简历》，2万字；《南京党员名册》，2000人。1981年，开始编印不定期内部刊物《南京党史资料》（后改季刊）。1982年，编辑出版《"五·二〇"运动资料》1、2辑。1983年，编撰出版《金陵风雨》。1984年，编辑出版内部读物《历史的启迪》，编撰出版《抗战初期的八路军驻南京办事处》。1986年，编撰出版内部读物《南京革命史大事记》；编撰出版《南京乡土史》。1987年至1980年，编撰出版《南京英烈》1、2辑。到1989年底，共编辑出版中共党史书刊31种，936万多字。在编辑出版的中共党史书刊中，有20种获江苏省中共党史编研优秀成果奖，3种获南京市哲学社会科学优秀成果奖，6种由出版社公开出版发行。

[提供利用]

中共南京市委党史征集编研领导机构及其办公室配合中共中心工作和重大纪念活动，开展中共党史资料的提供利用工作。

1981年，举办《南京中共党史陈列》。1982年，为纪念中共党员王荷波烈士诞生100周年活动提供有关资料。1987年，举办《南京中共党史图片展览》。在这期间，还举办中共党史报告会，组织中共老党员和中共党史工作者到各级中共党校和基层上党课，召开中共党史理论研讨会，结合学习有中国特色的社会主义理论，编写有关南京中共党史资料，在《南京日报·党的生活》专栏刊登，在南京电视台有关节目中播出。同时，还为复查落实政策，提供385名中共地下党员的历史资料。为南京近代革命遗址普查提供线索，经调查核实，原梅庵（南京社会主义青年团成立大会会址）、和记洋行、小营监狱（国民政府陆军监狱）、秀山公园（北伐战争时期南京革命群众游行集会地点）、焦园4号（新四军地下第三工作委员会的联络点）、江东门国民政府中央军人监狱、羊皮巷首都高等特种刑事法庭看守所、成贤街无锡同乡会等革命遗址，被列为市文物保护单位。

[县区党史资料征集工作]

中共南京市委所属5县县委的中共党史资料征集编研领导机构及其办公室（简称县党史办），先后于1979年至1982年成立；所属10个区委的中共党史资料征集编研领导机构及其办公室（简称区党史办），于1986年成立。中共各县、区委党史资料征集编研领导机构及其办公室负责县、区中共党史资料的征集、编研和提供利用工作。

在资料征集方面，到1989年底，江宁县党史办共征集资料1388件，约80万字，革命历史照片106张。江浦县党史办征集资料70余万字，录音磁带110盘，其中重要的有民国18年（1929）尚未刊印的"江浦民国志"手稿。溧水县党史办征集资料710余万字，其中重要的有"苏南反顽战役"的历史资料。高淳县党史办征集到高淳解放前资料1877件，约170多万字，革命文物19件，照片183张，其中重要的有抗战时期陈毅率新四军一支队进入苏南敌后抗日有关资料和陈毅《东征夜抵高淳》手稿，彭冲《新四军驻高淳办事处的片断回忆》等。六合县党史办征集资料计400余万字，照片

12 张，实物 110 件，其中重要的有民国 29 年（1940）4 月的《津浦路东各县联防办事处、司令部布告》，民国 12 年（1923）10 月 20 日到民国 13 年（1924）4 月 5 日出版的《中国青年》1～25 期合订本一部。

在资料编纂方面，各县、区党史办对所征集的资料都进行系统整理。各县党史办分别编纂县中共组织史资料、县革命斗争大事记、县革命斗争史、县中共党史资料汇编。江宁县党史办还编印《邓仲铭烈士牺牲 40 周年纪念册》《邓仲铭烈士纪念集》。江浦县党史办与安徽和县党史办、含山县党史办合编《和含抗日根据地丛书》。溧水县党史办编纂《溧水县接管情况》《土地改革运动》《溧水县对资本主义工商业和手工业的社会主义改造》《统购统销运动》《1952 年溧水建党情况》等专题资料。高淳县党史办编纂《抗日斗争在高淳》。六合县党史办编纂《六合县的土地改革》《六合县抗美援朝运动》《浅议金牛山反袭击战》等专题资料。

（本例文选自《南京政党志》，许青、董体全主编，河海大学出版社 1997 年版）

河 北 省 军 事 志

（节选）

概　　述

一

　　河北省因位于黄河以北而得名，又因部分地区古属冀州而简称冀。东临渤海，西接山西，南临河南，东南与山东毗连，北与内蒙古接壤，东北与辽宁相邻，中部环抱北京市和天津市。东西宽 135—450 公里，南北长 675 公里，总面积 18.77 万平方公里。1985 年全省人口 5547.52 万。1968 年 2 月，省会由保定市迁至石家庄市。

　　河北省有比较优越的地理条件和丰富的物产资源，在全国国民经济中占有重要位置。区内地貌复杂多样，高原、山地、丘陵、盆地、平原俱全。

　　高原位于省区北端，俗称"坝上"，为内蒙古高原东南边缘的一部分，总面积 17455 平方公里，包括尚义、康保、张北、沽源 4 县之全部和崇礼、赤城、丰宁、围场 4 县之北部。地表波状起伏，多内流河、咸水湖淖和草地，低山、丘陵、残丘、岗梁、平原等中、小型地貌多种多样。整体看，地势平坦，便于部队机动。

　　山地分布在北部和西部。主要由阴山余脉、燕山山脉和太行山脉组成。总面积为 92908 平方公里。张家口地区土木路、洗马林以西，南洋河以北诸山，为阴山山脉东麓之余楔，山势连绵，地形复杂，水源充足。燕山山脉位于省区北部，北连坝上高原，东接辽（宁）西山区，南瞰河北平原，西控张（家口）宣（化）要塞。主峰雾灵山玉皇顶海拔 2116 米。古长城横跨燕山南部，山口关隘多处，著名的有古北口、喜峰口等。本区东北隅的山海关是万里长城的起点，西北依山，东南濒海，形势险要，是连接华北与东北的咽喉，素有"天下第一关"之称。太行山脉位于京广线以西，北接燕山，西至山西高原，东瞰河北平原。位于河北省区的主要有六棱山、小五台山和太行山。小五台山主峰东台为省内最高峰，海拔 2882 米。整个山区地势较高，利于隐蔽、储备物资、配置后方和屯集兵员。该区多险要隘口，山间的"太行八陉"为穿越太行山的八条通道，均有铁路、公路通往河北平原和相邻省区。战时既可据险扼守，又可隐蔽出击。

山区建有大小水库 1580 座，其中大中型水库 66 座，蓄水量达 162.49 亿立方米。官厅、潘家口、西大洋、王快、岗南、黄壁庄、岳城等大型水库蓄水容量均在 10 亿立方米以上。战时这些水库如遭破坏，不但会使国家和人民的生命财产遭到重大损失，对部队的行动也将产生重大影响。

河北平原位于河北省东南部。北连燕山，西依大行，南接鲁豫平原，东濒渤海。总面积 77330 平方公里。平原虽有微小起伏，缓岗、自然堤、废河道、洼地每每可见，但总体平坦开阔，易于部队机动。

境内河流纵横，洼淀较多。大小河流 300 余条，分属滦河、潮白蓟运河、海河三大水系。滦河源于沽源大滩以南，流贯河北省东北部，于乐亭县南兜网入渤海。潮白蓟运河是潮白河、蓟运河二河系的合称。潮白河由发源于沽源县南部的白河和发源于丰宁县内的潮河在密云县汇流后而称；蓟运河源于兴隆县大水泉和罗文峪，流经遵化、蓟县、宝坻、宁河、潮白河、蓟运河均在北塘流入渤海。海河由北运河、永定河、大清河、子牙河、南运河 5 个河系汇成，经过冀中平原，东流大沽口入渤海。各河季节性强，夏季水多流急，冬季水少结冰。有些地段对军队行动影响不大。洼淀主要分布在河流的中下游地区，多为浅盆洼淀，如白洋淀、文安洼、衡水湖等。以白洋淀为最大，由 90 多个淀泊组成，水域达 500 平方公里。

渤海为中国内海，面积约 9 万平方公里。河北省海岸北起老龙头以东 5 公里的冀辽边界，南至大口河口，全长 421 公里（中间有天津市海岸相隔，不含）。近海大于 500 平方米的岛屿 107 个，岛岸线长 163.45 公里。河北省海岸地处京津两翼，居水陆交通要冲，历来为海防军事要地。

河北省气候宜人。属北温带大陆性季风气候，四季分明。年平均气温，从北往南（下同）由 1 摄氏度递增到 14 摄氏度；最冷月（1 月）平均气温，由零下 22 摄氏度递增到零下 3 摄氏度；最热月（7 月）平均气温由 17 摄氏度递增到 28 摄氏度。全年无霜期除西北高原地区少于 4 个月外，其他大部分地区为 5～7 个月。冰期约为 2～4 个月。年平均降水量 300～800 毫米。

河北省复杂多样的自然条件，为多种生物的生存提供了优越的生态环境，形成了比较丰富的物产资源。矿产资源到1985年已发现的有80多种，探明储量的有53种。其中炼焦煤、石油、铁、石灰石、大理石等×种，居全国前6位。背山面海的河北平原，土质肥沃，水源丰富，垦殖程度高，是全国粮棉主要产地之一。坝上高原草场广阔，是重要的畜牧基地。著名的白洋淀，淀中水草茂密，盛产鱼鳖虾蟹、家鸭野禽、莲藕菱角、芦苇。渤海资源丰富，富舟楫之便，渔盐化工之利。

河北省是首都北京通往全国各地的枢纽地带，交通、通信尤为发达，铁路有干线、支线38条，通车里程达3772公里；公路国道、省道、县道380多条，通车里程达4.3万公里；海运有秦皇岛港，年吞吐量数千万吨。石家庄机场可起降大型运输机，便于物资运输和部队机动。

河北省主要城市有石家庄、唐山、邯郸、保定、张家口、秦皇岛、承德、沧州、邢台、廊坊、衡水等。这些城市都是当地政治、经济、文化中心，地理位置重要，人口密集，交通发达，战争潜力大，动员能力强。

二

河北所处地位和丰富的物产资源，显示了它在军事上的重要性，故从古至今，历代兵家均不惜代价为夺取和控制河北而争战。春秋时期，群雄争霸；战国时期，各诸侯国互相兼并，战事连绵；秦王朝统一后的各个朝代，藩镇割据，兴兵动武，互相残杀，战事频仍；辽、宋、金时期，河北是辽宋对峙的前沿；元、明、清三代，河北为京畿重地，内防外御首当其冲。历史上著名的战役、战斗有战国末期的赵、魏、楚联合御秦的邯郸之战，秦王灭赵之战，秦末时期项羽、刘邦灭秦的巨鹿之战，楚汉战争中的韩信破赵井陉之战，秦末两汉时期的农民起义战争，两晋时期的八王之乱，唐朝前期的安史之乱，宋辽统治者争夺幽州之战，成吉思汗进攻中都（北京）之战，明王朝与瓦剌贵族的北京之战等。

河北人民富有革命斗争的历史传统。为了反抗封建统治阶级的压迫，曾举行多次武装起义。如西汉末年的赤眉起义（河北时有铜马、大肜、高潮、重连、铁胫、大枪、尤来、五幡等各种名号的农民起义军百万之多），东汉末年冀州巨鹿人张角及其弟张宝、张梁领导的黄巾起义，北魏末年杜洛周领导的上谷（今怀来）起义，隋朝末年清河漳南（今故城县东北）人窦建德领导的农民起义，明正德五年（1510）文安县人刘六、刘七在霸州（今霸州市）发动的农民起义等。这些起义，虽然都遭镇压而失败，但它震慑、打击和动摇了当时的封建统治。

三

清道光二十年（1840）第一次鸦片战争爆发。从此，开始了帝国主义列强瓜分中国的历史，中国沦为半殖民地半封建社会。同年7月，英国舰队侵入渤海，进犯大沽，要挟清政府妥协。咸丰六年（1856），第二次鸦片战争爆发。八年（1858）7月，英法联军在俄、美支持下攻陷大沽，逼近天津，迫使清政府与俄、美、英、法签订了丧权辱国的《天津条约》。九年（1859）5月，英、法、美舰队联合轰击大沽炮台，被中国守军击退。十年（1860）4月，英法联军封锁渤海湾，6月再次进攻大沽，并在北塘登陆，7月5日攻陷大沽，8日进占天津，29日侵入北京，要挟清政府签订了中英、中法、中俄《北京条约》，使中国丧失了100多万平方公里的领土和更多的主权。光绪二十年（1894），中日甲午战争爆发，中国军队战败，辽东半岛失陷，日军控制了黄海、渤海制海权，攻占军港威海卫，北洋舰队全军覆没，清政府屈膝求和，签订了中日《马关条约》。二十六年（1900），帝国主义为进一步瓜分中国，英、德、美、法、俄、日、意、奥等八国联军联合侵华，攻占大沽炮台，侵入天津，直陷北京，并由京津出兵分侵山海关、保定、正定、娘子关等地，沙俄则出兵侵占了东北3省，中国半殖民地化进一步加深。

帝国主义列强凭借同清政府签订各项不平等条约所取得的特权，在政治、经济、文化等各方面更加大肆侵华。清政府对外奴颜婢膝，对内疯狂镇压，横征暴敛，赋税数倍增加。广大农民饥寒交迫，社会矛盾激化。为了反抗帝国主义的侵略和推翻清王朝的封建统治，各地人民揭竿而起，同帝国主义和清王朝进行了不屈不挠的斗争。19世纪50年代爆发的以太平天国运动为主体的大规模农民起义，席卷大江南北。咸丰三年（1853），太平天国定都南京，并派兵北伐。8月，北伐军进入直隶，攻克临洺关后，乘胜北进，在直隶人民支援下，威逼京津，给清政府以沉重打击。太平军失败后，直隶人民继续进行斗争。十年（1860）10月至次年4月，直隶东南、东北地区人民纷起抗清，袭击地方政府和地主豪绅，气壮山河。同治元年（1862）至二年（1863），直鲁边境先后爆发了白莲教黄旗军和黑旗军起义，聚义教民与清军周旋2年，威震冀鲁豫3省。六年（1867），西捻军入直作战，直指京师。中国人民不堪帝国主义列强的奴役，19世纪末爆发了旨在反对帝国主义的义和团运动。直隶不仅是义和团活动的主要地区，而且是整个运动高潮的中心。光绪二十四年（1898）9月，威县沙柳寨人赵三多在该县蒋家庄首先树起"扶清灭洋"的大旗，拉开了义和团反帝爱国运动的序幕，反帝怒火燃遍全省。新城县白河沟人张德成率义和团血战津沽，给帝国主义侵略者以沉重打击。义和团运动虽遭八国联军镇压而失败，但它显示了中国人民的伟大力量，粉碎了帝国主义瓜分中国的狂妄野心，动摇了清王朝的反动统治，加速了这个封建王朝的崩溃。

四

面对帝国主义列强肆无忌惮的侵略，清政府卑躬屈节，已完全沦为帝国主义侵略和统治中国的工具，内外矛盾倍加激化，中华民族面临严重的政治危机。从而，以推翻清王朝的反动统治为目的的中国资产阶级民主革命在全国兴起。

早在辛亥革命前夕，地处近畿的直隶有志之士，在"专制威力所集中，当事者防范之严，侦察之密，过于他省"的极端困难条件下，为民族民主革命进行了不屈不挠的斗争。光绪三十二年（1906），中国同盟会会员陈兆雯从日本东京回保定，着手组织同盟会河北支部，联络北京、天津等地进步青年，发起组织"共和会"，并派遣会员分赴各地，建立革命组织，发动武装起义。武昌起义后，直隶闻风响应。九月十二日，以驻滦州的第二十镇统制张绍曾为首的新军将领，发起"滦州兵谏"，逼迫清政府实现立宪，革新政治。九月十八日，驻石家庄新军第六镇统制吴禄贞赴娘子关与山西都督阎锡山联系，拟联合北方新军，直捣北京，共图大举（二十一日，吴禄贞在石家庄被袁世凯派人暗杀，出兵计划未能实现）。二十六日，北方革命协会在天津成立，指导直隶各地相继发动了一系列武装起义斗争。民国元年（1912）1月1日，孙中山在南京宣誓就任临时大总统职，中华民国宣告成立。3日，新军第二十镇革命官兵700余人，在王金铭、施从云、冯玉祥率领下，举行滦州起义，宣布滦州独立，成立"北方革命军政府"，"卒使近畿摇动，清廷震惊"。2月12日，清帝下诏退位。清王朝封建专制统治结束。

辛亥革命是中国近代历史上的一次伟大的反帝反封建的资产阶级民主革命。孙中山领导中国资产阶级民主派，经过艰苦的武装斗争，推翻了清政府，建立了资产阶级共和国，结束了中国2000多年的封建君主专制制度，意义深远。但由于资产阶级的软弱性、妥协性，在革命斗争中没有充分发动广大人民群众，因此，在帝国主义和封建势力的压力下，孙中山于民国元年（1912）2月被迫辞去大总统职，代表地主买办阶级利益的袁世凯窃夺了革命胜利果实。直隶的民主革命斗争随着辛亥革命的失败而夭折，军政府被取消，革命武装被遣散，革命领导人被杀、被关或出走。

辛亥革命后，袁世凯依靠北洋军的势力和帝国主义的支持，在北京建立了地主买办阶级联合专政的北洋军阀政府，袁世凯窃据中华民国大总统职位，形成控制中央和地方政权的军事集团，直隶完全处于北洋政府的控制之下。袁世凯倒行逆施，独裁专制，培植党羽，屠杀革命党人，出卖国家主权，压迫人民。2年（1913）3月20日，派人刺杀了国民党代理理事长宋教仁，并非法签订《善后借款合同》，筹集战费，决心扑灭南方的革命势力。5～7月，袁世凯调集驻直隶的陆军第2、第3、第4、第6师和直隶陆军第1混成旅等重兵，镇压了孙中山发动的"二次革命"（即"讨袁之役"）。袁世凯以为主要障碍已经排除，遂即加紧了称帝复辟活动。4年（1915）12月12日，袁世凯发布接受帝位申令，当了"中华帝国"的皇帝。袁的卖国帝制活动，激起了人民的无比愤慨。于是，在孙中山领导下，爆发了一场反对复辟、维护民主共和的护国运动。在全国人民的声讨下，5年（1916）3月，袁世凯被迫宣布撤销帝制。6月6日，忧惧而死。

五

早在袁世凯统治时期，派系矛盾即潜伏于北洋军阀内部。袁世凯死后，矛盾日益尖锐，遂分化为直、奉、皖三系。三系之间为争夺北京政府的领导权，明争暗斗，兵戎相见，连战不休，史称"军阀混战"。近京直隶，战事连绵，人民深受战祸之害。

袁世凯垮台后，皖系军阀段祺瑞以北洋正统首领自居，在日本帝国主义的支持下，执掌了北京政府的军政大权，直隶大部为皖军所控。第一次世界大战期间，段祺瑞凭借日本的帮助，扩充实力，排挤异己，使皖系军阀同英、美帝国主义支持下的直系军阀曹锟、吴佩孚以及奉系军阀张作霖的矛盾日趋激化。7 年（1918）2 月，张作霖命奉军一部进驻秦皇岛，并截获段祺瑞自日本运到秦皇岛的全部军械，押运奉天。3 月，奉军陆续入直，分驻京奉铁路沿线，并设总司令部于军粮城，直隶遂成奉皖两军的对峙局面。9 年（1920）5 月，吴佩孚率直军自湖南撤防北归入直。段祺瑞也调兵遣将。7月，直奉联合发动了对皖系军阀的战争。皖军战败后，直隶为直奉 2 军所踞。之后，以英、法、美为后台的曹锟、吴佩孚和日本支持下的张作霖矛盾日深，11 年（1922）4 月，奉军出兵伐直，爆发了第一次直奉战争。5 月，奉军战败，退归关外，直系军阀控制了北京政权，直隶全境亦为直军占领。13 年（1924）9 月，张作霖借口反对曹锟贿选，自榆关出兵，爆发了第二次直奉战争。10 月，直系将领冯玉祥突然撤兵发动了北京政变，直军腹背受敌，前线全军覆没，吴佩孚从海道南逃。直隶遂由奉军和冯玉祥的国民军分防。14 年（1925）12 月，国奉战争爆发，直隶督军李景林（奉系）败退山东，国民军控制了热河特别区及直隶全境。时因冯玉祥同情孙中山的革命主张，并不断与苏联取得联系，引起了帝国主义和直、奉军阀的恐慌。在帝国主义的支持下，15 年（1926）1 月，直、奉、晋军联合向国民军发起进攻。8 月，国民军退出河北，京津及冀热察广大地区均被奉系军阀张作霖占领。

15 年（1926）7 月，国民革命军在中国共产党的影响、推动和全国人民的声援下，出师广州，开始了以推翻帝国主义和封建军阀为目标的北伐战争。不到半年，即将军阀吴佩孚、孙传芳的主力击垮，攻占了湘、鄂、闽、浙、赣、皖、苏等省的全部或大部，革命势力从广州发展到长江流域。张作霖见势不利，于是年 11 月将所属奉军和地处北方的直鲁联军等部纠集起来，改称"安国军"，自任总司令，以抵抗北伐军的进攻。16 年（1927）2 月，张以援直系军阀吴佩孚为名，发大军进击河南，占豫北，陷开封。5 月 13日，北伐军开始向奉军进攻，奉军败退黄河以北。在对奉军不利的形势下，晋军阎锡山宣布改悬国民政府旗帜，就任国民革命军北方总司令，并通电讨伐张作霖。7 月，阎锡山以 7 个军、6 个炮兵团之重兵，分南北二路开进直境，与奉军交战于京汉、京绥铁路沿线，先后占领石门、张家口等要地。之后，张作霖调集 30 万大军猛力反扑，晋军损失巨大，至 10 月底，大部撤至原防，凭险据守。10 月 13 日，晋军傅作义师攻占涿州城，据城固守近 3 个月，给奉军以极大的牵制，但终因被困已久，联系中断，难以再战，次年 1 月双方议和，奉军进驻城内。晋奉大战暂休。

17 年（1928）4 月，南京国民政府举行"第二次北伐"，征讨以张作霖为首的北洋政府。蒋介石、冯玉祥、阎锡山、李宗仁等国民党新军阀，集 52 个军，约 50 万人，分 4 路向山东和直隶的"安国军"进攻。5 月，各路大军云集直隶腹地，威逼京津。张作霖见大势已去，仓皇弃京，6 月 3 日退回关外（次日被日军炸死于沈阳附近的皇姑屯）。15 日南京政府宣布"统一告成"。至此，华北各省及京津 2 市均为国民党新军阀控制。阎锡山兼任平津卫戍总司令，阎的主要部将商震任河北省主席，河北大部为晋军所统治。

南京国民政府"北伐"并没有真正实现全国的统一。在结束同奉系军阀的战争后，蒋介石、阎锡山、冯玉祥、李宗仁等展开了错综复杂的斗争。19 年（1930）4 月，"中原大战"爆发，冯、阎、李 3 派军阀联合讨蒋，驻扎河北的阎锡山、白崇禧、冯玉祥所部先后投入了讨蒋大战。9 月，拥兵关外的张学良发出拥蒋通电，发兵进驻平津和河北。11 月，大战以蒋胜结束。河北省由张学良的东北军驻守。20 年（1931）5 月，广东、广西军阀联合反蒋，并成立了广州"国民政府"。7 月，在广州"国民政府"的操纵下，驻扎在冀南和豫北地区的石友三部举兵反蒋，20 日过石家庄，继向保定进攻，企图进占京津，称霸华北。24 日，南京国民政府部署讨石作战。蒋介石、张学良分别组成南北 2 个集团，8 月初，围歼石军于保南地区。石友三兵败，带残兵 3000 人逃往山东。至此，军阀混战局面基本结束，蒋介石的国民革命军完全控制了河北。

六

20 年（1931）"九一八"事变后，日本侵略军侵占了东北 3 省，继而向华北猖狂进攻。22 年（1933）1 月 1 日，日军驻榆关守备队长落合正次郎挑起事端。3 日，日本关东军第 4 旅团由旅团长铃木指挥，在飞机、坦克和军舰掩护下，向榆关城发起进攻。中国守军第 9 旅第 629 团，在旅长何柱国、团长石世安指挥下，奋勇抗击，揭开了华北民族自卫抗战的序幕。日军占领榆关后，继向热河进攻。中国守军8万人，仓皇撤逃。3月初，日军侵占热河，并向长城一线进攻。国民党第29、第32、第17军和东北军一部，在喜峰口、冷口、古北口等地进行了英勇抗击。由于蒋介石推行"攘外必先安内"的政策，集中力量在南方"围剿"中国工农红军，不予增援，致使长城抗战失败。中国守军退至北平、天津附近，河北东部（简称冀东）20余县遂陷日本侵略者手中。与此同时，日军还把侵略矛头指向察哈尔，5月初占多伦，继而侵占沽源等地。爱国将领冯玉祥、吉鸿昌、方振武等，在中国共产党"共同抗日"的号召和帮助下，与共产党人合作，组成"察哈尔抗日同盟军"，开展了轰动全国的察哈尔抗战，连克康保、宝昌、沽源等县。7月中旬，收复塞北重镇多伦。正在同盟军对日军展开英勇反击之时，蒋介石不但不予援助，相反还以同盟军妨碍统一政令为由，调动十多万国民党军对同盟军实行"围剿"。同盟军孤军作战，处境日益困难。至9月，在日本侵略军、伪军和国民党军的夹击下，弹尽粮绝，终归失败。之后，日本对华北的侵略活动逐步加强。24年（1935）4月，策划在华北5省建立听命于日本的特殊区域，并从东北抽调大批军队入关，以武力相威胁。7月，国民党政府接受了日本要求，同日本签订了《何梅协定》，使河北和察哈尔省的主权大部丧失。11月，日本又策动汉奸进行所谓"华北五省自治运动"，并指使汉奸殷汝耕成立"冀东防共自治政府"。国民党政府不顾全国人民的反对，决定成立"冀察行政委员会"，以满足日本侵略者关于"华北政权特殊化"的要求。

面对日军大规模入侵和国民党政府的不抵抗政策，河北人民在中国共产党的领导下，掀起了轰轰烈烈的抗日救亡运动。22年（1933）3月，中共迁安县委组织党员和群众，成立"迁安县抗日自卫团"，有力地支援和配合了守军的长城抗战。12月，兴隆县黄花川人孙永勤，在中共京东特委委员王平陆直接领导下，组织民众军（后改称抗日救国军），在冀热边坚持抗战，给日军以沉重打击。之后"中国工农红军京东游击队""红军北上抗日先遣队第18支队""华北人民抗日讨蒋救国军第1军第1师"等抗日武装，相继在河北省的迁安、平山、冀南等地建立起来。这些抗日讨蒋武装，虽遭国民党当局的残酷镇压而失败，但点燃了河北人民的抗日烽火，鼓舞了人民，为以后坚持全面抗战，起了不可磨灭的作用。

七

26年（1937）7月7日，日本帝国主义制造了卢沟桥事变，发动了旨在灭亡中国的全面侵华战争。在日本侵略者的进攻下，华北战场数十万国民党守军虽作了抵抗，但未能阻止日军进攻。28日，日军第二十师团、独立混成第一、第十一旅团及驻屯步兵旅团向平、津发起进攻。中国守军第二十九军所部"守土自卫"，浴血奋战，作出了巨大牺牲，后奉命撤退。日军轻取平、津后，遂以12个半师团，共30万人的兵力，沿平绥、津浦、平汉等主要交通线长驱直入，妄图速战速决，在3个月内亡华。日军凶焰甚嚣尘上，国民党守军节节败退。8月21日，日军陷张家口，9月24日占沧州、保定，10月10日占石家庄，15日占邢台，17日占邯郸。至10月底，国民党守军尽撤，河北大部分县城沦陷，河北正面战场作战即告结束。

为了挽救民族危亡，坚持敌后抗战，卢沟桥事变后，中共中央北方局根据中共中央的指示，迅速组建了新的河北省委和平汉线省委，分别领导和发动平津、冀东和冀中、冀南的抗日游击战争。8月至11月，定县的"抗日义勇军"，无极、深泽、藁城等县的"人民抗日自卫军"，隆平县的"冀南抗日游击队"，宁（晋）束（鹿）晋（县）赵（县）藁（城）的"五县联庄会"，宁晋县的"良民自卫团"，冀县等地的"青年抗日义勇军团"，冀鲁边地区的"华北民众抗日救国军"等抗日武装纷纷建立起来。这些部队一成立，就同日本侵略军进行了一系列战斗。战绩虽然不大，但对日伪军却是很大的牵制和震动。

正当国民党军节节败退，华北战场形势危急之时，中国共产党领导的中国工农红军改编为国民革命军第八路军，开赴华北抗日前线，肩负起坚持敌后抗战的重任。26年（1937）9月，八路军第115师平型关首战告捷后，师主力南下，副师长聂荣臻率该师一部2000余人，以五台山为中心，在山西、河北、察哈尔边界地区发动群众，组织抗日游击战争。10月10日，该师杨成武独立团一举攻克涞源县城，以后又接连收复了晋察冀3省边界上的广灵、灵丘、蔚县、易县等7座县城，开辟了以蔚县、涞源、广灵、灵丘为中心的抗日游击区；蔡顺礼、刘云彪率师属骑兵营，翻越太行山，活动于阜平、曲阳、行唐一带，先后攻克曲阳、定县、满城，开辟了以阜平为中心的冀西抗日游击区。11月7日，晋察冀军区成立，聂荣臻任司令员兼政治委员，下辖4个军分区。同年10月14日，原国民党第53军第691团团长吕正操（共产党员），在藁城县梅花镇与敌激战后，遵照党的指示，率部在晋县小樵镇举行抗日誓师大会，改称人民自卫军，回师冀中，与中共保属省委领导的人民武装会合，开辟了冀中抗日根据地。次年3月，八路军邓华支队奉命挺进平西，开辟了平西抗日根据地。后来又开辟了冀热辽抗日根据地。至33年（1944）底，晋察冀抗日根据地发展到同蒲路以东，正太、石德路以北，津浦路以西，张家口、多伦、宁城、锦州以南，包括山西、河北、察哈尔、热河、辽宁五省各一部分的广大地区。晋察冀军区下辖冀晋、冀中、冀察、冀热辽4个二级军区和18个军分区，部队达9.1万余人，被誉为"敌后模范的抗日根据地"。

在冀南，26年（1937）10月，八路军第129师在师长刘伯承、政治委员张浩（不久邓小平接任）领导下，开赴正太路南侧，包括平汉线以西的冀西区在内的太行山区，分兵发动群众，开展游击战争，创建抗日根据地。翌年4月，粉碎了日军的"九路围攻"，建立了以太行山为中心的晋冀豫边区抗日根据地，同时成立了晋冀豫军区（后改称太行军区）。5月，师主力进入冀南，建立了冀南抗日根据地和冀南军区，使冀南平原和太行山区连成一片。7月，第129师津浦支队和第115师第五支队与冀鲁边起义部队会合，创建了冀鲁边抗日根据地。29年（1940）4月成立了冀鲁豫军区，隶属于八路军第129师。同年6月，第129师指挥机关，从山西辽县迁驻涉县。

八路军各部队在河北开辟和创建抗日根据地的同时，积极协助地方恢复和建立各级地方党的组织和政权组织，充分发动群众，发展抗日武装，与日伪军展开了殊死的斗争。27年（1938），华北日军根据"中攻武汉，南取广州，北围五台"的作战方针，集中5万余兵力，分数路对晋察冀边区腹地阜平、五台、涞源等地进行"扫荡"，边区军民实行坚壁清野，诱敌深入，广泛的群众游击战和有利条件下的运动战相结合的方针，至11月7日，经过45天的浴血奋战，大小战斗136次，毙伤日伪军5200余人，粉碎了敌人的进攻，取得了反"扫荡"的胜利。

广州、武汉相继失守后，日军停止了对正面战场国民党军队的进攻，逐渐转移其兵力，打击共产党领导的八路军和新四军。27年（1938）底，日军华北方面军，制订了 1939 年度"治安肃正计划"，妄图摧毁共产党领导的华北各抗日根据地，以巩固其在华北占领区的殖民统治。11 月至翌年 4 月，日军连续 5 次对冀中抗日根据地进行大规模围攻；对冀南发动了"四路围攻"和"十一路大扫荡"。在严峻的斗争形势下，贺龙、关向应率八路军第 120 师主力到达冀中，配合冀中军民作战，并成立了以贺龙为首的冀中军政委员会和冀中作战指挥部；刘伯承、邓小平到达冀南，亲自指挥冀南的反"扫荡"。采取拆除城墙、改造地形、分区游击、互相策应、避实击虚、寻机集中主力歼敌的方针，稳定了战局，取得了反"扫荡"的胜利。

27 年（1938）6 月，正当河北抗日军民浴血奋战，粉碎日伪"扫荡"，巩固与发展抗日根据地之时，国民党政府任命鹿钟麟为河北省主席，张荫梧为河北省保安司令、民军总指挥。11 月，又决定派 60 个师到华北敌后进行所谓"游击战争"，并任命鹿钟麟为冀察战区总司令。鹿、张到河北后，不事抗日，专事反共，大力收编反共武装，不断袭击八路军部队，明令取消冀中、冀南主任公署，积极建立双重政权，屡屡制造反共摩擦。28 年（1939）1 月，国民党召开五届五中全会，进一步确定了消极抗战、积极反共的方针。之后，又秘密发出许多反共文件，企图从政治上、军事上消灭共产党领导的抗日武装力量，从而反共摩擦不断加剧。是年 1 月至翌年 1 月，国民党顽固派在冀中、冀南等地制造了一系列屠杀共产党员和八路军干部、战士的事件。28 年（1939）6 月 11 日，张荫梧下令突然袭击驻深县的八路军第三纵队赵承金、赵东寰部，制造了杀害八路军指战员 400 余人的"深县惨案"。对于国民党顽固派这种倒行逆施，共产党和八路军在争取其团结抗日无效后，不得不本着"人不犯我、我不犯人、人若犯我、我必犯人"和"有理、有力、有节"的原则，给予了应有的自卫反击。6 月，冀中军区部队和第 120 师全歼制造"深县惨案"的顽军张荫梧部。29 年（1940）2～3 月，第 129 师和冀南、太行军区部队、冀中军区南进支队等部，迎着日伪军的疯狂"扫荡"，连续发起了冀南、卫（河）东、磁（县）武（安）涉（县）林（县）等战役，取得了反顽斗争的胜利，保证了河北敌后抗战的顺利进行。

29 年（1940）春，华北日军开始推行"肃正建设计划"，不仅对各抗日根据地进行连续不断的大规模"扫荡"，而且实行企图窒息抗日根据地的"囚笼"政策。河北抗日军民，在中国共产党的领导下，积极开展游击战、破击战，斗争十分残酷激烈。为了争取华北战局更有利的发展，并影响全国的抗战形势，8～10月初，八路军总部统一指挥华北抗日军民，向日军占领的交通线和据点发动了大规模的破击战役，史称"百团大战"，沉重地打击了日伪军，粉碎了日军的"扫荡"和"囚笼"政策，进一步增强了全国军民抗战胜利的信心。

百团大战后，日军从华中抽调第十七、第三十三两师团到华北，加强了其华北方面军的进攻力量，使华北日军兵力增加到11个师团、12个独立混成旅团，约30万人，另有伪军10万余人。其中，部署于河北省和豫北地区的有方面军直属的5个师团和4个混成旅团，并以2个师团作为机动兵团，随时加强各军进行"扫荡"作战。日军为巩固其占领区和摧毁各抗日根据地，于30年（1941）3月至翌年12月对华北连续进行了5次"治安强化运动"。对其占领区实行法西斯统治；对游击区实行"蚕食"；对抗日根据地则实行轮番"扫荡"和杀光、烧光、抢光的"三光"政策，从而使华北敌后抗战更加困难。31年（1942）4月，日军首先对冀东抗日根据地连续发动了3期大规模的"肃正作战"，继而又对冀南抗日根据地举行了"四二九大扫荡"，对冀中抗日根据地进行了"五一大扫荡"，对太行、太岳区和八路军总部进行合围和突然袭击。日军的疯狂"扫荡"，给河北人民造成了极大灾难，制造了丰润县潘家峪等无数惨案，成千上万的抗日干部和群众被杀；烧毁民房、毁坏庄稼、抢走牲畜、农具不计其数；抓走壮丁数百万人。在第5次"治安强化运动"期间，日军在冀东强征民夫10万余人，大修据点、碉堡，并在长城两侧和热南山区大搞集家并村，制造千里"无人区"。

为了挫败日军的"治安强化运动"，河北各根据地军民在中国共产党的领导下，采取各种形式同敌人进行了顽强斗争。广大抗日军民，正确执行毛泽东主席制定的游击战争的战略战术，巧妙地脱出敌人的包围；以少量部队和民兵在内线坚持，主力部队转移外线寻机歼敌；采取精兵简政，实行党的一元化领导；"敌进我进"，分遣小分队深入敌后袭击敌人；改造村形，开展地道战、地雷战；组织武装工作队开展敌占区工作；实施强大政治攻势，团结人民、瓦解、孤立敌人等一系列措施，从而挫败了敌人的"扫荡"，打破了敌人的分割、封锁和"蚕食"。

32年（1943），河北各抗日根据地进入恢复和再发展阶段。冀中区部队主动出击，袭取敌点碉，恢复与扩大抗日根据地，至年底共拔除敌点碉671个，恢复和开辟了3500多个村庄的工作；冀热边地区，八路军主力回师冀东，不仅恢复了平原根据地，而且开辟了北宁路南和滦河以东地区；北岳区和平西、平北区，八路军武工队深入"敌后之敌后"，恢复和开辟了许多小块隐蔽根据地和游击根据地。至33年（1944）上半年，仅北岳区就拔除或逼退敌点碉700多处，并粉碎了敌人的秋季"扫荡"和多次分区"清剿"，开辟了2360多个村庄的工作，使在敌人封锁线以外的游击根据地大部衔接起来；冀南区各部队，在深入发动群众的基础上，大力加强了人民武装建设，三级武装密切配合，粉碎了敌人发动的春季"扫荡"和"五二六"大合围，并开辟了运（河）东、卫（河）东地区的工作。

33年（1944）夏，国际反法西斯斗争形势发生了重大变化。日军连连失利。在华北战场，日军集结于铁路沿线，仅少数分布在县城和山区前沿要点，部分县城和村镇据点只有伪军驻守。在此有利形势下，河北各军区部队，在广大民兵、群众的配合下，积极展开攻势，猛烈扩大解放区。北岳区部队跨越封锁沟，向敌纵深发起攻势，至年末，共作战1300余次，歼日伪军7267人，攻克和逼退日伪点碉441座，解放国土1万余平方公里，打开了察南、雁北地区的局面；冀中区军民作战1854次，歼敌2.1万余人，攻克逼退敌点碉815座，解放村镇5000余个，不仅恢复了老区，而且开辟了津南新区；冀东区军民，重点开辟了通县以南地区，打通了冀东与冀中的联系。

34年（1945）上半年，为执行毛泽东主席提出的"消灭敌伪，扩大解放区，缩小沦陷区"的战略任务，河北八路军各部队组织了春季攻势和夏季攻势。到7月底，冀晋、冀察区部队攻克、逼退敌点碉233个，收复灵丘、怀安、涞源等县城，解放了察南、雁北大部地区，使冀晋、冀察两区连成一片。冀中区军民胜利地进行了任（丘）河（间）、文（安）新（镇）、饶（阳）安（平）、子牙河东、大清河北等战役，克复任丘等县城12座，解放了除赵县、高阳、雄县等部分县城以外的整个冀中平原。冀热辽区军民，连续三次发起攻打伪满军的战役，歼灭日伪军5000余人，粉碎了敌之围攻，巩固了基本区。同时组成3个挺进支队，深入锦承路北进行热辽战役，恢复了热中、辽西部分地区，为八路军挺进东北开辟了通路。太行区取得了元氏、获鹿、武安、沙河战役的胜利。冀南区军民收复县城 12 座,攻克敌点碉近 500 座,毙伤俘日伪军 4.69 万余人,解放了除部分县城以外的广大平原,使冀南、太行、冀中 3 区连成一片。

同年 8 月 8 日,苏联对日宣战。9 日,百万苏军出兵东北。当日,毛泽东发表《对日寇最后一战》的声明。根据八路军延安总部的命令,晋察冀军区和晋冀鲁豫军区所属部队迅速展开了对日军的全面反攻。冀晋、冀察部队向察绥进攻,8 月 16 日与苏蒙联军会师于张北,23 日解放察哈尔省会张家口,接着解放了察哈尔全省和绥东地区。冀热辽军区部队主力组成"东进纵队",在李运昌率领下,分 3 路向东北挺进。西路解放了滦平、隆化、围场等县,与苏军会师于承德;中路抵平泉、赤峰、建平、新惠、乌丹等地与苏军会师,解放了热北、辽西广大地区;东路配合苏军攻占山海关,与苏军会师于沈阳,沿途解放了锦州和 13 座县城。冀中第 8、第 9、第 10 军分区主力,向天津市郊和北宁、津浦路沿线进攻,曾攻占杨柳青和天津西站;第 7 军分区部队向平汉线保定至正定段进攻,攻克保定外围许多据点,一度攻占保定机场;第 6 军分区部队向石德线出击,先头部队直逼石门。冀南区部队组成冀鲁豫军区的北路大军,在冀南作战指挥部统一指挥下,分 8 个梯队分别向当面之敌发起进攻,先后攻克收复 27 座县城及周围的所有据点、碉堡,解放了冀南大片领土和人民。太行军区第 1、第 5、第 6 军分区部队,先后解放了赞皇、内丘、临城、高邑、武安、沙河等县,并与冀南部队一起解放了邢台、邯郸两市,切断了平汉线之交通。

9 月 2 日,日本在投降书上签字。至此,中国人民经历 8 年的伟大抗日民族解放战争胜利结束。在 8 年抗战中,仅就晋察冀军区不完全统计,主力部队作战达 2.8 万余次,歼日伪军 30.6 万余人;地方部队和民兵作战 4.19 万次(含配合主力作战 4833 次),歼日伪军 2.8 万余人。河北军民为赢得抗日战争的胜利作出了重大贡献,涌现出无数的英雄事迹和英雄模范人物。

八

抗战胜利后,全国人民迫切需要和平与安定,要求建立一个独立、自由、富强的新中国。但是,在抗日战争中一贯消极抗战、积极反共的国民党反动派,却企图发动反人民的内战,消灭共产党及其领导的八路军、新四军

（后改称人民解放军），继续维持其独裁统治。民国34年（1945）8月，正当解放区军民举行战略反攻，猛烈向敌占区推进，收复国土，逼近大城市和主要交通线时，国民党反动派为了篡夺抗战胜利果实，不惜与日伪合流。8月11日，蒋介石一方面命令八路军"原地驻防待命"，不得对日伪军"擅自行动"，阻挠解放区军民的战略性进攻；另一方面又令日伪军"负责维持地方治安"，拒绝向八路军投降，规定非经蒋介石许可"不得接受任何部队改编"。进而在和平谈判的幌子下，密令国民党军队向解放区推进。9～11月，在美国的帮助下，先后从南方调集6个军17个师，约19.5万人，占领了平、津、保、石、秦等主要城市和重要交通线，对华北造成大兵压境之势。

中国共产党领导河北军民，对蒋介石垄断受降权利和蓄意挑动内战的阴谋进行了针锋相对的斗争。各军区部队，以主要力量迫使日伪军向八路军投降，占领一切可能占领的城镇与交通要道，迅速扩大解放区，保卫人民的胜利果实。同时，放手发动与武装群众，扩大部队与民兵组织，做好应付内战的各种准备。为了迎击国民党军的进犯，遵照中共中央"向北发展，向南防御"的战略方针和部署，晋察冀军区和晋冀鲁豫军区分别将所属各军区主力部队，整编为8个纵队和4个纵队，完成了由分散游击战到大兵团运动战的转变。晋察冀军区所属冀晋、冀察、冀中军区部队，主要是执行以保卫张家口为中心的热察两省战略基地的任务，对付国民党军傅作义部向察哈尔、张家口之进攻；冀热辽军区部队主要是肃清伪军和开辟热河，控制冀东、热河和锦州地区；晋冀鲁豫军区部队重点是迟阻并打击国民党军的北犯。

日本投降后，驻绥远西部的国民党第12战区司令长官傅作义，调集所辖主力和收编的伪军6万余人东犯，企图占领解放区首府张家口，控制平绥交通要道。10月18日至12月14日，晋察冀、晋绥两军区部队发起绥远战役，歼傅部国民党军1.2万余人，收复了绥东、绥南广大地区，粉碎了其夺取绥察两省，控制张家口和平绥铁路的企图。10月14日，国民党第11战区孙连仲部3个军，约4.5万人，由河南新乡、安阳地区沿平汉路向北进犯，下旬进至邯郸以南马头镇地区，10月28日至11月2日，晋冀鲁豫军区部队根据中央军委的意图，发起了邯郸战役，歼敌3万余人（含第11战区副司令长官兼新编第8军军长高树勋率部起义的万余人），阻止和迟滞了国民党军的北进，掩护了人民解放军的部署调整和战略展开。

35 年（1946）上半年，蒋介石在美帝国主义的支持和援助下，利用停战的时机，完成了发动大规模内战的准备，于 6 月底背信弃义，撕毁了"停战协定"和"政协决议"，向解放区发动了全面进攻。这时，分布在北平、天津、唐山、秦皇岛、保定、石家庄等大中城市和铁路沿线的国民党军，计有第 11 战区孙连仲部的 8 个军、21 个师（旅）和 5 个总队，连同非正规军总兵力达 20 余万人。此外，还有东北行辕的第 93 军在辽西地区，从东面威胁着冀热辽解放区，孙连仲、傅作义部分别从东西面进攻张家口，以期控制平绥、同蒲、平汉铁路北段及北宁、锦承铁路，分割晋察冀与晋绥、东北解放区的联系，进而消灭人民解放军。

为了粉碎国民党军队的进攻，中共晋察冀中央局、中共晋冀鲁豫中央局和晋察冀军区、晋冀鲁豫军区，遵照中共中央和中央军委的指示，在军队和人民群众中广泛进行宣传军事，发动群众进行土地改革，努力增产节约支持战争，动员翻身农民参军，扩大武装力量，加强地区武装和民兵建设，坚持地区斗争等一系列战争动员准备，军队和人民群众群情激愤，决心为保卫解放区，保卫人民的胜利果实而战。

8 月下旬，国民党军向冀东和热河地区大举进攻，9 月底进攻张家口。从此，一场在中国共产党领导下的反对帝国主义、封建主义和官僚资本主义，推翻国民党反动统治的人民解放战争在全国范围内轰轰烈烈地展开了。此时，晋冀鲁豫军区主力转战于晋南和冀鲁豫前线。晋察冀军区部队，在解放区人民和民兵组成的担架团、运输团、野战连、远征队的支援下，自 9 月底至翌年 9 月，连续进行了张家口保卫战和易满、保南、正太、青沧、保北、大清河等战役，并取得了歼敌 9.59 万人（不含零散歼敌数字）的重大胜利，晋察冀解放区与晋冀鲁豫、山东两解放区已联成一片，华北战场的主动权已被人民解放军掌握。从此，华北人民解放军转入了战略进攻的新阶段。

36 年（1947）10 月 22 日，晋察冀人民解放军适时捕捉战机发起清风店战役，全歼国民党第 3 军主力，生俘敌军长罗历戎，取得了转入战略进攻后的第一个大胜利。清风店战役后，晋察冀军区部队，乘势于 11 月 6 日至 12 日发起石家庄战役，全歼守敌 2.4 万余人，解放了石家庄，首创了攻坚战和夺取大城市的先例。

石家庄解放后，蒋介石为挽救其在华北地区的危急局面，亲抵北平，撤销了孙连仲保定绥靖公署主任职务，同时撤销了保定和张垣两绥靖公署，成立了以傅作义为总司令的"华北五省（晋、察、冀、热、绥）剿匪总司令部"，强化了华北军事指挥系统，加强了平津地区的防守。傅作义上台后宣称："不仅要收复点线，而且要将匪区全面收复，消灭共匪武力"，并以第16、第62、第94军各一部连续向大清河北地区"扫荡"，企图确保平、津、保三角地区。

为了打击傅作义集团的嚣张气焰，打破其平、津、保互为掎角的防御态势，12月27日至37年（1948）1月20日，晋察冀野战军在10万民兵和民工的配合下，发起了平汉线北段破击战役。此役歼国民党军1.4万余人，斩断了平汉、平绥、北宁、津浦四铁路线，解放了大清河北广大地区，重创傅作义嫡系第35军，大大抑制了傅作义的嚣张气焰。

37年（1948）3月，人民解放军开始向敌占区发展进攻。在此之前，晋察冀军区各部队自36年（1947）冬开始，结合战斗进行了新式整军运动。通过整军，进一步提高了指战员的阶级觉悟和战斗力，为取得解放战争的最后胜利奠定了坚实的思想基础。3月中旬，晋察冀野战军各纵队分别由冀中的安国、定县和冀西的曲阳、唐县、易县等地出发，横跨恒山和内长城，向察南挺进，3月21日至4月8日，与晋绥军区部队一起发起察南、绥东战役，歼傅作义主力1.8万余人，截断了平绥铁路，有力地策应了东北战场的攻势作战。

为了加强整个华北解放区的建设，使之成为支援全国各战场的战略基地，5月9日，中共中央、中央军委决定晋察冀、晋冀鲁豫两大战略区合并，成立中共中央华北局、华北联合行政委员会（8月改称华北人民政府）和华北军区。原冀鲁豫、太行、冀南、北岳、冀中5个二级军区统归华北军区领导。同时将原属渤海军区的天津以南、沧县以东地区划归冀中军区。华北野战军编为两个兵团。第一兵团辖第8、第13、第14纵队，徐向前为司令员兼政治委员，主要负责在山西围歼阎锡山部的作战任务；第二兵团辖第2、第3、第4、第6纵队，杨得志为司令员，罗瑞卿兼第一政治委员，杨成武为第二政治委员。5月初，华北第二兵团和北岳军区第1纵队、冀中军区第7纵队，分成两个集团，进行热西、冀东、保北战役。杨得志、罗瑞卿率第3、第4纵队和第2纵队第4旅，挺进热西、冀东，以宽大机动的办法，调动并寻机歼敌；杨成武指挥第1、第2（欠第4旅）、第6、第7纵队，再出保北，钳制内线敌人，策应热西、冀东方向作战，并寻机歼敌。7月20日，热西、冀东、保北战役结束，共歼敌3.5万余人，达到了拖住华北之敌、配合东北人民解放军作战的目的。

8月中旬，根据中央军委指示，华北军区以第二兵团所辖之第2、第6纵队及北岳军区第1纵队组成第三兵团，杨成武任司令员，李井泉任政治委员。为了钳制傅作义集团，策应东北野战军进行辽沈战役，并夺取绥远，华北军区第二、第三兵团于9月5日至11月6日，联合进行了察绥战役，歼傅作义部2万余人，解放了绥远和察北广大地区，有效地钳制了傅作义，使其不能大量抽兵增援东北，胜利完成了配合东北野战军作战的任务。11月6日，东北野战军先遣兵团（以第4、第11纵队等部组成）进关到达蓟县、遵化地区，给平津之敌以严重威胁。傅作义急调保定之第35、第94、第16军等部移至北平近郊。此时保定仅有敌新编第2军暂编第32师据守。华北军区第7、第8纵队（11月初编成）和冀中第8、第9军分区部队乘机进攻保定。22日，保定守敌在第35、第16军接应和掩护下向北平逃窜，河北省省会保定遂告解放。

解放战争进行到37年（1948）11月，全国的军事形势起了重大变化。9月16日华东野战军解放济南，揭开了解放战争战略决战的序幕；11月2日，东北野战军胜利结束了辽沈战役，东北全境解放；中原、华东野战军于11月6日发起了淮海战役；西北野战军在陕西连续3次发动攻势，打破了胡宗南的"机动防御"；华北野战军接连在晋中、太原近郊、察绥、冀东、保北等地区取得了巨大胜利，傅作义集团已完全处于被动防守状态。11月14日，毛泽东主席在《中国军事形势的重大变化》一文中指出："从现在起，再有一年左右的时间，就可能将国民党反动政府从根本上打倒了。"为适应战争形势的需要，华北军区于11月和38年（1949）2月，按照全军统一组织及军队番号的指示，对部队和各级军区进行了整编。华北军区第一、第二、第三兵团依次编为第十八、第十九、第二十兵团，直接归中央军委指挥。所有纵队均改为军，旅改为师。北岳军区与冀热察军区合并为察哈尔军区［35年（1946）11月曾设察哈尔军区，36年（1947）11月撤销］，冀东军区由东北军区划归华北军区建制。

辽沈战役结束后，傅作义集团采取暂时固守平、津、张地区，同时确保塘沽海口，以观变化的方针，于11月中旬开始，收缩兵力，调整部署。先后放弃承德、保定、山海关、秦皇岛等地。除以1个军约4万人位于归绥，1个师万余人位于大同外，其主力4个兵团、12个军、42个师（旅），连同保安部队共50余万人，全部部署于东起北宁铁路的滦县、西至平绥铁路的柴沟堡，长达近600公里的狭长地带上。

为了就地歼灭傅作义集团，加速国民党统治的总崩溃，中央军委决定发起平津战役。11月23日，东北野战军主力入关，连同先期入关的先遣兵团共计约80万人；华北野战军第二、第三兵团约13万人；再加冀热察、内蒙古、冀东、北岳、冀中、冀南等军区地方部队，共计约100万人投入了平津战役。战役在林彪、罗荣桓、聂荣臻3人组成的中共平津总前委统一指挥下，于11月29日，经过对傅作义集团"围而不打""隔而不围"，歼灭新保安、张家口、天津之敌，和平解放北平三个战役阶段，于38年（1949）1月31日胜利结束。此战役全歼傅作义集团52万余人（其中接受人民解放军和平改编25万余人），河北、察哈尔、热河3省及平、津2市全部解放。

平津战役后，第十九、第二十兵团（原华北第二、第三兵团）和第四野战军（原东北野战军）炮兵第1师，于3月由河北入山西，与第十八兵团（原华北第一兵团）等部会攻太原。4月，太原解放后，中央军委决定，将第十八、第十九兵团调归第一野战军（原西北野战军）建制，第四野战军主力南下华中，以完成实施战略追击，解放全中国的任务。第二十兵团布防于渤海湾、塘沽、秦皇岛、天津、张家口等地区，执行防卫任务。

38年（1949）8月1日，冀南、太行、冀鲁豫、冀中、冀东军区撤销，成立河北军区。在华北军区领导下，执行积极支援全国解放战争，保卫国防，剿灭残匪，维护社会秩序，保卫人民政权和参加国家经济的恢复与建设等任务。

九

抗日战争和解放战争在河北战场的胜利，是河北军民在中国共产党领导下，前赴后继，不屈不挠，顽强拼搏，创造的光辉业绩，是毛泽东人民战争思想的伟大胜利。战斗在河北的八路军、人民解放军，通过强有力的政治工作和先进思想的军事，保证了人民军队的性质和党对军队的绝对领导；在革命战争的实践中培养了全心全意为人民的高尚情操和英勇善战、连续作战、不怕疲劳、不怕流血牺牲的顽强斗争意志；认真贯彻执行中共中央、中央军委的命令、战略方针和作战原则，灵活机动地打击敌人；在极端艰苦的斗争环境中，广大指战员结合实战和利用战斗间隙，采取多种形式进行军事训练，苦练杀敌本领，战斗力不断提高，适应了各个时期对敌作战的需要。这支军队，尊重政府，爱护人民，具有良好的军政、军民关系，在极端困难的条件下，实行精兵简政，节衣缩食，自己动手，一面战斗，一面生产，保证供给，同人民群众一起战胜困难险阻，终于取得了战争的胜利。

在战争中，中共河北地方党委、政府和广大人民群众一齐动员，为赢得战争的胜利作出了巨大贡献。据不完全统计，抗日战争和解放战争的 11 年间，全省近百万人参加八路军和人民解放军，保证了部队源源不断的兵员补充和扩大，其中数十万人为国捐躯或负伤致残，为中华民族和人民的解放事业作出了巨大牺牲。在毛泽东人民战争思想指导下，河北民兵不断发展壮大，仅就晋察冀边区统计，民国 30 年（1941）至 34 年（1945），民兵单独作战达 3.7 万余次，配合部队作战 4833 次，毙伤俘日伪军 2.8 万余人，并在作战中创造了地道战、地雷战、水上游击战等多种战法，涌现了无数英雄人物和英雄事迹。广大民兵和群众积极支援前线，在战役、战斗中担负修路架桥、运送粮草、抬担架、救护伤员、押送俘虏等战斗勤务，保证了战役、战斗的顺利进行。仅在平津战役中河北就出动民兵、民工 154 万余人次，担架 2 万余副，大小车 40 万辆，牲畜近百万头，运送粮食 15.4 万吨。地方党委、政府全力配合，书记、专员（县长、区长）亲自带队上阵，不仅青壮年出征上阵，就连老人妇女也动员起来，为部队碾米磨面，送水送饭，护理伤员，给部队以极大的鼓舞和支援。所有这些，对于保证革命战争胜利起了极其重要的作用。

＋

中华人民共和国成立后，人民解放军的建设进入了一个新的阶段，即进入了一个建设现代化、正规化国防军的历史时期。

中华人民共和国成立初期，河北驻军及河北军区部队，除继续肃清残敌、巩固社会秩序、保卫国防、协同公安部门维护社会治安、帮助恢复经济和着手进行部队的现代化、正规化建设外，还开展了伟大的抗美援朝运动。1950年10月，美帝国主义不顾中国政府的一再警告，驱使其侵朝军队越过三八线，疯狂向中朝边境进犯。河北军民坚决响应中共中央关于"抗美援朝，保家卫国"的正义号召，掀起了轰轰烈烈的抗美援朝运动，并参加人民志愿军，跨过鸭绿江，同朝鲜人民军并肩作战，抗击美国侵略者。

1953年7月抗美援朝战争胜利结束后，人民解放军的现代化、正规化建设步入了正常轨道。为了适应现代化、正规化建设的需要，解放军总部和华北军区先后在河北建立了数所培养各类人才的军事院校；各军兵种的直属单位和部队相继驻防河北，并根据河北所处地位，加强了战略、战役防御工程建设和物资储备；随着国民经济的发展，部队的武器装备不断更新；防御工程体系、指挥通信系统、侦察情报系统、空军场站、导弹基地、后勤基地等日臻完善配套；部队供应、医疗卫生、军事交通、营房管理等后勤建设不断改善；人民防空和城市防卫工程、战备交通建设不断加强。驻河北各部队、各军事院校和河北省军区，始终坚持政治建军的原则，积极开展军事训练，广大指战员的政治思想水平，科学文化水平，现代战争条件下的协同作战能力、快速反应能力、综合保障能力不断提高。各部队在加强自身建设的同时，大力开展拥政爱民活动，积极参加抢险救灾和社会主义物质文明、精神文明建设，传统的军政、军民关系在新的历史条件下得到了继承和发扬。

中华人民共和国成立后，河北省军区组织机构有过多次调整和变化，但其主要是做民兵、兵役工作的任务未变。1951年，全省普遍实行了民兵制度，把战争时期自愿参加民兵的制度，改变为按规定的条件普遍参加民兵的制度。同时将原民兵改称基干民兵，自卫队改称普通民兵。之后，民兵制度经过多次调整改革，至1982年，实行民兵与预备役相结合，并组建了预备役部队，进一步完善了预备役制度。广大民兵和预备役人员的武器装备不断改善，加强了军事训练和思想政治工作，快速反应能力进一步提高，在国防建设和"两个文明"建设中发挥了重要作用。

为了适应现代化国防建设的需要，从1955年开始，国家实行义务兵役制。河北省各级党委、政府认真贯彻《兵役法》，在人民群众中深入进行依法服兵役的军事，广大适龄青年踊跃报名应征入伍。从1954年试征到1990

年，全省共征集新兵 230.11 万人，招收飞行学员 6705 人。所征兵员政治质量、文化程度不断提高，在巩固国防和保卫社会主义祖国的斗争中作出了重要贡献。

1978 年中国共产党第十一届三中全会后，为适应国家经济建设的新形势，河北驻军和河北省军区在部队建设和民兵预备役建设方面进行了一系列重大改革，并取得了明显成效。全省军民为保卫人民的和平劳动，保卫祖国的安全和统一，做出新的贡献。

（本例文选自《河北省志军事志》，河北省志地方志编委会，军事科学出版社 2000 年版）

例文 10：市志

绍 兴 市 志

（节选）

概　述

　　绍兴地处我国东南沿海，位于良渚文化与河姆渡文化之间。是我国古代南方百越文化的中心和古籍记载中舜、禹活动的重要地区，也是春秋越国的政治、经济、文化中心。秦汉以后，这里经济繁荣、文化昌盛、人才辈出，在中华文明史上留有辉煌篇章；1982 年 2 月，国务院公布全国第一批 24 座历史文化名城，绍兴为其中之一。指出绍兴"春秋为越国都城。有著名的兰亭、清末秋瑾烈士故居、近代鲁迅故居和周恩来祖居等。是江南水乡风光城市"。

一

　　绍兴市位于浙江省中北部，钱塘江口以南，介于北纬 29°13′36″～30°16′17″、东经 119°53′02″～121°13′38″。东连宁波市，南接台州市和金华市，西接杭州市，北隔钱塘江与嘉兴市相望。东西长 130 公里，南北宽 116 公里，总面积 7901 平方公里。

　　中境处于浙西丘陵、浙东山地和浙北平原三大地貌单元的交接地带，形成了群山环绕、盆地内涵、平原集中的地貌特征。地形骨架略呈"山"字形：龙门山绵延于市境西部，会稽山耸峙于市境中部，四明山—天台山蜿蜒于市境东部和东南部。以会稽山脉为分水岭的西侧浦阳江、东侧曹娥江以及会稽山北麓由 36 条溪流汇集而成的鉴湖水系，分别自南而北流入钱塘江。浦阳江流经的诸暨盆地和曹娥江流经的新嵊盆地、三界—章镇盆地，地处四山之间。市境北部的绍虞平原，河网密布，平均海拔 5 米左右，内有大小湖泊 30 余处，河流总长超过 2000 公里。全市山地、丘陵、台地、河谷盆地、平原 5 种地貌类型，分别占地域总面积的 27.0%、33.5%、5.6%、16.5% 和 17.4%。在地质构造上，市境位于扬子准地台和华南褶皱系的过渡区，因受多次构造运动影响，有绍兴—江山、上虞—丽水等深大断裂通过，矿藏较为丰富。气候属亚热带季风区，季风显著，四季分明，气候温和，湿润多雨。

因地质、地貌结构复杂，气候适宜，资源较为丰富。境内土地类型多样，有11个土类、21个亚类、65个土属、101个土种，土质良好，多宜农业利用。植被类型多样，树木种类繁多，仅木本植物就有98科、250属、540种；经济作物主要有茶叶、蚕桑、棉麻、烟叶及各种水果，在全省乃至全国都有重要位置。水资源也较为丰富，全市多年平均天然径流量57.42亿立方米，地下水天然补给量年14.54亿立方米，水力资源可开发量17.28万千瓦。矿藏主要有铁、铜、金、银、石煤、硅藻土、瓷石土等。

二

建置沿革，从一个侧面反映了绍兴的悠久历史。

史载大禹治水告成，在境内茅山会集诸侯，计功行赏，死后葬于此山，因更名茅山曰"会稽"，这是会稽名称的由来。春秋时期，于越民族以今绍兴一带为中心建立越国，成为春秋列国之一。战国初，越王句践大败吴国，越国疆域拓展至江淮地区。至周显王三十六年（前333），楚威王兴兵败越，尽取故吴地至浙江，越始"服朝于楚"，而诸越邦国尚存。秦王政二十五年（前222），定江南，降越君，以吴越地置会稽郡，领20余县，治吴（今苏州）。东汉永建四年（129），分会稽郡置吴郡，钱塘江以南仍为会稽郡，治山阴（今绍兴），领山阴等14县。隋开皇九年（589），改会稽郡为吴州，治会稽（今绍兴）。大业元年（605），改吴州为越州，是为越州名称之始。唐及北宋，越州领8县，治山阴。南宋建炎四年（1130），宋高宗驻跸越州，取"绍万世之宏休，兴百王之丕绪"意，于翌年改元绍兴；又仿唐德宗幸梁州故事，于绍兴元年（1131）升越州为绍兴府。是为绍兴名称之由来。元至元十三年（1276），改称绍兴路，辖县不变。明、清复为绍兴府，治所及辖县不变。民国24年（1935），设绍兴行政督察区，领绍兴县等7县，驻绍兴县城。1949年10月，设绍兴专区，1952年1月撤销。1964年9月复设绍兴专区，1978年9月改为绍兴地区。1983年7月，撤销绍兴地区，设省辖绍兴市，领6县、区，驻越城区。

1997年，绍兴市辖越城区、绍兴县、新昌县、上虞市、嵊州市、诸暨市，下设6街道、102镇、34乡、359居民委员会、5146村民委员会，人口428万。

三

历史文化名城绍兴的一个显著特点是，中华民族五千年文明史，都能够在这里找到遗存，得到印证。

旧绍兴府境内余姚河姆渡遗址，出土干阑式建筑、骨耜和人工栽培稻谷等遗物，为研究中华文明史提供了新的确证。属于新石器时代晚期的绍兴县马鞍山等文化遗址，其文化内涵以细石器、印纹陶和玉质饰品为主要特征，至今已有4000多年历史。几乎与此同时，传说中的舜、禹都曾到过绍兴，有过活动，留有诸多传说故事和名胜古迹。世称大禹后裔的越王句践，在这里卧薪尝胆，发愤图强，经过十年生聚、十年教训，终于打败吴国，称霸中原，创造了我国古代以弱胜强的先例。而作为越国古都的绍兴城，从越大夫范蠡主持兴建以来，或为国都，或为郡治，或为州府首邑，虽经历了25个世纪的风风雨雨，其间也有过不断的修建、更新、改造，但至今城址未变，并且仍然为当地政治、经济、文化的中心，实为世所罕见。秦始皇上会稽，祭大禹，立会稽刻石，足见当时绍兴地位的重要。东汉会稽太守马臻主持建成我国古老的鉴湖水利工程，使大片农田得以灌溉，"境绝利博"，及至当代。东晋时期，北方社会动乱而这里相对安定，经济繁荣，出现"今之会稽，昔之关中"的局面。因此有人主张朝廷迁都会稽，虽未实现，亦足见当时会稽的地位。南宋绍兴地望瞩目，与金陵相颉颃，陆游有"今天下巨镇，惟金陵与会稽耳"之说。宋高宗以越州为临时首都，时达1年零8个月，后虽迁都临安，但仍以绍兴为陪都，建有宫室，又为南宋六陵所在。明末鲁王亦以绍兴为监国之所，试图以此为基地，重振明室。辛亥革命时期，绍兴又是光复会的活动中心，绍兴人民的优秀儿女秋瑾、徐锡麟、陶成章、蔡元培，以推翻清王朝统治、建立共和为宗旨，创办大通学堂，组织光复军，前赴后继，可歌可泣。在中国共产党诞生的第二年，绍兴就有了党的活动，并且在极其艰苦的环境里，发展组织，壮大力量，以鲜血和生命，迎来了民国38年（1949）5月绍兴全境的解放。

有人说，绍兴是一座没有围墙的历史博物馆。从新石器时代的地下文物，到贯穿各个朝代的地面文物，从大禹陵庙、越王台殿、秦碑汉刻，到东晋兰亭、唐宋摩崖、南宋六陵，以及明清建筑、名人故居等，上下五千年，涉及各方面。据 1982 至 1986 年文物普查，全市发现历史文化遗存 3601 处，入藏文物 3.5 万件，有各级文物保护单位 188 处（含国家级 4 处、省级 47 处、市县级 137 处），还有大量入载地方文献和融入居民生产、生活习俗的社会文化现象，都一再表明：绍兴不愧是一座历史久远、文化积淀丰厚的历史文化名城！

四

绍兴历代人才辈出，被毛泽东同志称为"名士乡"。明代文学家袁宏道初至绍兴，给他的第一印象就是"士比鲫鱼多"。

据粗略统计，今绍兴市境之内，自唐以来，共有文武进士 2238 名，文武状元 27 名；民国以后，科技人才辈出，有中国科学院和中国工程院院士 42 名，具有正高级职称的教授、研究员等科技人员 800 多名，还不包括其他方面有重大成就的杰出人才。从全国范围看，绍兴市的地域面积不到全国的千分之一，人口只占全国的三百分之一，而各种人才（根据各种人物辞典统计）占全国的 2% 以上，某些专业人才超过 4%，其中两院院士占全国的 4.8%。

对这许多人才进行综合分析，至少有如下一些特点：一是历代均有分布，文武进士为例，唐 21 名，宋 630 名，元 24 名，明 677 名，清 886 名。二是人才的学科分布面广，在全国政治、军事、经济、文化、艺术、教育、卫生、科技各界，均有绍兴籍人士的席位。三是在众多的人才中，尤以文人为多，《中国文学家大辞典》（谭正璧主编）、《中国画家大辞典》（孙鏬著）、《中国书法家大辞典》（陈披云主编），分别收录绍兴籍文学家 213 名、画家 243 名、书法家 143 名，如果把哲学家、思想家、史学家、教育家亦计算在内，则文人之数，当更为可观。四是出类拔萃的人才多，在历代文武状元中，有的一个省不超过 10 名，而绍兴县就有 20 名；在当代两院院士中，绍兴县籍有 25 名，超过某些省的总数。

在绍兴的人才群体中，或为一代宗师，或为群伦表率，"言为士则，行为世范"者，代不乏人。王充著《论衡》，反对谶纬迷信，批判唯心哲学，成为不朽之作。袁康、吴平记"越绝"而成为地方志鼻祖。王羲之挥毫作《兰亭集序》，赢得"书圣"的至上荣誉。谢灵运寄情山水，开创我国山水诗派。陆游咏诗万首，结集《剑南诗稿》而流芳百世。杨维桢隐居铁崖山中，而居有元末诗坛领袖地位。徐渭大笔放纵，水墨淋漓，是我国青藤画派创始人。王守仁创"致良知"学说，名扬东瀛。刘宗周主讲蕺山书院，以创蕺山学派名世。章学诚大器晚成，以一部《文史通义》奠定了我国方志学的基础。蔡元培学贯中西，被誉为"学界泰斗，人世楷模"。鲁迅用杂文作武器，奋斗终身，以"伟大的革命家、思想家和文学家"入载史册。周恩来以鞠躬尽瘁、死而后已的伟大形象，永远活在人民心中。此外还有地理学家竺可桢，数学家陈建功，历史学家范文澜，国学大师马一浮，经济学家马寅初，农学家金善宝，物理学家钱三强等。杰出的人才，卓越的贡献，实足使人仰思乔木而感奋不已。

五

绍兴一向是我国东南沿海经济较为发达的地区之一。传统种植业、养殖业和手工业，经过漫长的历史演变，到明中后期，开始出现资本主义萌芽。农业生产中，双季稻栽培技术和一年三熟的耕作制度，被广泛采用；纺织、酿酒、制茶、锡箔等手工业，形成地区优势；丝绸、老酒、珠茶、锡箔、腐乳等地方名特产品，成批出口日本、东南亚及欧美部分国家；与之相适应的商品市场、钱庄典当、交通运输业，也有长足发展。

中华人民共和国成立后，绍兴人民在中国共产党领导下，齐心协力，艰苦创业，地方经济日益繁荣。作为综合性农业经济区的绍兴，经过中华人民共和国成立后49年探索，一个以粮食生产为主体，农、林、牧、副、渔多种经济全面发展的农业生产格局已经形成，1994年全市农业总产值达48.25亿元（按1990年不变价计算）。工业生产在传统"三缸"（即酒缸、酱缸、染缸）手工业基础上，逐步建立了纺织、食品、机械、冶金、化工、医药、建材、电子等30余个工业部门，初步形成以轻纺工业为主体，酿造为特色，纺织、机械、食品三大工业为支柱的工业体系，1997年实现全社会工业总产值1476.64亿元（现价）。在市场经济中崛起的乡镇企业，从小到大，由少到多，在改革开放中发展壮大，取得地方国民经济中"五分天下有其四"的主导地位，并使将近一半的农村劳动力走出田畈、走进企业。商品流通领域随着工农业生产的发展，加强零售贸易网点和专业市场建设，发展对外经济贸易，1997年全市实现社会消费品零售总额159.85亿元、专业市场商品成交额523亿元、外贸收购总值165.04亿元。旅游业以历史文化名城为依托，加大投入，加速开发，一个以历史文化和山水风光为特色的新兴旅游城市，正在迅速崛起。

1997年，全市国内生产总值594.5亿元，人均国内生产总值13895元，全社会固定资产投资164.5亿元，财政收入27.1亿元，年末金融机构各项存款余额400.87亿元，城镇职工平均工资8342元，农村居民年纯均收入4119元。

<h2 style="text-align:center">六</h2>

为迎接21世纪的到来，绍兴人民给自己定下的奋斗目标是：作为长江三角洲南翼的沿海开放城市，绍兴将以有利的区位优势，迎接参与国际分工，接轨上海浦东，吸收先进技术和国内外资金，加强基础设施建设，强化农业基础，提高发展第二产业，加快发展第三产业，把绍兴建设成一座以历史文化和山水风光为特色的优秀旅游城市。争取到2010年，全市经济社会发展主要指标在全省率先达到目前中等发达国家水平，成为全国率先基本实现现代化的地区之一。

（本例文选自《绍兴市志》，浙江省绍兴市地方志编纂委员会编，任桂全主编，方志出版社1999年10月版）

大 足 县 志

（节选）

自然环境与人口

第一节　自然环境

　　大足自然地理结构呈多元状态。地质结构分属川中台拱与川东褶皱两大构造单元。地形地貌分为川中丘陵与川东平行岭谷两大地貌单元。盖层分为川中平缓褶皱带与川东南强烈坳褶带。山脉分条形背斜低山和坪状侵蚀剥蚀低山。河流分属沱江和嘉陵江两个水系。气温有温凉、温热两个气候区。地理位置居盆地东南，穹隆突起，俯瞰四邻。大足自然地理的特征是"两两多元分合，独峰突兀盆中，六丘三山一坝，巴岳屏障东南"。

　　大足气候有两个比较优良的历史时期。一是唐宋时期。《新五代史》载前蜀永平四年（914）八月"麟见昌州"。据考麟即獐，亦称麇，乃实有动物（并非神化的麒麟），每当气候干冷的历史时期即绝，气候温湿的历史时期则现，常与气候、丰收、温饱相联系，称为"吉祥瑞兽"。"麟见昌州"显示当时大足气候温暖（昌州治大足）。唐宋时期我国整个气候转暖，直至公元12世纪寒冷气候复又加剧。唐宋时期大足气候温湿，自与全国大背景有关，也与自身生态平衡特佳有关。由唐至宋尤其是宋代，大足森林茂密，干旱较少，优于他地。二是清代前期，林木蔽地，雨水均匀。乾隆《大足县志》卷十气候："按足邑气候常早，物产为先，且接近黔省，天时恒多雨露，虽山坡岭岗，俱能积水。农民鲜有塘池，亦不甚苦旱。"这反映了清代前期雨水充裕的状况。清中叶以后，林木渐衰，干旱渐多，气候渐差。

　　大足属亚热带温暖湿润季风气候。热量充足，年际月际及昼夜间温差较小。年降水总量1000毫升上下，年际月际及区域分布不甚均匀。伏旱居多，夏旱次之。洪涝频率12％～30％，出现于6～9月。由于蓬莱镇组紫色页岩吸热力强，春夏之交，暖气流上升猛烈，县境一些地区易形成冰雹。年均寒潮 4～5 次，出现于 10 月至次年 4 月。3、5、9 月有低温，3 月上旬频率 42%。

一、地 质

大足地质状况，民国 27 年（1938）常隆庆、李涛等嘉陵江、沱江下游煤田地质勘查资料中有较为系统的记载。解放后 50～80 年代，先后有地质、煤炭、石油、水文等部门进行过多次地质普查，基本面貌大体清楚。

地层 县境出露地层有中生界三叠系、侏罗系，总厚度 374～1750 米，此外为新生界第四系河岸堆积物。三叠系出露地层有嘉陵江组下统、雷口坡组中统、须家河组上统（上中下统指该地层在柱状盖层中的层位）。侏罗系出露地层有珍珠冲组下统、自流井组下统中统、下沙溪庙组中统、上沙溪庙组中统、遂宁组中统、蓬莱镇组上统。新生界第四系为上更新统、全新统。

构造 县境地质构造属新华夏系第三沉积带四川沉降褶带。构造形迹东西有异，大致以荣昌县荣隆场至境内龙水镇万古镇一线为界，其东南称东带，属川东褶皱带，其西北称西带，属川中褶皱带。东带构造：褶皱，有西山背斜、双路铺向斜、石盘铺向斜。断层，有鱼口坳断层、唐家坝断层、刘家沟断层、梯子坎断层、朝阳寺断层、华蓥山隐伏大断裂。裂隙，有龙水镇裂隙系。西带构造：褶皱，有六赢山向斜、弥陀场背斜、大石堡向斜、中敖镇背斜、三溪镇背斜、高升场背斜、天主庙向斜、荷包场背斜、大安桥向斜、双河场背斜。本带无断层。裂隙，有九龙寺裂隙系。

矿藏 境内矿藏已发现者 21 种，矿点 168 处。已探明储量的矿种有煤、铁、铜、锶等，初步探明储量的矿种有石灰石、天然气、陶瓷黏土等，分属能源、金属、非金属 3 个大类。

煤矿分布于西山背斜西翼，北起玉峡口，南止长河煽。整个煤田长约 45 公里，平均宽约 3 公里，面积 135 平方公里（含煤面积 105 平方公里）。含煤地层属上三叠系须家河组，有上中下 3 个煤组 17 个煤层，分南中北 3 段，北段未曾勘探，估计总储量为 7624 万吨，保有储量 3274 万吨。煤质皆为肥气煤，结焦性强。

天然气，经钻探在双塔、中敖、三驱等区获气井 8 口，可供民用和部分工业用气。三驱"包9""包32"井日产气皆在 10 万立方米以上。

铁矿有菱铁矿、赤铁矿两种，分布于西山背斜西翼。矿石品位 20％～40％，厚度 0.1～1.4 米，估算储量 800 万吨以上。

铜矿有孔雀石、蓝铜矿、赤铜矿等矿种，分布于西北坪状低山所在铁山、中敖、双塔等区，均为不连续产出，晶位 0.32％～3.5％，估算金属储量约 400 吨。

锶矿分布于古龙乡西山背斜北段轴部岩溶槽谷，矿床长约 8.5 公里，宽 3 公里。主要矿石为天青石和菱锶矿，可采厚度 1.17～4.8 米，含硫酸锶 66.69％～75.47％。推算储量 190 万吨。

非金属矿藏，具有工业利用价值者，有白云岩、卤水、绿豆岩、石灰石（远景储量 6 亿吨）、石英砂岩、建筑石料、膨润土（储量约 10 万吨）。另有耐火长石砂岩、塑性黏土、陶瓷黏土方解石、石膏等，多为矿化点，不具利用价值。

二、地　貌

大足地貌，昔有"单椒小蹴，无高山之蕴蓄；曲涧浅濑，无大川之汇疏"之说。境内地势由西北向东南倾斜，东南边缘翘起，中部及东北部宽缓。有低山、丘陵、平坝、河谷 4 种地貌类型，呈"六丘三山一分坝"之势。低山面积 443.9 平方公里，占 31.93％；丘陵面积 809 平方公里，占 58.19％；溪谷平坝面积 137.31 平方公里，占 9.88％。最高点在西山南段云台寺山峰，海拔 934.7 米，最低点在雍溪乡玉峡河堤，海拔 267.5 米。大足在盆地南北向 W 形地势图中位居中峰，突兀盆中。据西师秦万成等研究资料，地下莫霍面（地壳和地幔的界面）川东南约 40 公里，往西逐渐上升，至重庆一带约 39 公里，到大足仅 37 公里，到三台、简阳又下降，抵成都深达 40～45 公里，大足地下莫霍面在盆地中最浅。

清代诸志著录大足山脉河流，皆一山一水，孤立割裂，漫无系统。民国 31 年（1942）编《大足县概况》称本县山脉一为鹿头山脉，一为巴岳山脉。34 年修《大足县志》称本县山脉分西北、东南两大山脉。所载已粗呈系统。1959 年编《大足县志》（油印本），称整个大足山脉为"鹿头山脉"，由安岳入境，西山亦为其支脉，其说甚谬。

低山 绝对高度（海拔）500～1000 米，相对高差大于 200 米的地貌形态为低山。县有条形背斜低山和坪状侵蚀剥蚀低山两类。巴岳山为条形低山，乃大足与铜梁及永川的界山，因与永川东山相对，亦称西山。境内长45公里，宽约6公里，相对高差200～420米。北段山脊岩溶发育，形成古龙岩溶槽谷。中段轴部受断裂影响多呈串珠状溶蚀洼地，以玉龙鞍形坳口最著，俗称鱼口坳。此处两侧双峰对峙如牛斗状，史称牛斗山、牛口山、玉城山，今称玉龙山，素为大足山水标志之一，地势险要，与季家马颈坳、雍溪界牌合称大足边境三大关隘。

坪状侵蚀剥蚀低山，主要分布在西及西北中敖、铁山和双塔部分地区。山顶绝对高度500～600米，相对高差200～250米。以山脉走势分三支：北支从大（足）安（岳）边境玄帝庙入天山乡，沿大潼（南）边境东行止于曲水；中支从大安边境南西行入高升折东南止于珠溪双河口；南支从大安边境南行入铁山乡折东南经大荣（昌）边境入季家经石龙止于珠溪。其成因有二：一为由岩层倾角近于水平的蓬莱镇组砂岩剥蚀形成的桌状、坪状低山，如中敖区的天台山、高峰山、平顶山等。一为由遂宁组钙质泥岩风化而成的长梁状低山，如城北龙岗山等。

丘陵平坝　绝对高度小于500米，相对高差小于200米者为丘陵，由丘岗与坳地混合发育而成。以不同相对高差分高丘（100～200米）、中丘（50～100米）、低丘（20～50米）3类，以不同形态和坡角大小分猪背脊式丘陵、方山式丘陵、单面山式丘陵3种。高丘多零星分布于西北坪状低山山麓和各小溪流的分水岭地带。中丘有坪状、猪背岭状，各区均有分布，中敖、珠溪区最多。低丘主要分布于溪河两岸，多呈馒头、坳谷状地貌，以万古区最多。与低山山麓相接的高中丘，多作长梁猪背状延伸，形成迤逦曲折的深长沟壑。城东乡龙潭沟，自转洞天盖村起，向南延伸至城东惜字阁，全长近15公里。

相对高差小于20米者为缓丘平坝，有溪谷冲积平坝、剥蚀堆积平坝两类，二者连成一体，构成溪河两岸一、二级阶地。各区均有分布，以龙水区最多。较大的平坝有城东大坝、城西大坝、高升大坝、季家大坝、复隆大坝、高桥大坝、国梁大坝。县城龙岗镇所在唐代称"虎头大足坝"，当与"大足川"及大足县名有渊源关系。

河流　县境岗岭起伏，溪河纵横，为沱江，涪江二、三级支流源头之一。共有溪河 293 条，总长 985.8 公里。主要河流有濑溪河、窟窿河、淮远河。县境边沿有天宝场河、曲水铺河、二郎塘河等小溪分别流入潼南琼江河、铜梁安居河、永川小安溪。

濑溪河，发源于西北大安（岳）边境天山乡白云村与三角村，源头呈燕尾状（今为上游水库水域）。向东南流经城东（纳化龙溪）、弥陀，向南至龙水转西南经三溪（纳窟窿河）、珠溪（纳珠溪河）入荣昌，至泸县胡市镇汇入沱江。县境流域面积 161 平方公里，总落差 67 米。濑溪河在历代史志中有大足川、赤水溪、濑波溪、濑婆溪、耶水、龙溪、岳阳溪、长桥河等名称。"濑溪"向为俗称，当系濑波溪、濑婆溪之简约，解放后才成为正式名称。"濑"本读作"老"，与古代僚人习俗有关。县境长度 71.4 公里，集水面积 1049.8 平方公里。

窟窿河，为濑溪河主要支流，源于铁山乡西北村申家沟之多宝河（今为西北水库水域），于宝山乡纳高升河后称窟窿河，东南行至三溪桂花村双河口汇入濑溪河。以河床经水流溶蚀多洞穴得名。全长 39 公里，集水面积 347.3 平方公里。

淮远河，源于玉龙山坳口，东北行至雍溪（纳国梁河）入铜梁旧市坝汇入涪江。县境长度 38.4 公里，集水面积 319 平方公里，除降水外有地下水补给。

大足溪河河谷地貌多为宽谷形态（平缓开阔之一级阶地），少有峡谷形态（两岸陡峭之二级阶地）。濑溪河有两段短小峡谷区：一为天台峡谷（燕尾状源头区），一为鱼箭峡谷（在顺龙乡鱼箭村岩洞）。河床地貌多滩，濑溪河知名河滩有 17 个。河道宽度：濑溪河上段 20～40 米，下段 50 米左右。窟窿河 6～40 米。淮远河 5～30 米。河床比降：濑溪河 1.2‰，窟窿河 1.7‰，淮远河上段 3.1‰，下段 1.1‰。

三、气　候

县境气候属亚热带温暖湿润季风气候，热量较充足，总雨量尚充沛，四季分明，季风气候显著。春季冷空气活动频繁，盛夏伏旱较多，初夏与秋季多绵雨，冬季较暖，霜雪不多。

县境位于东经 105°28′～106°02′，北纬 29°23′～29°52′。一年中太阳高

度角从冬至的 36°55′到夏至的 83°49′，太阳可照时间由冬至的 10 时 31 分到夏至的 13 时 40 分，相差 3 小时零 9 分。四川盆地西有青藏高原，北有秦岭大巴山，东有巫山，南有云贵高原，大足受盆地四周气候影响较大。大气环流，冬季受西伯利亚高压影响，盛行大陆气候；夏季受太平洋高压影响，盛行海洋暖湿气候；春秋两季为大陆气候与海洋气候的过渡季节。

境内气候，民国 26 年 （1937） 始有实测记录，35 年测候所撤销，观测中断（测录资料，县内不存）。解放后气候观测始于 1958 年，其后持续未断。

气温 民国时期部分年县境年均气温 17.9℃。1958—1985 年年均气温 17.2℃，其间气温最高年 18.0℃（1963 年），最低年 16.6℃（1976 年），从 1973 年后气温呈下降趋势。按气候学关于四季划分的标准，县境夏季最长，有 102 天，秋季最短，为 76 天，春季 97 天，冬季 90 天。

日照 县受地形和大气环流影响，云雾较多，日照偏少。1961—1985 年年均日照时数 1314.2 小时，最多年 1966 年 1583.1 小时，最少年 1974 年 1076.5 小时。

雨 县降雨年际变化不大，月际变化较大。按解放后降雨资料，年降雨量相对变率 16%，月相对变率 27% 以上。初夏和秋季冷空气移动缓慢，常有三四次绵雨过程。1958—1985 年年均降雨量 1006.6 毫米，最多年 1965 年 1468 毫米，最少年 1978 年 676.9 毫米。

霜雪 历年无霜期平均 325 天，最多年 1970 年 365 天，最少年 1969 年 287 天。初霜日最早为 11 月 27 日（1975 年），终霜日最晚为 2 月 27 日（1963 年）。霜日多寡按月份依次为 1 月、12 月、2 月、11 月，按地形依次为浅丘带坝、中丘高丘、低山区。1958—1985 年 28 年间，有 23 年下雪，占 82.1%。其中形成积雪 10 年，最大雪深 7 厘米（1977 年）。出现月份早者 11 月，晚者 4 月。

湿度 盆地四周高山环绕，北方冷空气不易进入，水汽难以散失，导致阴霾寡照，湿度较大。年均相对湿度：民国时期（部分年）82.8%，1958—1985 年 82.6%。

蒸发 蒸发量季节间不均，夏季最多，次为春季，冬季最少。年均蒸发量：民国时期（部分年）489.1 毫米，1958—1985 年 803.7 毫米。

大气压 多年平均大气压，12月最高，977.5毫巴。7月最低，950.1毫巴。1～7月逐月递降，8月后逐月递升。

风向风速 民国时期（部分年）不同月份最多风向，1月为北、东北风，2～4月为东风，5～8月为南风，9月为南东、西风，10月为西风，11～12月为北风，全年为东北风。解放后多年平均风向：东北风占13%，风频9%。1～5月东北风风频10%～15%，东风、北风等风频5%～6%，东南偏东风及西南偏南风等风频2%～4%。常年年均风速1.5米/秒。4月风速最大，达7米/秒。年静风频率41%。≥17米/秒的大风，除10月、12月、1月外，各月均有发生，其频率依次为5月18.5%，4月17.3%，余在10%以下。

四、水 文

解放后始有较系统的水文资料，主要来自玉滩水文站。玉滩水文站控制集水面积865平方公里，从1952年起有地表径流实测资料，全县地表径流即以该站实测值计算。历史洪水作过调查，地下水作过粗勘。解放后多年平均水资源总量为54835万立方米，丰水年77902万立方米，平水年50384万立方米，中旱年35835万立方米，大旱年12323万立方米。

地表径流 多年平均地表径流总量54243万立方米，其中境内地表径流深355.9毫米，径流量49478万立方米；入境地表径流深353.2毫米，径流量4765万立方米。

地下水 西山三叠系嘉陵江组地层石灰岩溶洞发育，须家河组有碎屑岩层和煤洞，皆多储水。广大红层丘陵地区，砂岩发育，地层缓斜，露头面积大，利于降水补给，富水性强。县境地下水总量为4174万立方米/年，其中岩溶水1236万立方米/年，碎屑岩孔隙裂隙水730万立方米/年，基岩裂隙水2208万立方米/年。区域分布：低山区2564万立方米/年，丘陵区1100万立方米/年，缓丘平坝510万立方米/年。

五、土 壤

抗战时期县土地陈报处曾进行土质调查，分为油沙泥、黑沙泥、黄泥质、黄砂泥、泥砂土、黄沙土、黄土泥沙、冷沙土、崖沙土九类，绘有土质分布示意图（民国30年《大足概况》）。

解放后遵照全国统一部署进行过两次较大规模土壤调查。1959年有一次群众性的土壤调查，历时二三月，工作较粗糙。1982年组织数十名专业人员作土壤普查，撰写成《大足县土壤调查报告》。土壤受地质结构，地形地貌及种植耕作习惯影响，全县土壤分为四大类，下分6个亚类，14个土属，63个土种，118个变种。

水稻土类 主要分布在丘陵区，次为沿河阶地及低山区。有紫色冲积水稻土、暗紫色水稻土、灰棕紫色水稻土、红棕紫色水稻土、棕紫色水稻土、矿子黄泥水稻土、冷沙黄泥水稻土7个土属，37个土种，70个变种。水稻土面积：自然亩550168亩，占总面积79.88%；测算亩659458亩，占总面积60.25%。

冲积土类 零星分布于3条主要河流沿岸一、二级阶地及河漫滩地。含古眼沙土、泥沙土2个土种，1个变种。冲积土面积：自然亩722亩，占0.10%；测算亩1440亩，占0.13%。

紫色土类 主要分布于间山顶部及两侧，含19个土种，39个变种。紫色土面积：自然亩134109亩，占19.47%；测算亩421601亩，占38.52%。

黄壤土类 分布于低山槽谷两侧山麓，含5个土种，8个变种。黄壤土面积：自然亩3801亩，占0.55%；测算亩12083亩，占1.10%。

六、野生动植物

境内生物资源较为丰富，据不完全统计，植物资源有125科，364个种，动物资源有35科，67个种。此外有水生物资源，应用微生物资源及其病虫害天敌资源。

在西山北麓黑竹林沟、高家山等3处（海拔650米左右），有古生代"活化石"树蕨60余亩，成片稀疏生长。拾万乡福利村洪纸厂正沟有1～3米高的树蕨60余株，1米以下无数。最大一株干高4米，胸围78厘米（直径24.8厘米），冠幅近6米。枝叶似冷蕨，干表面无皮，为层层黑棕色须根紧裹，中心无木质状纤维，呈粉质块状，有浆。常绿，每年换一次枝叶。当尖上新枝叶长出，上年老枝叶逐渐枯死。生长在潮湿的水沟旁或山崖脚，与冷蕨、慈竹、海金沙等共生。树蕨亦名桫椤，有几千万年以上历史，由于在现代气候条件下，无法与新崛起的种子植物相抗衡，幸存数量极少，为国务院首批公布的8种濒绝珍稀植物之一，国家一级重点保护植物。

野生植物 县属亚热阔叶林带，有乔木154种（含人工育苗及引进树种），以松树、柏树、杉树、桐树、樟树、楠树、桉树及苏铁（铁棕）、银杏（白果）、枇杷、广柑、梨树、李树及黄葛树等居多。有夹竹桃、木芙蓉、牛筋条等灌木13种，斑竹、慈竹、毛竹、水竹等竹类3科19种，藤本1科1种（葛藤）。草本有蔷薇、玫瑰、川莓、月季、茉莉等各种花草。据测定常见藻类植物有7门20属32种。中药材类见"农业"。

野生动物 含兽类、鸟类、鱼类、节肢两栖爬行腹行类、常见浮游动物类。家禽家畜、引进禽畜鱼类新种，见"农业"。兽类：昔有南豹、野猪、青羊（山羊）、拱猪，多栖于西山一带，内南豹60年代后未见，其余少见。有南狐（毛狗）、獾（狗獾）、豹猫（野猫）、野兔、山獾（昏子）、黄鼬（黄鼠狼）、"鱼鳅猫"、豪猪、穿山甲、旱獭，栖于低山及丘陵地区，内南狐60年代后未见，余为数大减。褐家鼠、黑线姬鼠、田鼠、黄胸鼠、巢鼠、鼹鼠（地滚子）、蝙蝠，遍及全县。有水獭，栖于溪河，今少见。据载清初宝顶山有虎，清末城东姜家岩有虎白昼伤人，今不见。鸟类：有麻雀、燕子、翠鸟、画眉、相思鸟、斑鸠、大山雀、竹鸡、环颈雉、秧鸡、白脸鹊鸲、鹊鸲、杜鹃、喜鹊、戴胜（鸡冠雀），今常见，有啄木鸟、伯劳、黄鹂、白头鹎（白头翁）、棕头鸦雀、灰头鸦雀、绶带鸟（梁山伯、祝英台）、灰卷尾、夜鹰、鸺鹠（猫头鹰、鬼登科）、长尾蓝雀、白颈鸦、大嘴乌鸦（黑老鸹）、寒鸦（花老鸹）、雀鹰（麻鹞子）、苍鹰、鸢（老鹰），今少见。有白鹭（白鹤）、苍鹭（青庄）、绿头鸭（水鸭子、大麻鸭）、赤麻鸭（火炭鸭），曾消失一时，今复见。鱼类：有鲤鱼、鲫鱼、青鱼、草鱼、鲢鱼、鳙鱼（花鲢）、赤眼鳟（四川华鳊）、红鳍鲌、青梢红鲌、翘嘴红鲌、黑属近红鲌、鲶（连巴郎）、乌鳢（乌棒）、黄鳝、斑鳜（母猪壳）、四川半鲝、银鮈（刁子）、长春鳊（草鳊）、泥鳅等。节肢两栖爬行腹行类：节肢动物有虾、蟹、蚌、蜘蛛、蜈蚣等。软体、环节动物有螺蛳、蚯蚓、蚂蟥等。两栖动物有青蛙、大蟾蜍。爬行动物有龟、鳖、壁虎、蛇蜥（脆蛇）、乌梢蛇、赤链蛇、锦蛇、青蛇、竹叶青、龟壳花蛇（烙铁头）。蛇类60年代后为数日减，近年控制收购有所回升。昆虫类：有蜂、蚁、蚊、蝇、蝴蝶、蜻蜓、螳螂、蝉、蚱蜢、虱、蚤、臭虫、蚕、天牛、萤火虫、蟋蟀等。虱、蚤、臭虫解放前遍及城乡，解放后逐年减少，今已基本不见。常见浮游动物：有原生动物类 12 种，轮虫类 9 种，枝角类 2 种，桡足类 2 种。

七、灾　害

大足自然灾害主要有干旱、洪涝、风雹、寒潮、绵雨、虫灾等，对工农业生产和人民生命财产有较大危害。

干旱　以夏伏旱居多，主要原因是雨量分配不均。自宋代至今有干旱、水灾、风雹、地震 92 例，其中干旱 38 例，发生频率居于首位。解放后县境各点干旱频率（％）：春旱，龙岗 24、登云 40、玉滩 29、龙水湖 8、万古 20、多宝 17。夏旱，龙岗 45、登云 0、玉滩 33、龙水湖 25、万古 27、多宝 45。伏旱，龙岗 72、登云 60、玉滩 57、龙水湖 65、万古 64、多宝 64。

水灾　主要发生在夏秋季节。自宋至今载录 26 例，频率次于干旱。解放后截至 1985 年，发生较大水灾 11 次，其中 5 月 1 次、6 月 3 次、7 月 3 次、8 月 4 次。1981 年 7 月 2 日、4 日接连两次暴雨，有四个区降雨量达 250 毫米以上，内珠溪区 306.5 毫米，铁山区 294 毫米，全县冲毁房屋 4433 间，50 座中小型水库出现险情，死亡 14 人，伤 38 人。

风雹　春夏秋季均有发生，以夏秋居多。据调查，自民国 11 年（1922）至 1981 年 60 年中，县发生冰雹 48 次，每次降雹时间 5～10 分钟，雹粒一般如豌葫豆大小，最大者如鸡蛋。降雹区域主要是中敖区西北部，铁山区西部及珠溪区部分地区。降雹时间比率，4 月 33％，8 月 24％，7 月 20％。由于森林覆盖率下降，降雹频率有加大趋势。

寒潮　据 1958—1985 年 28 年调查统计，寒潮出现于 3～4 月 19 年，占 67.9％，共 30 次（内有 9 年出现 2 次，1966 年出现 3 次）；出现于 9～11 月 5 年，占 17.9％，共 6 次；出现于 12～2 月 14 年，占 50％，共 21 次。春季连续低温阴雨，易造成烂秧。秋季连续低温阴雨，有害晚稻扬花。

绵雨　光绪二十五年（1899）七月初起绵雨，四十余日未见太阳，满田稻谷生芽，形若葱根。撮谷不用畚箕，用手抱入箩筐。担回火烤锅焙，一蕗即碎，一春成粉（《汪茂修笔记》）。民国 34 年（1945）农历八九月间，阴雨连绵二月有余。据 1958—1985 年 28 年统计资料，初夏绵雨出现在五六月间，出现 10 年，占 35.7％，共 11 次。秋绵雨出现 12 年，占

42.9％。初夏绵雨不利小麦收割，容易引起中稻坐蔸。秋绵雨不利秋收秋种及红苕储存。

虫灾　道光三十年（1850）发生一次严重竹蝗灾害。民国年间竹蝗灾害发生6次，民国35年县划为竹蝗区。38年拾万李仁举30亩水稻蝗虫为害，仅收谷7斗。玉龙三村10亩南竹林全被啃光。时西山林地虫口密度，每平方丈达1万余个，林木一片焦黄。解放后为害农作物的害虫，水稻有二化螟、三化螟、大螟、叶蝉、稻飞虱等；旱地有土蚕、红蜘蛛、粟穗螟、蚜虫等。水稻螟虫发生面积，1959年36.5万亩，1963年10万亩，1979年38.5万亩，1984年44万亩。小麦黑穗病1955年发生0.71万亩，锈病1959年4.5万亩，蚜虫1960年8.2万亩，白粉病1979年19万亩，1982年10万亩。

第二节　人　　口

汉及两晋南北朝时期，今县境多僚人，夷汉杂处，唐宋时期仍有僚人活动见载。初唐"税丁不税田"的赋税政策，中唐的僚人骚乱以及晚唐韦君靖招安户口保境安民，是唐代县境人口消长流徙的三大因素。宋代长治久安，人口繁盛，密度超过渝州（今重庆）。由唐至宋迭次朝代更替，大足地区皆未被战祸，人口正常。元灭宋，清替明，皆战乱延续多年，人口锐减。初唐、晚唐、两宋、清中叶人口的兴盛，都带来社会和经济的繁荣，而民国时期尤其是解放后人口的过快增长，则对社会经济发展起着牵制和阻碍作用。这表明人口需要有一个适当比例，过多过少都不利于社会经济的发展。

综观一千多年来大足人口兴衰发展历程，由乾元元年（758）建县到唐末人口上万经历100多年。继后至清道光年间上10万，历时900多年。此后上20万（光绪初年）约30多年，上30万（光绪末年）近30年，上40万（民国24年）为20多年，上50万（1953）为28年，上60万（1969）为16年，上70万（1973）仅4年。这一人口发展进程，表明古代社会人口发展的艰难，也说明现代社会实行计划生育的重要性和迫切性。

一、人口消长

唐初定租庸调之法，"税丁而不税田"，民多向人稀土沃地区流徙。沿"大足川"（即濑溪河）"侨户辐辏"，人口日增，为乾元元年（758）建置大足县打下人口基础。大历六年（771）昌州治所"为狂贼张朝等所焚"，州县俱废。大历十年复置州县"以镇押夷僚"。此间民族关系紧张，人口或进或出流徙不断。唐末黄巢起义席卷中原，巴蜀震动。昌元县令韦君靖在大足招徕户口，建寨屯军，一时人口大增。历两蜀至两宋，昌州地区长期偏安，经济繁荣，客户流入。至宋崇宁元年（1102）大足人口当有四五万人。南宋末年宋蒙战争持续数十年，大足人口锐减，元定蜀后终因人烟稀少而撤州裁县。

明代人口渐有复苏，由于赋役沉重，增长滞缓，明代大足编户37里（缺人口数据资料），人口数量大致恢复到宋崇宁时期水平。明末清初战乱时间更长，刀兵、饥荒、瘟疫三灾并行，大足人口再次锐减，人烟几绝，"止逃存一二姓，余无孑遗"。

自康熙朝推行"湖广移民实川"，继而实施"滋生人丁，永不加赋"，"摊丁入亩"的赋税政策，鼓励繁衍人口。及至乾隆年间引入番苕，粮食大增，更对人口发展起了促进作用，到嘉庆十六年（1811）编审26411户，98549丁口（男51865丁，女46684口）。道光年间（1821—1850）为33793户，117561丁口（男60855丁，女56706口）。光绪元年（1875）为44490户，203510人（男122714人，女80796人）。宣统三年（1911）为362051人（男194856人，女167195人）。

民国成立，县境未发生战事，人口无大变化。民国元年（1912）查报正附户丁口：总户数67927户，总人口365219人，男224721人，女140498人。未久军阀混战，社会动荡，匪乱滋生，地方糜烂，人口负增长。民国15年查报总户数51025户，总人口330587人，男170213人，女160374人。24年第三区巡视员视察报告载：总户数86493户，总人口442354人，男245164人，女197190人。38年总户数100613户，总人口463485人，男242680人，女220805人。

1949年冬，人民解放军进军西南，战事迅疾，大足和平解放，人口亦未受影响。此后社会安定，人民乐业，经济获得恢复与发展，人口迅速增长。1950年总人口467688人，比上年增长9.07‰。1953年6月30日第一次人口普查，总人口达504523人（当时公布为489589人），突破50万大关。1953—1958年每年增长人口上万，年均增长24.38‰，形成解放后人口发展的第一个高峰。1958 年"大跃进",导致国民经济严重失调,人民生活困难,人口增长发生逆向变化。1959 年总人口比上年减少 8057 人,出现负增长。1961 年总人口回跌为 485964 人。1959—1962 年 4 年间减少人口 90306 人,成为解放后大足人口起伏的一大低谷。1962 年国家调整国民经济取得成效,1963 年人口负增长态势停止,总人口比上年增加 15443 人。1964 年 7 月第二次人口普查总人口为 518913 人(公布为 504640 人),回升到 50 万以上。从 1964 年开始,年增人口上 2 万,形成补偿性生育高峰。1969 年总人口达 617283 人,跃上 60 万大关。1973 年总人口 708003 人,突破 70 万大关。1963—1973 年 11 年间,人口年均增长率达 36.75‰,形成解放后第二个人口发展高峰。1972 年计划生育工作全面展开,至 1974 年人口增长速度开始得到控制,年增长幅度回跌到 2 万以下。1982 年 7 月第三次人口普查总人口为 776690 人,1985 年总人口 798281 人。1974—1985 年 12 年间,年均增加人口 7523 人,年均增长率 10.05‰。1950—1985 年 36 年间,年均增加 9300 人,年均增长率 15.22‰。

二、出生死亡

民国时期妇女生育率较高,婚配率较低,使生育率有所抵消。由于疾病、饥荒、战争连绵交加,死亡较高,婴儿死亡率尤甚。初生婴儿死亡有时未作死亡统计,死亡统计数据往往低于实际。

据载民国 5 年(1916)出生 4813 人(男 2775 人,女 2038 人),出生率 12.87‰;死亡 5375 人,死亡率 14.37‰。其中死产 2197 人,占出生人数 45.65%,女婴死亡率 65.65%,男婴死亡率 30.95%,女婴高于男婴。27 年、33 年出生率据载分别为 5.9‰、4.4‰,死亡率分别为 5.91‰、2.98‰,所载均明显偏低。

解放后婚配率提高,生活改善,人口出生率上升,死亡率下降。1950—1985 年 36 年间出生 586331 人,年均出生 16287 人。年均出生率 26.24‰。年出生人数最多年是 1971 年(29099 人),最少年是 1961 年(6153 人)。年出生率最高年是 1964 年(53.7‰),最低年是 1980 年(8.35‰)。36 年间共死亡 233538 人,年均死亡 6487 人,年均死亡率 10.48‰,比年均出生率低 60.03‰。年死亡人数最多是 1961 年(50044 人),最少是 1955 年(3277

人）。死亡率最高也是 1961 年（102.98‰），最低是 1981 年（5.52‰）。按出生率死亡率的升降变化，可划分为四个时期：1950—1957 年，年均出生率 25.98‰，死亡率 8.09‰；1958—1962 年，年均出生率 17.99‰，死亡率 32.15‰；1963—1972 年，年均出生率 45.49‰，死亡率 9.50‰；1973—1985 年，年均出生率 17.96‰，死亡率 6.46‰。

三、人口流动

明以前县人口流动情况失载。明末清初烽火连绵，人多死于战乱，也有一部分人避地遵义。康熙朝两次诏令湖广（指湖南、湖北，明为湖广省，清康熙初年分成两省）等省移民实川，以恢复巴蜀社会经济，史称"湖广移民"，俗称"湖广填四川"。此次湖广移民是四川有史以来规模最大的一次人口流动，影响极为深远。

康熙初年即有少量湖广流民避地大足，随后不断有湖广移民奉诏来川落户大足，康熙三十年（1691）后形成高潮，直至乾隆中期仍有移民徙足，前后经历百年左右。

徙足移民有举家同迁，有父留子迁，有兄弟昆仲半留半迁，亦有夫留原籍而由妻率子女徙足者。有由川内他处择地辗转来足，有徙足后又移居安岳，亦有少数重返湖广定居者。早期移民皆插杖为业，后来移民有以些许钱物调换田土，有由先期移民转让产业。据载民国初年有移民会馆 56 所，有川籍会馆 7 所。按会馆所属省籍，清初徙足移民分别来自湖南、湖北、江西、广东、贵州、广西、福建等省，以湖南湖北最多。明代大足土著户今仅发现六姓：邮亭乡之胡姓，明星乡之廖姓，城南乡之鄢姓，曲水乡之韦姓，雍溪乡之丁姓彭姓。胡、廖、丁姓均于明末避乱贵州，康熙年复业大足。

民国年间战乱不止，社会动荡，人口流动性大，流出多于流入。人口流动除正常迁出迁入外，主要有征兵、躲避壮丁、他往外出（他县、他省、他国）、来县暂住（寄居寺庙会馆）等原因。解放后社会安定，户口管理较严，较长一段时间人口少有流动。只有三个时期人口流动较多：一是解放初期，结束动乱局面，大量外出人口返回故里。二是三年国民经济困难时期一部分人外出谋生。三是 80 年代改革开放以后，外出经商打工者日益增多。经常性人口流动，主要有参军退伍、升学分配、招工招干、职工调动、企事业单位迁入搬出等因素。非经常性因素有 1962 年前后的精简职工，"文革"期间的城镇知青上山下乡。据统计解放后每年迁入迁出多在万人以上。1962 年大精简，县外职工下放回县和本县职工放回外县原籍均多，全年迁入 17993 人，迁出 20277 人。

四、姓氏、婚姻、民族

姓氏 张澍《蜀典》谓大足昔有勾龙、雄、阁、基、廉、待、空、但、崖等姓氏，嘉庆年间张澍署理大足时已不见这些姓氏。据族谱载，湖广移民迁足后有改变姓氏的情况。康熙二十七年多宝王永久（明末官宦）恩放家丁王明环（由宦地携侍来足）自立门户，更姓易名马大敬。天台罗氏始祖罗仲连，江西人，徙足前入赘唐家易姓唐。乾隆年修谱视为异姓乱宗，谱定八世后复姓罗氏，不得再称唐姓。据调查 1985 年底全县有汉姓 398 姓，内单姓 395 姓，复姓 3 姓。复姓"欧阳"本县多自行简约为"欧"，"令狐"多自行简约为"盒"。有少数民族姓氏（姓与名不分）19 个：山射维、木色、扎札乙甲、车拉初、尼西、四郎太湾、四郎拥宗、布依、批村、良苏藏改、毕毕、泽仁、顶珍、春花、益西、格勇、落绒轻中、裕松菊、藏格。在姓氏调查中，发现户籍误写 46 姓，其中同音近音误写 33 姓，如顾作雇，屈作族，何作禾等；随意简化致误 7 姓，如谭作诳，梁作刃，龚作共等；错改致误 4 姓，如管作菅，奚作溪，樊作攀等；妄自臆造 2 姓，即马作偶，裴作裹。

婚姻 清初湖广移民远离故土祖籍，绝嗣断后难以从同宗故族过继子嗣，不得已抱养异姓亲故以延香火。也有夫亡改嫁，身孕过堂，造成血系易姓。凡类此情况族规不得通婚。今发现异姓间世不通婚者，有韦宋柏、唐马、甘明、秦唐、王胡诸姓。多宝王氏族谱载：时值人烟稀少，康熙诏旨天下，勿许停留少妇。一世祖妣张氏因此改嫁胡国仲作室，身孕过堂，生子胡玉璋，故议王胡二姓永不通婚。早婚、纳妾、守寡、童养媳等封建习俗，至民国时期仍较流行。据城东乡 20 名 60 岁以上妇女婚龄调查，结婚年龄 20 岁者 3 人，19 岁者 4 人，18 岁者 4 人，17 岁者 1 人，16 岁者 3 人，15 岁者 2 人，12 岁以下童养媳 3 人。从一些族谱所见，婚后无嗣纳妾者较多，有嗣纳妾者也有。纳妾较多的典型，一是东关官宦地主黄庆云，有妻妾 7 人，一是玉龙杨锡卿，开煤窑碗厂置买田地发家，先后娶妻妾 12 人，长随者 8 人。

蔡氏谱载守寡者9人，鳏居者43人。廖氏谱族规之十"谨婚娶"写道："上承宗祧，下启后裔，人伦所首重，不可不谨也。故朱子云，娶妻求淑女，勿计厚奁，嫁女择佳婿，勿索重聘，此言所包者广也。"曲水韦氏族谱"家训"十二条之——"正婚姻"写道："婚期不可太早，然亦不可过迟，除同姓不婚外，世俗有姑舅姨表开亲者，吾族不得混随流俗，互相婚嫁，致干例禁。"这类有关婚姻的族规都是比较开明可取的。据民国元年（1912）已婚、未婚调查。30岁以上已婚率52.22%，未婚率47.78%。30岁以下成年人已婚率59.67%，未婚率40.33%。1950年颁行婚姻法，实行一夫一妻制，废止纳妾、童养媳及寡妇守节等封建礼教，自由恋爱结婚形成风气，包办婚姻大减，寡妇改嫁日多，不婚率降低。1982年第三次人口普查，15岁以上婚配率98%，不婚率2%。

民族 县境隋唐以前夷汉杂处，僚人岩墓遗存至今甚多。唐宋以后相互融合逐步汉化。《太平寰宇记》称昌州"有夏风，有僚风"。宋代大足有僚母城、濑婆溪、铜鼓山等地名，均与僚人有渊源关系。宋以后县境居民基本上都是汉族。解放后不断有少量少数民族迁入，至1985年有回、藏、壮、维吾尔等15个少数民族共80人，内男性15人，女性65人。迁入原因：婚姻关系66人，工作调动7人，随母少儿幼女7人。

五、计划生育

县于民国年间已有"人满为患"之叹。解放后36年间，年均出生率26.24‰，年均死亡率10.48‰，年均自然增长率16.34‰，"人口问题日益突出。人均占有耕地不断缩小（1949年为2.06亩，1952年为1.81亩，1985年为0.86亩），人口状况和国民经济发展的矛盾越来越大，实行计划生育控制人口增长，已经到了刻不容缓势在必行的地步。

工作进程 大致经历四个阶段：50年代为倡导阶段，作了一些晚婚和节制生育的宣传。1958年县曾成立节制生育委员会。1959年进入"三年困难时期"，人口负增长，节制生育宣传停止。1962—1966年为试行推广阶段。1962年经过调整，国民经济复苏，人民生活好转，人口由负增长转变为增长。1963年省民政厅发出积极宣传计划生育提倡晚婚做好婚姻登记工作的意见，县委成立计划生育领导小组，通过宣传推行结扎输精管、安环、药物避孕等措施。1964年出现补偿性生育高峰。1966年县委贯彻中央关于计划生育的批示，拟定节制生育工作计划，旋因开展"文革"，计划生育工作停顿。1972—1978年为全面开展阶段。1971年国务院批转卫生部军管会等几个部门关于做好计划生育工作的报告，提出"一个不少，两个正好，三个多了"的生育政策。是年县成立计划生育委员会，下设办公室，县委把计划生育工作纳入议事日程。1973年按国务院指示人口计划纳入国民经济计划。次年贯彻落实中央"晚、稀、少"的计划生育要求，全县培训计划生育宣传员21000多名，深入基层开展宣传，全县男扎女扎安环16501人。1975年组织常年性专业手术队，农闲大抓，农忙不停。1977年开始抓一队（计划生育手术队）、一网（宣传员网）建设。1978年贯彻执行中央"两种生产"一齐抓的指示，11个区镇计划生育率达80％以上者8个，70％～79％的3个。1979—1985年为深入发展不断完善阶段。1979年中央提出"晚婚、晚育、少生、优生"要求，提倡只生一个孩子。当年节育率达94.53％。全县一孩夫妇12322对，领独生子女证11007对。次年党中央发出公开信，号召一对夫妇只生一个孩子。1981年开展独生子女光荣的宣传，颁发独生子女证。县计划生育委员会办公室更名县计划生育办公室，纳入县府直属编制序列。1982年中央提出照顾生二胎的政策。1983年提出"三为主"（宣传教育为主，避孕节育为主，经常工作为主）工作方针。县计划生育办公室更名县计划生育委员会。1984年中央下达7号文件，要求进一步完善计划生育政策。省上下文扩大农村照顾生二胎的面。重庆市下达照顾生二胎的补充规定。1985年全县落实节育补救措施11588人。

政策措施 主要是晚婚和节育。1979年县府制订关于计划生育若干问题的试行规定，提出晚婚年龄：农村，男满25周岁，女满23周岁；城镇，男满26周岁，女满24周岁。当年晚婚率99.09％。1980年新婚姻法公布，法定男满22岁，女满20岁为结婚年龄。1981年晚婚率降为76.65％。是年县委规定农村男女青年达到晚婚年龄结婚者，奖给工分并延长婚假。而晚婚率仍不断下降，至1985年降为17.44％。节制生育，先后采取过控制多胎，控制无计划生育，实行"晚稀少"及提倡一对夫妇只生一个孩子等措施。1972年按省委指示，免费供应各种避孕药品。1979年按上级指示，奖励只生一个孩子的夫妇，对生育3胎和3胎以上者实行纪律处分或经济制裁。当年一胎率 50.2%，二胎率 33.4%，多胎率 16.4%。出生率 13.26‰。1985年一胎率 79.6%，二胎率 19.8%，多胎率 0.6%。出生率 14.23‰。

效果 县自 70 年代计划生育工作全面开展以来，人口出生率下降，儿童体质提高，成效显著。以计划生育工作全面展开的 1972 年为界，划分前后两个时期，人口出生率差别较大。年均出生率，1950—1971 年为 32.36‰，1972—1985 年为 19.65‰，下降 12.71‰。年均自然增长率，1950—1971 年为 26.69‰，1972—1985 年为 13.03‰，下降 13.66‰。以出生率下降幅度计算，1972—1985 年少出生 139430 人；按自然增长率下降幅度计算，1972—1985 年少出生 148672 人。据县妇幼保健所 1982 和 1985 年两个年度儿童体质对比调查，体重达标率由 53% 升为 63.75%，身长达标率由 25% 升为 55.17%，营养性贫血由 83.79% 降为 52.02%，佝偻病患者由 15.32% 降为 4.6%。

（本例文选自《大足县志》，重庆市大足县地方志编纂委员会编，李传授主编，方志出版社 1999 年 10 月版）

例文 12：村志

东良庄村志

（节选）

目 录

序

修志编史，鉴古知今，以史为镜，明辨得失。盛世修志，探索规律，功在当代，泽及后人。这是中华民族的优良传统，具有传承文明，造福后代的历史作用。

《东良庄村志》经过编纂者艰苦的修编历程，即将付梓问世。她以翔实的资料，严谨的构思，流畅的文笔，勾勒出一幅浓缩的乡村画卷，记录了在中国共产党的领导下，东良庄70年来翻天覆地的变化。全书涵盖了政治经济文化风俗等方面，并突出中华人民共和国成立以来机构改革经济建设自然风貌风俗习惯文化教育的历史变迁。体现了"薄古厚今，古为今用，引经据典，印证历史，广采博录，拾零整合，漫笔纵横"，力求做到"公正客观真实全面"。

东良庄东临京广线和国道，南依泥河故道，北邻石羊沟，西靠太行山和京广高铁，特殊的地理位置给村民带来赖以生存的优越条件，丰厚的民族传统文化底蕴，给村庄增添了诸多光彩。特别是近十几年来，村民的思想意识，农业生产，水利建设，民房改造，新区建设，村容村貌，文化教育，医疗卫生，交通运输等，发生了巨大变化，取得了长足发展。这是该村在上级党委和政府富民强县政策的指导下，村两委班子同心协力，艰苦奋斗的结果。《东良庄村志》不仅记述了当代农村社会发展的轨迹，赋予我们丰富的史料，更多的是历史的启迪和时代的鞭策，堪称"昨天的记录，今天的镜子，明天的佐证。"

《东良庄村志》内容丰富，体例编排科学，类目设置合理，资料翔实可靠，行文规范流畅，图文并茂，雅俗共赏，体现了较高的编纂水准，它凝聚着一批编纂者的无数心血。无论是查阅资料，史海钩沉，还是调查走访，抑或伏案书写，胪列明细，他们呕心沥血，淡泊名利，其心可鉴，其情可嘉，其精神与本书共存。

贯穿古今，阅尽沧桑，跨越世纪，共创辉煌。《东良庄村志》编成之际，编委会嘱我写序，深感荣幸，略陈管见，以为序言。

×××

××××年×月×日

凡　例

一、指导思想和基本原则。坚持以马克思列宁主义、毛泽东思想、邓小平理论、"三个代表"重要思想、科学发展观和习近平新时代中国特色社会主义思想为指导，坚持辩证唯物主义和历史唯物主义的立场观点和方法，立足实际，实事求是，坚持思想性资料性科学性有机统一的原则，全面客观反映东良庄村的自然政治经济文化和社会等方面的历史与现状，存真求实，通鉴后世，为同步全面建设小康社会服务。

二、时空范围。本志是东良庄村有史以来第一部志书，其上限起于事物的发端，下限止于年月。以东良庄村境域为记述范围，越境越级不书。

三、体裁。采用述记志传图表录索引等体裁，以志为主。使用规范现代语体文记述，在专志的部分地方略有评述。综述提纲挈领，综合东良庄村情，突出主线。

四、章节编排。全书以彩页序凡例综述大事记专志后记依次排列。专志分门别类，横排竖写，采用章节体层级，附文置章节后。

五、人物入志。坚持生不立传。入志人物，均以在本地或本地在外有一定贡献和影响（特殊技艺）的人物为标准。在人物传人物简介人物表以外记述人物，以事系人，人随事出。

六、数字用法。凡表示数量的用阿拉伯数字。农历用汉字数字。年代的使用，民国以前的中国朝代年号用汉字数字表示，用括号注明公元纪年；民国时期采用阿拉伯数字表述年号，用括号注明公元纪年；年月日，中华人民共和国成立，此前称中华人民共和国成立前，此后称中华人民共和国成立后。

七、人地称谓。采用第三人称记述，政区地名及组织机构均为当时名称（用括号注明简称或今名）。人名，直书全称，第一次出现时必须记述职务者，职务在前，姓名在后。

八、资料来源。资料来自调查座谈走访县和乡及其东良庄村档案资料党史资料地方志书统计资料报刊杂志家谱以及石碑资料家庭成员及个人提供等，入志时均已考证，一般不注明出处。

概　述

　　东良庄地处古老的泥河流域北侧，石羊沟之南侧，村东紧靠京广线和107国道，位居高邑县城西北方，距县城8华里，距乡驻地5华里，交通十分便利。到2016年末，全村共488户，人口2444人，共有16个不同姓氏。村有耕地2400亩，地层以黄色为主的亚砂土、亚黏土夹沙堆积，富含钙镁，夹沙砾层，厚度为40～50米，土地平坦肥沃，环境优美，水利条件优越，物产丰富，民风淳厚。

　　据考证，东良庄于明代永乐年间初建村庄，始叫武梁家庄，村民以武、郝、柴姓来此定居最早，以后陆续迁来10多姓。

　　东良庄村自古以来人杰地灵，民风淳朴，团结亲密，尤以尊师重教、贤孝诚信为美德，艰苦创业，力求发展。解放前，村民长期处于封闭的自给自足的小农经济状态中，崇尚"安于耕稼"，影响了经济的发展。中华人民共和国成立后，在中国共产党的领导下，自力更生，奋发图强，战胜了严重的自然灾害，度过了三年困难时期，粮食产量连年增长，农业生产有了较大的推进和改革。特别是改革开放以来，这个古老的村庄焕发了勃勃生机，村民在"两委"班子的带领下，齐心协力，大干快上，以科技兴村，大搞科学种田，修建了蔬菜大棚，建立了农业合作社，全村2000多亩耕地全部实行土地流转，农业现代化、机械化程度逐年提高，打造了大农业产业化格局。

　　村"两委"班子在抓好农业生产的同时，把工副业作为重中之重来抓。先后建起了粉房、制镜社、骨灰盒厂、化工厂、粉丝厂，产品远销20多个省市自治区。

　　手工业、铸造业是东良庄一大亮点，打戒指、做耳环、项链在全高邑县首屈一指。铸铝锅、铝盆发展最早，质量上乘，受到村民的欢迎。

　　党的富民政策深入人心，村民因地制宜建起了养鸡场、养猪场、养貂厂、养鹌鹑、养鸵鸟等养殖业空前发展。

　　村民的文化生活丰富多彩，跳广场舞、打钱杆，猜灯谜，成立了老年协会、开办了书画展，还把每年的4月20日定为"香椿节"，通过品尝香椿的独特美味，共享盛世之乐。

2013 年，东良庄两委班子把加强新农村基础建设作为建设社会主义新农村的重点工程来抓，兴建了良庄新村，开发居民新区，全村 488 户都可入住新民居，村容村貌有了日新月异的变化，村民生活幸福指数逐年提升，村领导班子跨入全县先进行列。

目前，东良庄正在以习近平同志为核心的党中央领导下，继续坚持"以经济建设为中心"，培育和践行"社会主义核心价值观"，艰苦奋斗，埋头苦干，拼搏向上，决心把东良庄建成更加美好、更加富裕、更加和谐的新农村。

后　记

　　中国共产党十八大以来，以习近平同志为核心的党中央，与时俱进地提出了弘扬"社会主义核心价值观"的 24 字方针，把社会主义文化大发展、大繁荣写进党的十八大报告。盛世开启，社会和谐，东良庄村上自村两委班子领导，下至广大村民，都希望编修一本《东良庄村志》，借以追叙村史，回顾历程，昭示后人，展望前程。村支部、村委会应上级指示和广大村民之呼吁，成立专门村志编写小组，启动了《东良庄村志》的编纂工作。

　　村志编纂是一项前所未有的宏大工程，涵盖村中方方面面，既不可浅尝辄止，又不可随意杜撰。村两委班子下定决心，不修则已，修则以精品问世。

　　2016 年 9 月至 2017 年 8 月，在长达一年的时间里，村支部书记冯俊杰和成员郝增谦，多次召开编辑人员会议，就体例、语言、结构、资料、照片、封面等反复进行研讨，力求改一次丰富一次，改一次详尽一次。经过上上下下反复修改、推敲，截至 2017 年 8 月基本定稿。在长达一年的编修过程中，全村父老乡亲热情支持，通力配合；村两委老干部、老党员认真回忆，积极提供资料；在县担任副科级以上领导干部积极参与，出谋划策。全村众志成城，通力协作在编修《东良庄村志》过程中得到了充分的体现。

　　由于村级没有系统的、完整的档案资料，更没有像样的文字记载，志书中大部分材料仅凭老龄村民世代传说，口头相传，还有许多口述资料由于只言片语，形不成系统材料，再加上知情人大多辞世，难于考证，所以尽管编辑人员广搜遍罗，力求厚重，但浅显、粗疏难免，酿成遗憾。

　　事非经过不知难。在谋划、发动、调查、采访、编辑、修改、审稿、拍照、稿排、设计等过程中，方方面面遇到了始料不及的曲折和困难。由于资料欠缺，时间紧迫，编辑人员水平低下，书中错讹谬误俯拾可见，望志士同仁、知情人士纠错挑刺，不吝赐教，以供续修时力求完美。

　　村志出版，编委会对所有给予帮助、支持的各级领导、父老乡亲、史志文化界专业人士表示衷心的感谢！

《东良庄村志》编委会

　　（本例文由《东良庄村志》常务主编赵增贤同志提供）

第三章　传　记

　　传记是专门记叙人物生平事迹的一类文体，又叫人物传记。我国传记写作的历史源远流长，初具传记雏形的文章早在先秦的《左传》《国语》《战国策》中就已出现，不少篇章在叙述历史事件时，也生动地记述了历史人物的言语和行动，出现了相当性格化的人物形象。到了西汉司马迁《史记》的出现，则标志着我国第一批真正意义的人物传记的产生。《史记》中一篇篇深入细致描绘人物言行的"本纪""世家""列传"，既是以人物活动为中心的史家"实录"，又是古代人物传记的典范之作。从此，漫漫历史长河中，出现在正史中的史传作品与民间流传的杂体传记交相辉映，为后人留下了弥足珍贵的大量历史人物的生动传记。新时期我国十分重视传记的写作，各大单位专门组织写作班子，进行系列传记的写作，如党史人物传、将领传、英模传等。

　　传记文体常以一个人物为叙述对象，也可以写与某人相关的一个群体。这类文体的主要表达方式是记叙，同时也可以用具体生动的描写手法刻画人物，有些传记中作者也在记叙人物事迹的基础上发表自己的评价、议论。

一、传记的作用

　　传记有着极为重要的历史价值和现实价值。

　　首先，传记有着突出的史料价值。它生动逼真地展示了传主生活时代的政治经济、思想文化、军事外交、风俗人情等各方面的真实画面，人们通过传记可以得到许多正史难以提供的珍贵史料。因而系统、深入地研究历史不可忽视传记的这一作用。

　　其次，传记有着深刻的认识价值。一篇篇传记通过论述传主的人生历程，总要揭示历史发展的一定规律，传主人生道路的兴衰成败、坎坷经历，往往会给后人提供经邦治国、为人处世等多方面的有益借鉴。可以说，好的传记如同生动的人生教科书，对于人们，尤其是青少年有着重要的启迪作用。

最后，传记是文学艺术创作的丰富宝库。传记注重写人，注重人物的细节描写，注重人物个性化的语言，同时传记往往展示了传主时代的全景式社会画面，因而传记本身就可以带给人们一定的艺术熏陶，而且也为以历史人物为题材的文学戏剧、影视艺术创作准备了丰厚、翔实的素材和资料。从某种意义上说，传记写作是文学艺术创作的原料聚合过程。

二、传记的种类

依据传记作者的不同及传记篇幅的长短，通常人们把这类文体分为传、小传、自传和评传几种。

（一）传

传又称全传或本传，是比较全面地、篇幅较长地记叙他人生平事迹的传记。传是传记的正宗，是传记体裁中最古老的一种。传的突出特点在于它在宏大的社会历史背景上，对传主的生平事迹、成长过程、思想发展特点，做出的成就及对当时和后世形成的深远影响都有较为详尽的叙述，同时对传主生活时代的社会背景、传主的家庭情况，对传主思想行为形成影响的人物事件等都有较为全面的介绍。写传时要尽可能全面地搜集有关材料，深入系统地分析研究传主的生平，从中找出传主思想行为的本质特征，以此为前提形成全传的主题思想，进而厘清全传的脉络，安排全文的结构与材料的归属。

（二）小传

小传是简略记述他人生平事迹的传记。小传的篇幅不一定短小，在记述内容上它往往抓住传主生平经历中的重大事件、突出成就有选择地展开叙写，从而使读者对传主的全貌有一个概括、全面而又简约的了解，所以写好小传的关键还在于作者对传主思想品德、性格特点的深入研究和准确把握，在于对传主材料的取舍。写作小传虽然记述重点集中于几件典型事件上，但也应对人物的生卒时间、出生地点、家庭背景、社会环境、经历变迁等重要内容有简要的叙述，小传不可写成人物小故事或传记体小说。

(三) 自传

自传是自述生平的传记。作者把自己一生的主要经历系统而又有重点地记述下来，以总结回顾自己走过的生活道路，这就是自传。根据写作的不同用途，自传的篇幅和记叙内容可以有所不同。短的自传字数可少至数十数百言，有的还可像表格中的简历那样简略，内容上可将重点放在自己的思想和行动上，甚至也可选取自己生平的几件典型事件去写；长的自传可达数十万言，内容可包括自己经历的不同时期的时代背景、所处的社会环境、翔实的生平事迹及思想发展的过程。

(四) 评传

评传是全面介绍、研究、评论人物的思想、生活、业绩和影响的传记。评传在记述人物生平的同时，用更多的笔墨分析、评价和探讨人物的思想状况和生活历程、评价其思想行为对社会和历史形成的影响。写作评传要史论结合，以史带论，或以论述史，相辅相成，脉络清晰，评论时要力求有独特的见解和观点，避免老生常谈，人云亦云。

三、传记的结构

传记结构有的以时间先后为顺序，有的以空间转换为顺序，还有的以作者的认识发展为顺序，采用时间顺序为多。但无论采取哪种形式，同类型传记的结构大致相同。

传记分为书册型和文章型。书册型传记由书名、序言或前言、目录、正文和后记构成。文章型传记录由标题、署名和正文组成。

(一) 标题

标题一般由人名和文种构成，如《雷锋小传》。有的标题就体现了评价性，如《叶剑英同志伟大光辉的一生》。

(二) 正文

一般由前言、主体、结尾三个部分构成。

1.前言。根据传记的不同类型来决定不同的写法。自传一般写姓名、出生年代、籍贯、家庭、政治面貌，以及现任职务等。其他传记的前言除写上述情况外，还加上对人物作的总结介绍。

2. 主体。按时间先后顺序，或者按事情性质归类，对人物生平事迹依次叙写。内容的安排也视传记类型而异，或者记叙在先，评论在后，或者夹叙夹评。主体部分是传记的重要的、核心的部分，要求写得具体、充实。

3. 结尾。或者突出强调某些问题，或者补充交代某些问题，或者总结全文、概括功过。

四、传记写作的要求

（一）要广泛地搜集素材，深入系统地分析掌握材料

"巧妇难为无米之炊"，离开全面翔实的具体材料，即使文章高手也难以写出准确再现传主风貌的人物传记。要写出一部真实准确而又生动感人的传记，全面广泛地搜集记述传主生平、思想、行为的各类材料是个重要的前提。要尽可能地通过调查访问，实地查询广征博采第一手的素材，同时也要尽可能多地阅读有关的文章记述、书面材料。搜集传记素材，不能仅局限于搜集传主的材料，还要了解传主周围的人和事，研究传主生活的时代特征和具体的社会环境，掌握相关的背景材料，是写好人物传记的先决条件之一。传记不等于史料，不是纯客观的生平记录，因而在广泛搜集、掌握了大量写作素材后，就要运用辩证唯物主义和历史唯物主义的立场、观点和方法对已掌握的材料进行深入、系统的分析和研究，进而确定传记的思想主题，并以之为主线处理与组织材料，这样写出的传记才能主题鲜明，评价中肯，褒贬得当，传记才有灵魂，也才能较为准确地记录传主的人生经历。因此，对材料进行科学的分析、深入的研究也是写好传记不可忽视的关键环节。

（二）坚持实事求是的原则，不溢美，不隐恶

实事求是是我党一贯倡导的原则，也是优秀传记写作的优良传统。传记写作中对传主生平事迹的记述一定要真实准确，传记中涉及的时间、地点、人物、事件都要认真核对，力求准确，尤其是那些体现传主的思想倾向、对传主的人生轨迹有重大影响的关键细节，更要反复斟酌、准确记述，事情本来是什么样子就是什么样子，不夸大，不缩小，更不能为了传记的曲折离奇而添枝加叶地随意编造。不溢美，就是传主有什么优点、功绩，有几分就写

几分；不隐恶，就是传主有什么缺点、过错，有几分就讲几分。真实性是传记的生命力所在，也是赢得读者信任的前提。如果作者只是为了吸引读者而改变传主的本来经历，就有可能动摇全篇传记的价值，人们就有理由因为一个细节的虚假，怀疑整篇传记的真实性。

要准确体现实事求是原则，还要处理好传记的材料与主题思想，以及作者的思想倾向的关系，要在深入研究传主的材料的基础上，准确体会什么是传主思想的本质核心，传主的主要性格特征是什么，贯穿传主人生轨迹的主要活动是哪些？然后选取那些与之相关的事件和情节来叙述，传记的主题、作者的思想倾向要通过符合传主面目的准确叙述来体现。

（三）力求写出经验教训，启迪教育后人

传记有着重要的"人生教科书"作用，人们阅读传记，一方面是为了了解历史，另一方面也是为了从传主的人生道路中体会历史发展的某种规律，领悟有益的经验教训。因此，传记就要在准确勾勒传主人生轨迹的前提下，通过材料的取舍、情节的安排，从客观的记述中传达给读者一定的道理。但这种经验教训的揭示不能用说教的口气干巴巴地讲出来，"理不直指，情不显出"，寓理于叙事之中，让读者自己去体会和品味，这样才能更大程度地让读者接受。总之，体现和揭示历史、人生的经验教训，传记的社会价值才能更充分地发挥作用。

五、传记与相关文体的区别

（一）传记与历史著作的区别

传记不是凡事必录的账本、流年枯燥的记事簿，也不是考证往事的谱牒杂记、兼具史地的方志。传记是记录人物生平事迹、刻画人物个性形象，能给人以感染和熏陶的文章，它虽然不是文学作品，但毕竟可以使用文学创作手法。

（二）传记与历史小说的区别

这二者都处于历史和文学的交叉点上，都有文学的形象性、典型性。但是二者还是有明显的区别的。传记要求实录，完全真人真事，而历史小说

（包括自传小说）则允许虚构，根据情节发展的需要，时间、地点都可以变动，有些事情甚至可以张冠李戴，移花接木。因为前者属于纪实类，后者属于小说范畴。

（三）传记与报告文学的区别

报告文学有明显的新闻性，要按照"新近发生的事实的报道"要求去选材和写作，它植根于现实的土壤里，虽然免不了要写历史，写过去，但那是作为背景，作为映衬和铺垫。而传记却是在记忆和历史的长河里筛选出来的事实。报告文学写的是今天的现实，而传记写的是昨天或前天的历史。

例文 13：传

王成斌传

王成斌，1944年参加八路军，1945年加入中国共产党。曾任团长、师参谋长、师长、副军长、南昌陆军学校校长、南京军区副司令员、北京军区司令员等职，先后参加胶东反"扫荡"和大反攻作战、平度攻坚战、胶济路作战、胶东保卫战和潍县、兖州、济南、淮海、渡江、上海、福州、漳厦等战役战斗。他对党和人民赤胆忠心，身经百战，历尽艰险，英勇顽强，打了许多硬仗、恶仗和胜仗，多次荣立战功，曾8次负伤，至今仍有5块弹片留在体内。他具有出色的军事指挥才能、丰富的治军经验和高尚的品德情操，严于律己，深受部队官兵赞誉。是中共第十三、第十四届中央委员。1988年被授予中将军衔。曾荣获三级解放勋章和独立功勋荣誉章。

一

王成斌，1928年1月15日出生于山东省掖县（今莱州市）朱由镇朱家村一户农民家庭。父亲王兆敏，字德震，1927年秋为谋生闯关东，在黑龙江密山县投身革命，后参加中国共产党，是密山县义勇军联络站联络员。母亲滕淑珍，出生于贫苦的渔民之家，从小受尽苦难。嫁到王家后，节俭持家，尊老爱幼，是位勤劳善良的家庭妇女。

王成斌6岁读私塾，先后读了《三字经》《百家姓》。一年后，他入国立小学读书，学习认真刻苦，深受老师的喜爱。

1937年日本帝国主义制造卢沟桥事变，开始全面侵华。10月以后，日军侵入山东地区，在王成斌的家乡大肆烧杀抢掠，无恶不作。抗日军民以多种形式展开斗争，打击日本侵略。这些都在王成斌心灵中打下了深刻的烙印。

这年冬天，王成斌的父亲从东北哈尔滨回到阔别10年的掖县老家，在家没住几个月，又以生意忙碌为由回到东北哈尔滨。1939年5月，日伪军在胶东地区日益猖獗，汉奸敌探横行，百姓生活极其艰难。王成斌和两岁的弟弟一起随母亲到了哈尔滨。父亲在哈尔滨市新城大街西八道街开了个福临号商铺，以商人身份掩护其做地下工作。王成斌被父亲送到哈尔滨第一中学上学。

在哈尔滨，王成斌目睹了东北人民遭受日本军国主义和伪满洲国的残酷统治，过着亡国奴悲惨生活的情形。他在学校里勤奋学习，从爱国师生那里学到了一些爱国道理。

1942年秋的一天，两位陌生人突然来到王成斌母子住处说："日本人到处抓德震，他已逃走；你们赶快收拾东西，马上离开哈尔滨去大连，那里有人接。"这时，王成斌已有了三弟，于是他们母子4人只带了些简单衣物，便仓促地逃离哈尔滨，几经周折，回到了山东掖县老家。

这一年，敌后抗战进入严重困难时期，山东日军对包括王成斌家乡胶东在内的抗日根据地，进行了春夏冬三次大"扫荡"。14岁的王成斌在村里中共地下党员带动下，积极参加保护八路军伤病员、开展对日斗争的工作。他所在的朱家村挖了许多地窖，长年有100多名八路军伤员在这里救治。当王成斌家里接收一名八路军伤员时，他帮助母亲照顾伤员。王成斌还在十分危险的情况下，多次跟村长一起侦察敌情、送取情报，到城里骗盖"平安无事"的印章。

1944年2月初，胶东军区和各县抗日政府为大量培养后备干部，在西海中学原有4个班的基础上，又成立了一个培训班，简称青级。经中共村支部书记推荐，王成斌作为朱家村唯一的新生顺利入学。学校没有固定校址，学员们经常转移，过着半军事化的生活。在学校里，老师都是共产党员，抗日救国的气氛很浓。在这种良好的氛围里学习，王成斌的思想进步很快。3月中旬的一天，老师宣布八路军胶东军区学兵团招生，毕业后可以参军，也可以到地方政府工作。早就想当八路军的王成斌，第一个报了名。

王成斌报名参加的学兵团，是胶东军区在牟平县崖子镇成立的以培养干部为主的学兵团。他被录取后，编入该团第2营4连1班。4月1日，学兵团正式开训。王成斌和其他学员穿上军装，配发步枪和手榴弹，过军事化生活，成为名副其实的八路军战士。

学兵团一整套的学习、训练和日常管理制度，按照中国人民抗日军事政治大学的模式设置，生活十分紧张。每天除了站岗放哨外，主要是进行射击、投弹、战术、土工作业和队列等课目的训练，同时学习毛泽东的战略战术思想。为巩固提高学员们的学习训练成果，胶东军区还经常让学兵团跟随部队一起执行战斗任务，让学员们在严格的训练中学军事，从战争中学习战争。王成斌经过近半年紧张刻苦的训练，军政素质提高很快，初步具备了一名战士和一个初级指挥员的素质，为他后来带兵打仗奠定了基础。

8月，学兵团学员毕业被分配到胶东军区各部队工作。学员离队时，要穿越日伪军的封锁线，需要部队护送。开始，学员们由胶东军区第14团一个排护送到莱西，而后由各县独立营交接护送。就在护送人员撤走后，他们行至平里店西北时，与伪军5名游动哨遭遇。王成斌在带队干部指挥下，与30多名学员一起向5名伪军投出一排手榴弹，随后迅速冲了上去。王成斌率他们班学员冲在最前面，晕头转向的伪军3人被击毙，2人受伤。不到10分钟就结束战斗，缴获5支步枪、250余发子弹，全队无一伤亡。

王成斌由学兵团分配到西海军分区北掖独立营特工队。独立营营长高峰，政治委员由掖县县长赵一川兼任。特工队编为4个班，主要任务是深入敌占区执行侦察、捕俘、破坏日伪军设施等。王成斌因有学兵团生活的磨炼，有一定的军事技术，被任命为特工队第1班班长。他以身作则，大胆管理，严格要求，带领全班刻苦训练，使全班的军事基础课目成绩提高很快。王成斌个人的射击技能更是过硬，是特工队的射击能手。

为配合友邻地区的反"扫荡"，10月底的一天，营里命令特工队伏击朱桥镇日伪军运输小分队。在研究设伏地点时，王成斌根据侦察的情报，认为平里店附近地形开阔，交通方便，又靠近县城，日伪军容易麻痹大意，提出在那里设伏。大家都觉得有道理，营领导采纳了他的建议。上午9时，当日伪军运输队进入伏击圈时，在队长李友杰指挥下，全队一齐开火，日伪军顿时乱作一团。王成斌带领全班一直冲在前面，他连续打死打伤3个伪军，在全队猛烈打击下，这支运输队很快被歼。这次伏击战，共歼日军3人、伪军16人，缴获机枪1挺、掷弹筒1具、步枪10余支和物资一批。

为策应鲁中、滨海地区军民对日伪军的冬季攻势作战，胶东军区指示各地军民向日伪军比较薄弱的据点进攻。11月中旬，北掖独立营决定炸毁日军海庙后码头，阻止日军掠夺矿产资源。因王成斌参军前就被村里多次派到海庙后码头应差干杂活，对码头地形比较熟悉，独立营和特工队领导就让他们班担任侦察海庙后码头敌情、地形的任务。王成斌带领全班化装成民工，分头到海庙后码头附近的 3 个村，接触群众，了解情况，先后六进六出海庙后码头侦察，在群众掩护下，用简易交汇法把日伪军在码头的建筑物和火力点逐个标记。经过 10 多天侦察，他们准确地绘制出日伪军的火力配系图，为炸毁码头提供了可靠情报和依据。在侦察过程中，他们还杀掉了欺压百姓的汉奸贾监工，为民除了害。

11 月下旬，北掖独立营根据侦察到的情况，决定用炸药炸毁海庙后码头。营领导决定由第一连和王成斌所在的特工队担负这次战斗任务。王成斌遵照队长李友杰的命令，首先消灭码头与炮楼之间的守军游动哨，然后带领全班和第三班一起快速隐蔽地把 12 包炸药运放到通往炮楼的地沟里，按指令首先拉火引爆。接着，第一连负责的 20 个爆破点也连续不停地爆炸，整个海庙后码头地动山摇、火光冲天，守军通往炮楼的地沟和码头被炸毁，对据点内的守军震撼很大。此后，日伪军大小船只再也不敢靠近码头运送物资。这次行动振奋了掖县地区的民心，鼓舞了当地民众与日伪军斗争的信心和勇气。

1945 年春，响应毛泽东关于"消灭敌伪，扩大解放区，缩小沦陷区"的号召，八路军山东军区部队进一步向日伪军展开攻势作战。1 月 10 日，驻黄县的日伪军要用汽车从龙口向掖县城运送物资、弹药，北掖独立营决定让第 1、第 3 连和特工队在日伪军运输车队途经朱桥与平里店之间设伏。王成斌因在上次战斗中受伤未痊愈，营领导不让他参加这次战斗。他主动请战，并要求承担最危险的跟进侦察任务。

当日伪军满载物资的 4 辆汽车进至伏击圈时，埋伏在前面的第 1、第 3 连立即拉响地雷；特工队在队长的号令下，迅速从埋伏点跃起追击。王成斌带领全班从车队后面发起攻击，击毙日军 2 人，抓获伪军 4 人，使运输车队前后遭袭，被动挨打。这次战斗打得干净利索，押车的日伪军 30 余人，有 20 余人被毙伤，其余全部被俘；缴获机枪 2 挺、掷弹筒 2 具、步枪 20 余支、弹药 4 箱和一大批军用物资。特别是烧毁汽车 4 辆，是王成斌参加伏击战斗以来击毁日伪军汽车最多的一次战斗。

2 月 10 日，中共掖县县委和抗日政府在霍旺村召开 3 个区的民兵干部、治安员、村长、区长会议，部署反攻作战任务。临近中午时，从村东北平里店方向突然窜来 100 多名伪军，与从掖县城北大新庄、小辛庄方向袭来的

300 多日伪军，很快对霍旺村形成包围圈，情况十分危急。独立营领导迅速组织第 1、第 3 连正面阻击，特工队负责霍旺村以西的侧翼安全。队长交给王成斌的任务是：带第 1 班埋伏在村西北小黑河边，防止日伪军越过小黑河。

日伪军人多火力猛，独立营两个连利用房屋、墙垣等有利地形展开阻击。经过一个多小时的激战，日伪军未能从正面攻进村子，便以一部迅速向王成斌带领第一班埋伏的小黑河边迂回。王成斌立即组织全班展开阻击，战斗一直打到 17 时，打退日伪军 5 次冲击。在子弹、手榴弹全部打光的情况下，王成斌带领全班大喊着"杀"，与日伪军展开了白刃战。这是王成斌同日伪军第一次拼刺刀，他怀着满腔怒火，端着上了刺刀的三八步枪，利用身高的优势，很快刺死 1 名日军士兵。战士们士气大振，个个奋勇拼杀，最终击退了迂回的日伪军。在全营指战员的奋力抗击下，日伪军锐气顿挫，不得不在天黑前撤回掖县城和平里店据点。

随后，王成斌又带领全班参加了掖县城北关遭遇战、掖北驿道袭击战和解救沿海区被俘干部的行动。每次战斗前，他都能提出一些有利于战斗胜利的建议，并被领导采纳。

5 月初，王成斌在护送县委干部从北掖向南掖转移时，与日伪军发生遭遇战受伤，连续几天发烧昏迷。为便于治疗，营里把他安排到县民政部门养伤。他的身体刚痊愈，就坚决要求归队，并得到批准。他在归队路上，巧遇独立营刚成立的第四连。连长尹成贤、指导员曲桂堂了解王成斌的经历后，请示独立营首长，要求把他留在连队当文书。王成斌虽然同意留下，但仍想到战斗班打仗。连长说：你先兼任文书工作，有了班长位置就让你去当班长。

6 月，王成斌所在的北掖独立营第 4 连编为西海军分区独立第 2 团 1 营 3 连。7 月中旬，驻掖县城的日伪军 2000 余人向平度城方向撤退。王成斌所在部队奉命与胶东军区主力一道，在花埠地区伏击撤退的日伪军。这次伏击战，仅第 3 连就俘虏日伪军 100 余人，缴获机枪两挺、掷弹筒 1 具、步骑枪 40 余支。王成斌随指导员追击时，还击毙击伤伪军 4 人，缴获步枪 4 支。

8 月 15 日，日本政府宣布投降，中国抗日军民迎来了历时 8 年的抗日战争的最后胜利。

二

抗日战争胜利后，以蒋介石为首的国民党统治集团妄图篡夺抗战胜利果实，重建独裁统治，玩弄反革命两手，一面邀请中共中央主席毛泽东赴重庆谈判，一面招兵买马、调兵遣将，准备发动全面内战，其中集中在山东解放区的兵力就有5个军之多。与此同时，还将大量伪军收编为所谓的地下军、先遣军，仅在山东省就收编伪军大小162股12万余人。中共中央在全面分析国内外形势后，号召解放区广大军民准备迎击国民党军的进攻。王成斌所在部队及时传达学习中共中央、毛泽东关于抗战胜利后的时局和方针，使大家认清了蒋介石的反动本性，纷纷表示：一定要保持清醒头脑，用枪杆子来保卫抗战的胜利果实。

为保卫抗战胜利果实，配合重庆和平谈判，胶东军区司令员许世友奉命集中主力第5师一部和警备第5旅及王成斌所在的独立第2团等部，发起平度城攻坚战。平度城是青岛外围地区的屏障，日伪军凭借坚固设防，负隅顽抗。1945年9月7日晚，攻取平度城的战斗发起，王成斌作为战斗班班长随部队攻城作战。胶东军区部队一举突破外城，伪军纷纷向内城溃缩，城内日军见平度难守，不顾伪军的死活，由南门夺路逃往高密方向。参战部队经过3日激战，歼灭伪军6000余人，伪绥靖军第八集团军军长王铁相被俘，缴获大量武器装备，取得了平度城攻坚战的胜利。

王成斌参军后，政治思想觉悟提高很快，作战勇敢，连队党支部对他进行了重点培养。10月，由连长尹成贤、指导员曲桂堂介绍，王成斌加入中国共产党。

1946年1月初，原西海军分区独立第1团调往东北战场，王成斌所在的西海军分区独立第2团改为西海军分区独立第1团。在胶东军区指挥下，他所在的独立第1团与兄弟部队一起参加胶济铁路（青岛至济南）东段的连续作战，先后进攻由国民党军收编的原日伪军驻守的南流附近铁桥边上的炮楼、蚱山庄、丈岭西据点。2月上旬，进行增援王固庄战斗，攻打华疃、流饭桥、东贾庄、西贾庄等战斗，取得了胶济铁路东段反击战的胜利。

原伪军司令蔡晋康摇身一变，成了国民党军的一个支队司令，依仗有4个大队2000多人的兵力，熟悉地形民情，奉国民党军第8军之命，在停战期间积极抢占鲁中地盘。2月初，胶东军区命令王成斌所在营配属鲁中警备第4旅发起进攻蔡晋康部的战斗。部队坚持夜战晓宿，一个多月里先后向驻在潍坊以南地区的李家庄、安丘、山后等地的蔡晋康部发起6次较大的攻击，歼其 1 个大队又 1 个连共 700 余人。

3 月中旬开始，王成斌所在部队在潍县以东的东、西杨家埠地区，开展以政治教育为主的大练兵运动。通过政治教育，王成斌进一步认清了蒋介石统治集团的反动本性，懂得了抗战成果必须用战斗来保卫的道理。4 月，王成斌被任命为西海军分区独立第 1 团 2 连 2 排排长。

在大练兵运动中，王成斌带领全排突出进行了以投弹、射击、刺杀、爆破、土工作业为主的技术训练和近战、夜战训练。他言传身教，督促检查，使训练收到了很好的效果。一天上午，王成斌率领全排正在训练，国民党军第 8 军荣誉第 1 师违反停战协议，以美式装备的一个排向他们压过来。王成斌告诉班长们不准先开第一枪，只要对方开火，就坚决还击。他刚布置完，对方就一枪打在他腿上。3 个班立即成战斗队形展开，迅速还击。这时，连长带领第 3 排赶来增援，最终迫使国民党军撤了回去。王成斌住院 20 天返回部队时，连里干部满员，他被分配到营部当书记。教导员看他有点不情愿，便笑着说："仗有你打的，现在还没正式开始呢！"

6 月下旬，蒋介石悍然撕毁"停战协定"，以大举围攻中原解放区为起点，发动了全国规模的内战。国民党当局在胶东半岛的作战企图是：打通胶济铁路和烟潍公路，占领胶东主要城市，封锁渤海湾，切断山东解放区与东北的联系。国民党军第 8、第 46、第 54 军在海军、空军直接支援下，向胶东解放区进攻，妄图一口吃掉胶东军区主力部队。

根据新四军兼山东军区的统一部署，胶东军区司令员许世友、政治委员林浩指挥军区主力部队，同兄弟部队一起在即墨、胶县、高密、平度、掖县地区进行了一系列勇猛顽强的阻击战和保卫战。在平（度）掖（县）保卫战中，独立团第 1 营担负在二十里堡一带监视牵制国民党军的任务。这时，第 1 营骑兵班有战马 12 匹，加上在胶河以东的一次战斗中缴获伪军战马 23 匹，共有战马 35 匹。营长张子江决定组建骑兵排，并亲自在全营挑选骑兵，让王成斌改任骑兵排排长。在阻击国民党军东进的一次战斗中，第 1 连处于即将被包围的危急情况，王成斌率骑兵排在营长指挥下，奋勇冲杀，连打带劈，横扫一片，掩护第 1 连迅速突破国民党军的包围，安全转移。

10 月上旬，国民党军在打通胶济铁路全线后，以第 8 军从潍县分数路向昌邑、平度和掖县进犯，企图攻占胶东解放区。胶东军区为打破国民党军的进攻，命令西海独立团迟滞国民党军第 8 军的进攻，以配合胶东军区主力部队作战。王成斌率骑兵排在西海独立团第 1 营的编成内，与各步兵连一起从 10 月 25 日至 11 月 3 日，先后在潍县和昌邑县的官桥、寒亭、前埠、后埠、陈家洼子、潍河东岸、潍河东岸、胶莱河、北镇和掖县的沙河等地，节节抗击，英勇作战 10 余次，迟滞了第 8 军的进攻速度，保障了胶东军区主力完成战略展开。在沙河阻击战中，骑兵排向翼侧出击时，遭国民党军火力猛烈杀伤，全排只剩战马 13 匹，骑兵排又缩编为骑兵班。王成斌被调到新成立的营重机枪排任排长。

在全团排以上干部总结会上，王成斌针对部队在这一段作战中暴露出的问题，结合自己亲身体会，分析了国民党军的作战特点。他认为，在武器装备上，国民党军用的多是美式装备的武器，射速快，杀伤力强，与国民党军作战，不仅靠勇敢，更要有灵活机动的战术，才能有效地保存自己、消灭对方。今后与国民党军作战时，既不能轻视莽撞，也不能悲观怯战。王成斌的发言，得到与会干部的赞许，也得到独立团首长的肯定。

11 月 4 日，王成斌所在的西海独立团后撤到掖县城西的粉子山，与兄弟部队一起阻击国民党军第 8 军的进攻。阻击国民党军对粉子山的进攻，对保卫胶东解放区有重要意义，上级要求他们坚守阵地 5 昼夜。5 日拂晓，阻击战打响，战斗异常激烈。国民党军动用飞机大炮，向粉子山前沿阵地实施连续炮击，轻重机枪向阵地前疯狂扫射。王成斌利用上级支援炮火的掩护，指挥重机枪排，向冲上来的国民党军猛烈射击，阻止国民党军一波又一波的冲击。这一天，第 1 营打退国民党军的 6 次进攻。6 日拂晓，机枪排刚补充完弹药，国民党军又开始对粉子山、南寨山、崔家南山、象山阵地实施火力突击，并采取前面敢死队、后面大部队的方式展开进攻。王成斌意识到，这次战斗将会更加惨烈。于是，他要求全排利用工事搞好隐蔽，节约子弹，待国民党军靠近时再打。当国民党军冲到 100 米时，机枪开始射击，有效阻止了国民党军的冲击。接着，国民党军出动飞机，投掷炸弹，施放烟幕，先后 3 次发起攻击，都被坚守部队打了下去。

这一天，西海独立团第 2 连在象山阵地抗击国民党军多次攻击，伤亡很大，特别是坚守突出部的第 2 排只剩下 5 个人。团、营领导考虑这个阵地战斗的残酷性和重要性，临危调任王成斌为第 2 连第 2 排排长。他接到命令，带着团里补充的 35 名战士冒着国民党军飞机封锁，赶到第 2 连坚守的象山阵地。第 2 连连长刘中民负伤被抬下战场，指导员张恭带王成斌到第 2 排阵地交代了任务。从 6 日下午至 10 日的 5 天里，第 2 连打退国民党军两个师不同规模的轮番进攻 30 余次。团里先后两次给第 2 排补充战斗员 56 人，王成斌也两次负伤。

战斗进行到第 5 天时，进攻的第 8 军部队密集地往第 2 排坚守的阵地上涌，虽然支援炮兵不断将炮弹砸向进攻的国民党军，但还是不能有效阻止其进攻。王成斌感觉到眼前局面的严重性，他派轻伤战士去联系各排阵地，发现各排伤亡都很大，第 1、第 3 排排长牺牲，指导员受重伤已被抬走，粉子山等主阵地均被国民党军占领。王成斌立即带领第 2 排 8 人移到连主阵地，发现全连只剩下 20 多人，遂果断地把人员集中起来，组织大家包好伤口，号召大家为牺牲的战友报仇，誓与阵地共存亡。他的话音刚落，第 8 军又发起新的进攻，仅炮火就往象山阵地上打了 1 个多小时。王成斌受过伤的右脚腕处被突然飞来的弹片击伤，顿时血流如注。他瘫在地上继续指挥全连仅剩的 20 多人，向冲上来的国民党军猛烈扫射，顽强地坚守住了阵地。天黑时，国民党军被迫停止进攻，在第 2 连阵地前每隔 50 多米点放一堆火，把整个阵地照得通红。此时，第 2 连仅剩 13 人。

空旷的黑夜里，阵地上一片寂静。王成斌分析大部队可能撤离，自己应该将全连剩下的 13 名战士回去。于是，他带着伤痛组织大家把阵地上没能运走的 11 名战友的尸体掩埋，将带不走的武器拆卸埋在战壕里。然后带着两挺轻机枪和剩余的手榴弹，轻伤员抬着重伤员，往掖县城东北方向转移，途中和前来寻找他们的营长张子江相遇。随后，王成斌和 5 名重伤员被送往大泽山西海二所治疗。

胶东军区为表彰象山阻击战的胜利，命名第 2 连为"象山连"。在命名大会上，王成斌和 5 名重伤员因住院未能参加，其他 7 名幸存的战士都戴着大红花坐在主席台上。这就是战史上讲的"象山连"仅剩 7 人的来历。

1947 年 1 月下旬至 2 月上旬，华东地区部队实行统一整编，组成华东军区和华东野战军。胶东军区第 5、第 6 师和警备第 5 旅合编为第 9 纵队，隶属于华东野战军。胶东军区在第 5、第 6 师调出后，将各军分区战斗力较强的独立团编组为新的第 5、第 6 师。王成斌所在的西海军分区独立团被编为第 6 师第 16 团。王成斌伤愈归队，被任命为团司令部通信参谋。

2 月，国民党军企图在鲁南与华东野战军主力决战，令其第 8 军放弃掖县，撤返潍县，策应鲁南会战。王成斌随团司令部与部队一起，在掖县十里堡、孙格庄地区阻击第 8 军两昼夜，接着在沙河阻击其回撤的战斗中，歼灭其一个团部，俘获团长以下 700 余人，缴获大量装备器材，还缴回上次在粉子山战斗中丢失的"老黄牛"重机枪，迟滞了第 8 军的西援行动。

在各地区解放军的沉重打击下，国民党当局于 3 月放弃对解放区的全面进攻，改为集中兵力对山东解放区和陕甘宁边区实行重点进攻。为做好迎击国民党军的重点进攻，王成斌所在部队根据上级指示，广泛开展诉苦、立功、团结互助运动，进一步激发了广大指战员的战斗意志。

5 月中旬，国民党军第 54 军第 36 旅和青岛警备第 2 旅两个团在即墨城集结，企图北犯灵山，打开胶东解放区的门户。胶东军区命令第 6 师歼灭即墨城前哨鳌山卫的守军。师首长根据情报和侦察地形，决定由第 16 团利用夜暗奔袭发起攻击，在分割包围中全歼守军。团领导命令第 1 营第 1、第 2 连在鳌山卫东门两侧主攻，第 2 营在北门进攻，其他部队策应并相机围歼逃军或打击援军。王成斌按照团首长的指示，到担负主攻任务的第 2 连找到营长传达任务，并参加第 2 连的战斗。攻城部队趁守军不备，突然发起攻击，经 3 小时激战，歼守军 160 余人，缴获轻机枪 6 挺、长短枪 100 余支和美式吉普车 1 辆。

7 月中下旬，为配合兄弟部队实施南麻、临朐战役，阻击国民党军第 8 军由潍县地区向南麻、临朐增援，王成斌所在的第 6 师从莱西出发，经长途行军几百里，到达潍县双台地区。他们配合第 5 师攻打驻守齐家埠和寒亭的国民党军第 8 军独立旅第 3 团。接着，他们又移驻南北眉村一带，直接威胁潍县守军，阻滞第 8 军主力增援临朐，从而完成了上级赋予的任务。在这次战斗中，王成斌再次负伤。

这时，华东野战军主力组成西线兵团（又称外线兵团），执行外线进攻作战任务；以留在山东的第 2、第 7、第 9 纵队和刚成立的第 13 纵队组成东线兵团（又称内线兵团，亦称山东兵团），许世友任司令员，华东野战军副政治委员谭震林兼政治委员，担负山东内线作战任务。王成斌所在团改称第 13 纵队第 38 师第 112 团。此时，王成斌伤愈归队，被任命为团部侦察参谋。

新编史志传记写作方法与范例

9月初，国民党军纠集6个整编师以所谓"九月攻势"进攻胶东，企图一举占领胶东战略要地，摧毁胶东解放区。东线兵团展开了长达4个月的胶东保卫战。其间，王成斌先后参加凤凰山、高山、小团顶、披城、夏格庄、海阳城、神童山、将军顶等大小战斗20余次。胶东保卫战，共歼灭国民党军及地方武装共6.3万余人，彻底粉碎了其对胶东的进攻，改变了山东战局，有力地配合了西线兵团的战略进攻。

1948年1月，第112团在莱阳县柏林庄地区进行新式整军运动。通过清理思想，整顿组织，检讨作风，王成斌及所在部队官兵的思想觉悟有了很大提高，军地之间、军民之间、官兵之间的关系进一步密切，部队的革命意志更加坚定。

4月初，山东兵团发起胶济路中段（潍县）战役。王成斌所在团奉命担负西进打援任务。潍县城被第九纵队等部攻克后，昌乐守军保安第3师师部和保安第6旅残部在师长张景月带领下于4月30日弃城逃窜。第112团奉命从益都出发，协同友邻部队追歼张景月残部。王成斌随部队轻装急行军20余公里，于5月1日15时到达指定地域，立即发起李家庄战斗。团长把几名参谋分到各营连参加战斗，王成斌随第1营从李家庄东北方向发起攻击，第3营从村东南方向攻击。经半日激战，歼张景月残部近1000人。由于这些地头蛇异常顽固，拼死挣扎，第112团亦伤亡700余人，未能将其全歼。

胶济路中段战役结束后，山东兵团根据中央军委指示，确定出击津浦路中段。5月下旬，王成斌所在第38师在纵队编成内，经过几天强行军，到达泰安城东南地区，发起津浦路中段攻势。他们与兄弟部队一起先后攻克泰安、张夏镇。7月12日，王成斌又随第38师参加兖州城攻坚战。突破外城后，第112团1营副营长牺牲，团首长派王成斌到第1营协助营长指挥突击，经过20分钟的激烈战斗，突破并抢占二道城墙。激战至13日傍晚，攻城部队攻克兖州，守军残部在突围中被歼于东郊。兖州战役，全歼国民党军整编第12军军长霍守义以下2.8万余人，其中第13纵队歼1.57万余人，并缴获大量武器装备和军用物资。战后，团长黄冠亭让王成斌负责把全团缴获的战利品运回部队驻地。王成斌找来缴获的3辆六轮卡车和俘虏的汽车司机，连续两天拉了12卡车武器弹药等战利品，使部队装备得到了补充和改善。同月底，王成斌改任第3营第7连副连长。

8月，华东野战军根据中央军委指示，准备发起济南战役。并决定组成攻城和打援两个兵团。王成斌所在的第13纵队参加攻城作战。9月，第13纵队决定，第112团为攻城第一梯队，第3营为主攻营，第7连为突击连，王成斌为突击队队长。

攻城前，纵队政治委员廖海光亲自为第7连授旗，副营长任进贵（原第7连连长，宣布任副营长尚未到职，仍参加7连攻城指挥）双手接旗，郑重地交给王成斌。王成斌和突击队员一致表示，决不辜负纵队首长的重托，一定要把红旗插到济南城头上。

9月16日，攻城集团展开全线攻击。在人民解放军强大压力下，守卫城西的国民党军整编第96军军长吴化文于19日率所部2万余人举行战场起义。攻城部队抓住战机，迅速突破守军外围防线。攻城集团占领商埠后，开始向济南外城攻击。这时，攻城部队的战壕已挖到杆石桥门外壕前，并明确了射击位置。王成斌考虑到济南城墙宽高坚固，上面每60米左右筑一母堡，20米筑一子堡或射击掩体，墙中层设暗火力点，城下外沿有地堡，均与地道相连，还有护城河和铁丝网等障碍物，便组织班、排长多次现地勘察，对各班排区分任务。上级为保证第7连突击成功，还特别在突破口方向两侧配置16挺轻重机枪、4门九二步兵炮、4门75山炮抵近射击。

22日18时，炮火准备开始。掩护部队在事先掏空的200多米正面墙砖上踢开射击孔伪装，刹那间轻重机枪骤响。18时07分爆破开始，王成斌迅速组织第8班送出第一包炸药炸地堡，但没有响。接着，他让第二爆破组直接上去炸城墙。爆破员张智忠越过外壕，直奔城墙根将连接长杆的20公斤炸药包架上城墙，一声巨响，城墙被炸开一个大缺口。

为争取时间和减少伤亡，王成斌立即率第3排突击登城。华东一级战斗英雄、第8班班长蔡萼带全班首先抢占突破口，登上杆石桥城墙，将红旗插上了济南城头。第7、第9班随后也登上城墙。18时20分，王成斌发出要求炮火延伸的信号。突然，两侧的守军向突破口猛烈射击，企图封锁突破口。王成斌组织第3排反击，巩固扩大突破口。在搏斗中，两个国民党兵揪住王成斌的衣服就往城下拽，被他一脚踹下城墙。又一个国民党军官将他扑倒，他奋力翻身压住对方，这个军官急忙抓起掉在地上的手枪，王成斌一口咬住手枪枪管，扭打时他的牙齿被打掉，血流不止。他不顾疼痛，快速抽出腰间的手枪，直对这个军官胸部，将其击毙。

紧急关头，第 1、第 2 排突了上来。王成斌立即命令第 2 排增援第 8 班，坚决顶住守军的反击。这时，副营长任进贵率第 9 连登城向纵深攻击，巩固扩大了突破口。第 7 连完成突破任务后，随即转入团的预备队。在向内城发起进攻时，第 2 连连长牺牲，王成斌在战场上被任命为第 2 连连长，率第 2 连向内城发起进攻。从 22 日夜至 24 日的 3 天中，第 2 连抗击守军反击 20 余次，全连伤亡 120 余人，战后全连不足 50 人，后补充解放战士 130 余人。

济南解放后，师、团在总结这次作战经验时，认为王成斌指挥果断，抢先爆破登城，带突击队多次打退守军反冲击，巩固扩大突破口，为后续部队迅速投入战斗创造了有利条件，特别是接任第 2 连连长后，纵深战斗打得英勇顽强，惨烈程度超过象山战斗。第 8 班班长蔡莩带全班抢先登城荣立一等功，第 7 连被授予"登城英雄连"称号。师文工队还将王成斌的英雄事迹编成快板书，广泛宣传他不怕牺牲、连续作战的顽强作风。

10 月 23 日，王成斌率第 2 连在团的编成内，从章丘地区乘火车南下至吴村，后徒步行军到达泗水县卞桥地区集结待命，准备参加淮海战役。11 月 6 日，淮海战役打响。位于陇海铁路（兰州至连云港）东段地区的国民党军第七兵团司令官黄百韬所部企图向徐州方向撤退。为截断黄百韬兵团西窜退路，阻止徐州国民党军增援。各部队组成多路纵队齐头并进，直插运河。7 日，王成斌所在第 112 团随纵队迅速到达台儿庄西侧，逼临运河北岸，准备强渡运河。8 日，第 2 连进入进攻出发阵地，开始架设简易浮桥。这时，中共地下党员、国民党军第三绥靖区副司令官何基沣、张克侠，按照华东野战军首长的布置，在敌工干部杨斯德等协助下，适时组织所属部队 2.3 万余人于贾汪、台儿庄地区起义，及时让开了运河防线。9 日，王成斌率连队在团的编成内快速通过运河，向南疾进至碾庄与曹八集之间，并前出至赵庄西侧作战位置，准备参加围歼黄百韬兵团的作战。

撤退到曹八集的守军，是国民党军授予"荣誉二师"称号的第 100 军第 44 师，作战经验丰富，战斗力较强。10 日黄昏，攻击曹八集的战斗打响。第 38 师实施两次进攻，迅速打开突破口，但突破口得而复失。关键时刻，师首长于 11 日 12 时命令第 112 团投入战斗，第 2 连作为突击队，向曹八集守军再次发起攻击。在炮火掩护下，王成斌率第 2 连迅速于北门突破，并与第114团第1营会合，继续向南发起进攻。这时，第115团从西门突破。经激战，全歼守军第44师。此战，王成斌带领连队勇猛顽强、大胆迂回，歼守军1200余人。战后，师授予第2连"克服困难，大胆突击"锦旗一面。两天后，第2连又投入攻击贺台子战斗，歼国民党军一部。

12月3日，淮海战役总前委决定，抽调华东野战军第7、第13纵队等部归中原野战军指挥，参加围歼黄维兵团。12月8日，王成斌所在的第112团奉命攻歼中周庄黄维守军，并担任主攻任务，第1、第3营为第一梯队，从中周庄正南发起攻击。王成斌率第2连在前沿阵地突破后迅速投入纵深战斗，很快在该庄西段歼灭守军两个排40余人。这时，第2连突遭守军火力封锁，指导员吴希善牺牲，连队与营部失去联系。在这重要时刻，王成斌决心抓住战机，不给守军以喘息机会，指挥全连继续攻击，并提出为指导员报仇、坚决突入中周庄的口号。在向东北方向发起进攻中，他指挥全连突入守军阵地，打乱守军指挥机关，迫其团部缴械投降，俘团长姜吉鑫及官兵400余人。这次战斗，王成斌抓住战机，果断指挥第2连迅猛突击，出其不意，对夺取整个战斗的胜利起了重要作用。战后，第2连被师授予"英勇顽强、歼灭敌人"的锦旗一面。

攻占中周庄后，兄弟部队在向双堆集发起总攻时，部分守军突围向西逃窜。第112团奉命西进堵击，第2连又随团执行追击逃军的任务。王成斌带领全连经一夜急行军，于12月15日14时在安徽蒙城县小涧集一带聚歼溃散的黄维残部。黄维兵团被全歼后，王成斌率第2连在团的编成内北上河南永城县马桥地区，准备截歼杜聿明集团可能突围的部队。在行进途中，得知杜聿明集团已于1949年1月10日被华东野战军主力全歼，淮海战役胜利结束。王成斌回忆说：在参加淮海战役的一个多月里，他先后参加大小战斗10余次，那时部队特别能吃苦，很有战斗力。军民关系胜过鱼水情，哪里是战场，哪里就有支前民工；哪里有解放军，哪里就能看到车轮滚滚的壮观场面，给干部、战士以很大鼓舞。

1月13日，王成斌所在部队从永城县马桥出发，经8天行军，到达江苏泗阳地区休整，总结参加淮海战役的经验教训，学习《将革命进行到底》的新年献词，指战员们情绪高昂，决心打过长江去，解放全中国。2月，根据中共中央军委的部署，全军统一编制，华东野战军改称第三野战军，纵队改编为军。王成斌所在连队改编为陆军第31军第92师第274团2连，他仍任连长。4月上旬，第92师奉命进驻江苏泰兴县黄桥地区，准备参加渡江战役。王成斌和指导员纪兆瑞带领全连不分昼夜地进行渡江作战训练，战术技术水平明显提高。

4月20日，渡江战役发起。22日晚，王成斌等率第2连从江苏省八圩港分乘5条船横渡长江，在江阴以西新沟口登陆，随即迅速投入追歼逃军的战斗。第2连担任团前卫连，日夜兼程，猛追猛打，急速向宜兴、广德方向追击。27日，王成斌所在营追至杨店上大涧、下大涧时，与溃逃的国民党军第80师残部遭遇。营长命令王成斌率第2连向该部正面实施堵击；令第1、第3连占领有利地形，策应第2连正面突击。

王成斌率第2连穿过竹林时，与逃军展开白刃战。第4班为夺取一挺重机枪，副班长唐吉云趴在逃军射击的重机枪上，肚子以上部位被打烂，牺牲时手里还抓着逃军机枪手的一把头发；有的战士与对手同归于尽时，嘴里还咬着对方的耳朵，打得非常惨烈。紧急时刻，第2、第3营投入战斗。激战至16时30分，将第80师大部歼灭，仅第2连就俘虏逃军1000余人。此战，第2连伤2个排长，伤亡4个班长、5个副班长和20多名战士。

4月29日晨，师首长命令第274团迅速由白岘镇向周家村方向攻击前进。部队越战越勇，所向披靡。王成斌率第2连与兄弟部队一起勇猛追歼，在周家村西侧围歼逃军800余人。随后，部队行进至无锡东南望亭地区，进行短时间休整，学习城市政策，做好参加上海战役的准备工作。

上海市是中国最大城市和经济中心，高楼林立，人口密集。中共中央军委指示，既要解放上海，又要保全上海，免遭战火毁坏。第三野战军首长集中第九、第十兵团夺取上海。第31军归第九兵团指挥，协同第30军攻歼浦东高桥地区守军，切断守军海上逃路，在郊区歼灭国民党军。5月12日，上海战役外围作战发起。王成斌所部在浦东的进攻战打得十分激烈。他指挥全连先后参加李家巷、凌家宅等外围攻坚战。战士们勇敢地涉过齐腰深的泥浆水壕，在泥泞的水网地区与守军展开10多天20余次反复激烈的阵地争夺战，给守军以重大杀伤，俘500余人。

5月25日18时30分，部队进行炮火准备，发起浦东高桥镇攻坚战，王成斌所在团配属给第91师指挥，和第271团同属主攻团。王成斌率连队在火炮掩护下，投入进攻战斗。他率第1、第2排从主攻连第7连左侧打开突破口，向高桥镇东北方向发起进攻。守军两侧的封锁火力打得很猛，指导员纪兆瑞率第3排在突破口作战场动员时牺牲，副指导员也负伤。王成斌指挥全连突破前沿后迅速投入纵深战斗，与兄弟部队向守军发起猛烈攻击。因守军火力密集，几乎每座房屋都有火力点，冲在前面的第1排有的班被压制得抬不起头来，全连用了30多包炸药开辟通道，往里冲杀。战至26日6时，高桥镇守军全部被歼。第2连伤亡30余人，俘守军400余人，缴获大批武器弹药。接着，部队向西北方向追歼逃军，直插黄浦江三岔港。战至10时，王成斌带领全连和友邻部队一起完成了占领浦东地区，并从黄浦江东侧切断逃军海上退路的任务。

上海战役结束后，第31军在第十兵团编成内执行进军福建的任务。7月3日，王成斌所在部队从嘉兴乘火车南下至浙江江山，而后行军进到福建浦城。王成斌与新任指导员徐珍梅带领战士们不停地追歼逃军，一直为全团当尖刀、打头阵。在前进途中，第2连打了6次遭遇战。在从建瓯向古田进发途中，发现国民党军撤退的残部，他一面报告，一面带领全连迅速冲杀，与兄弟连队一起歼灭逃军500余人。

经过半个多月的千里跋涉，王成斌率连队随主力于7月下旬到达古田地区预定位置，准备参加福州战役。8月11日，福州战役发起。17日，王成斌所在第1营直插福州市区，他和指导员带领全连拼命往福州城急奔，沿着中正路猛冲。当得知闽江渡口边村子里还有数百名国民党军正准备逃跑时，他来不及向营里报告，即带领全连直奔村子，歼残军800余人。

8月29日，王成斌又率连队在团的编成内，隐蔽渡过乌龙江，参加漳厦金战役。根据战役部署，第92师分三路攻打漳州。9月19日，王成斌所在部队突然从北面、西面向漳州发起进攻，并迅速突入市区。漳州守军仓皇撤逃，漳州战斗很快结束。

9月25日，王成斌率连队进至角尾以东的西园地区，进行攻打厦门的准备。厦门岛是福建省南部的重要军港和商埠，国民党军利用厦门岛的天然屏障，妄图凭险固守，阻止解放军的进攻。王成斌所在部队缺乏登陆作战经验。他们在政治动员的同时，反复进行昼夜间乘船、航渡、登陆突破训练。

10月1日，中华人民共和国成立。听到喜讯，王成斌和指战员决心用解放厦门岛向新中国献礼。10 月 15 日，王成斌所在营、连担负攻击厦门岛第一梯队的任务，上级领导将鲜艳的五星红旗授予他们。当日 18 时 30 分，王成斌率第 2 连在厦门以西对岸的鳌冠、郭厝隐蔽上船，于 20 时接近厦门岛前沿寨上和石湖山。因顶风，又遇退潮，大部分船只搁浅在泥滩中。守军探照灯发现后，实施火力封锁，给第一梯队造成重大伤亡。王成斌果断命令机枪手掩护，其余人员全部下船。他随第 1 班在深及腰部的烂泥里前行，抢占一块大礁石。

随后，经激烈争夺，王成斌指挥第 2 连迅速占领寨上，进而迅速前出到东南高地，与守军展开激战。激战中，指导员负伤，第 3 排排长牺牲。这时，后续部队已陆续从第 2 连占领的寨上突出部登陆。10 月 17 日拂晓，第 2 连又接到追歼逃军的命令，王成斌立即率全连向厦门大学以东胡里山炮台方向追击。他们不顾疲劳，争分夺秒。当第 2 连冲到胡里山下，突然山头上六七挺机枪朝他们打来，堵住了他们前进的道路。王成斌命令第 7 班从右边绕上去，其他人利用地形地物，从正面用火力掩护。第 7 班战士很快冲到山顶，经全连一阵拼杀，全歼守军 30 多个"忠孝勇夫"（注：国民党守军挑选 30 多名年轻军官守胡里山高地，用白布黑字写着"忠孝"二字，系在右臂上，被称为"忠孝勇夫"）。

王成斌冲到胡里山顶往海滩上一看，广阔的沙滩上，大片密集的逃军，准备登船逃跑。他攥着拳头做了个猛砸的动作，全连居高临下，机枪、冲锋枪立刻响成一片。逃军一片片倒下，乱成一团，鬼哭狼嚎，摇着白旗、白褂子表示投降。王成斌命令全连停止射击，全连冲下山坡。他站在海滩上向逃军大声命令："都放下武器，到岸上集合。医官出来帮受伤的包扎。"国民党残兵败将们听到命令后，向岸上涌来。其中有部分家属、小孩等，一副狼狈不堪、失魂落魄的样子。就这样，准备乘船逃跑的 6400 多人成了第 2 连的俘虏。

在厦门战斗中，第 2 连机智勇敢战斗的事迹，得到第 31 军军长周志坚的表扬。全连有 5 人荣立一等功、15 人荣立二等功，第 3 排副班长陈勤被评为特等功臣。战斗结束后，王成斌被任命为第 274 团 2 营第一副营长。

三

漳厦金战役结束后，王成斌所在的第 31 军奉命撤离厦门岛，展开以解放台湾为中心的备战训练。兄弟部队攻击金门失利后，王成斌所在的第31军于1949年11月初受领再战金门的任务。在上级领导下，王成斌和全营指战员顶寒风、冒酷暑、爬泥滩、攀悬崖，苦练杀敌本领；对乘船、起渡、航行、登陆、突破、巩固和扩大滩头阵地及纵深战斗的组织等课目认真进行演练，并培养了大批水手和骨干，为攻取金门进行各项准备工作。

1950年6月25日，朝鲜内战爆发。美国立即进行武装干涉，同时命令其第七舰队侵入台湾海峡，侵占中国领土台湾，企图以武力阻止人民解放军解放台湾。台湾国民党当局在美国支持下，以台湾为基地收编残部，不断袭扰、轰炸大陆沿海城镇。根据形势发展，中共中央、毛泽东作出福建前线部队推迟攻打金门的决策。王成斌所在营随师、团奉命返回厦门岛，转入防御作战准备，确保厦门安全，随时准备歼灭一切敢于来犯之敌。1951年1月，王成斌被任命为第274团第2营营长。

这期间，国民党潜伏特务不断在厦门岛进行破坏捣乱。厦门地处对台斗争最前沿，海防战备任务繁重，斗争尖锐复杂。为确保厦门地区安全，第2营随团进驻厦门岛，防御方向从厦门岛东半部的岑兜村到黄厝村一线，面对小金门，是最前沿部位。第2营包括加强的分队，有8个连1000余人。王成斌根据上级统一部署，针对守岛作战的特点，组织部队挖坑道、搞备战，建筑永久性防御工事。通过作战训练和执行防御任务的实践，王成斌摸索了一套夜间防御和前沿守备的战法，有效地粉碎了国民党股匪的摸哨和袭扰。王成斌总结的许多行之有效的经验，师、团多次在第2营阵地召开现场会，让他负责介绍。军长周志坚也多次来第2营检查工作，对王成斌总结的训练方法给予很高评价，并让各师领导到第2营参观。

遵照上级党委的统一部署，第31军在坚持海防战备前提下，于1952年初开展反贪污、反浪费、反对官僚主义（简称"三反"）运动。部队在进行普遍教育的基础上，发动群众揭发问题，开展批评与自我批评。由于缺乏经验，对党的政策理解不深，一些基层单位为了完成抓"老虎"的任务，搞逼供信和无限上纲，冤枉了一些人。王成斌因组织营里搞农副业生产，被认为违反营以下不准搞生产的规定，受到正营职降为副营职的处分，调任第275团作战股副股长。后在周志坚的关心下，给他落实了政策，任该团副参谋长兼作战主任。

1953 年 1 月，响应毛泽东、中央军委关于为建设正规化、现代化国防军而奋斗的号召，遵照总参谋部《关于一九五三年在职军以上高级指挥员及其司令部参谋人员军事教育的指示》，华东军区在南京举办高干军事训练班。王成斌因分管作战工作参加了为期 3 个月的集训。教员们结合战例，联系中国革命的实际，讲军兵种联合作战理论，边教边实习。王成斌对一些重要观点、军事理论学得非常认真，5 次考试成绩都是满分。在一次想定作业中，他根据学到的知识和现代坦克的特点，对如何实施步坦、步炮协同发表看法，得到苏联顾问的肯定。王成斌在这次培训中理论上的提高与多年实践经验的结合，为后来开展军事工作打下了良好基础。

集训结业时，适逢毛泽东视察南京。在华东军区司令员陈毅和军事学院院长刘伯承陪同下，毛泽东接见全体学员，先同华东军区一级战斗英雄、解放战争时期的"洛阳营"营长张明握手，接着又同张明并肩站着的王成斌握手。亲眼看到领导中国人民推翻国民党反动统治、建立中华人民共和国的毛泽东，使王成斌激动万分。他从集训班回来后，把学到的军事理论运用到部队训练中去，促进了团队的正规化训练。

7 月 16 日，台湾国民党军驻金门岛的 1.3 万多人，在海、空军配合下，进犯福建东山岛。就在东山岛战斗打响的前几天，王成斌被调任第 91 师第 272 团副参谋长兼作战主任。为赶上参加战斗，他接到命令就星夜兼程赶往第 272 团赴任。由于参战部队行动迅速，及时发起反击，17 日黄昏战斗胜利结束。他虽未能参加战斗的全过程，但赶上了后期战斗。通过战斗总结，他熟悉了国民党军在新的条件下登陆作战的特点，明确了今后海岛作战的战术思想和支援作战的方法、要求。

1955 年 5 月 1 日，王成斌与山东籍姑娘杨瑞英结婚。杨瑞英从小喜欢解放军、热爱部队，婚后全力支持丈夫工作。她在漳州宾馆工作期间，曾接待过刘少奇、朱德、董必武、彭德怀、贺龙、陈毅、罗荣桓、邓小平等许多中央领导。由于她工作积极、思想进步，光荣地加入了中国共产党，还被多次评为先进工作者和模范。

这一年，部队实行义务兵役制和薪金制、军衔制，王成斌被授予大尉军衔。1956 年 8 月，王成斌任第 91 师第 271 团（即"济南第 2 团"）第一副团长兼参谋长。自此，他发挥自己善于抓训练的特长，将科学的训练方法与部队实际相结合，从实战出发，进行使用原子、化学武器条件下的进攻和防御训练，努力使部队掌握山地进攻及海岸防御的作战特点，提高海岸防御的能力，并创造了示范示教作业、培养示范班、巡回表演等许多新的训练方法。第271团的训练工作在全军区起到了领头作用，军、师许多军事工作的现场会都在该团举行。1957年9月15日，王成斌被授予三级解放勋章。

11月，王成斌调任第31军司令部作训处副处长。在军机关工作的几个月里，他随军首长对厦门岛防御坑道普遍进行了检查评估，并提出应将守岛坑道向岛外延伸，便于组织防御的建议，被军领导采纳。

1958年5月，王成斌经多次要求，重新回到第91师第271团任第一副团长。6月18日至7月7日，他同团长一起组织全团进行野营训练，在生疏地形进行遭遇战斗、强渡江河、海岸防御、登陆后对敌纵深坚固支撑点攻击、营进攻实兵实弹战术演习等13个课目，使部队训练更接近实战。《解放军报》记者多次到该团采访报道军训情况。

7月中旬，台湾国民党当局乘美国军队入侵黎巴嫩、镇压中东人民革命之机，"加速进行反攻大陆的准备"，不断对大陆进行军事挑衅。根据中共中央军委指示，从7月20日起，王成斌所在部队进入紧急战备。8月23日17时30分，福建前线炮兵奉命炮击金门，严惩国民党军对大陆的袭扰，打击美国的侵略行径，支援中东人民的反侵略斗争。

1959年下半年，王成斌被选送到南京军事学院速成系学习，主要是学习研究毛泽东军事思想。他联系人民解放军不断发展壮大、从胜利走向胜利的历史，越学越感到毛泽东军事思想的博大精深。半年学习时间，他整理了许多资料和读书笔记，在至今还保存的《毛泽东选集》第1至4卷上，留下了学习时画下的各种记号和注解，为运用毛泽东军事思想指挥部队，搞好全面建设，进一步开拓了思路。1960年5月，王成斌晋升为少校军衔。

1961年3月王成斌被任命为第91师第272团团长。他和政治委员彭静斋一起从思想工作入手，组织部队学习毛泽东著作，要求各级干部做表率，注重从实际出发，全面建设部队。经过一段时间的努力，第272团整体训练成绩不断上升，在全师3个步兵团和1个炮团的考核中获得总分第一。

王成斌在重视部队军事训练的同时，还结合贯彻全党动手、大办农业、大办粮食的精神，组织部队利用业余时间在营房附近开荒。全团指战员发扬愚公移山精神，垦出近千亩土地，种粮种菜，栽花木果树，大办养殖场。农副业生产的丰收，改善了部队生活，增强了官兵体质，促进了军训和基层全面建设。总后勤部和福州军区后勤部先后到该团总结军训、生产两不误，美化军营、改善生活、减轻国家负担的经验。这一年，中共中央军委副主席贺龙、总政治部主任罗荣桓和福州军区政治委员叶飞、司令员韩先楚等领导先后到团里检查指导工作，对团的全面建设给予充分肯定。

1962年春，台湾国民党当局在美国支持下，乘大陆连年遭受自然灾害、国民经济困难之机，积极策划大规模窜犯东南沿海地区。第31军根据上级有关指示，于4月8日发出"加强战备工作，随时准备打仗"的指示。5月26日，王成斌等带领全团进至漳浦马坪沿海前沿一带，进入紧急战备状态。6月10日，中共中央发出《关于准备粉碎国民党军进犯东南沿海地区的指示》，全军立即投入紧张的战备教育和训练。7月，王成斌在总参谋部军训部工作组和军、师首长领导下，组织全团进行海岸防御实弹战术演习。这次演习接近实战，得到各级领导的好评。

由于全党、全军和全国人民紧急行动起来，军事上做好了准备，台湾国民党当局被迫放弃反攻大陆的军事冒险。9月，王成斌所在部队奉命转入正常的战备训练。

1964年1月3日，中共中央军委发出指示，号召全军立即行动起来，掀起学习郭兴福教学法的运动。王成斌等组织全团认真学习郭兴福教学法，很快收到良好效果。团里培养的第4连，经多次考核，实弹射击优秀率达到95％以上。第4连这一典型，推动了全团的军事训练，后来军、师也推广了该连的经验。5月，王成斌晋升为中校军衔。

6月的一天，第31军军长刘春山陪同福州军区副司令员朱绍清突然来到第272团检查训练情况，指定王成斌带一个连队，从团长到战士每人10发子弹，用60秒速射进行实弹射击。王成斌打了98环，连队总评成绩优秀。朱绍清高兴地说：团长过硬，部队也就过硬。

有一天正下着雨，福州军区司令员韩先楚陪同副总参谋长张宗逊在事先没有通知的情况下来到第272团，指定第2营机枪连冒雨实弹射击，并派专人在靶位上监督报靶。该连架起3挺机枪在600米的距离展开射击，成绩优秀。张宗逊等看了，拍拍手说：你们打得好，训练扎实，成绩过硬，不愧为特等射手连。接着看第1连投弹，全连投60米以上的就占一半，平均成绩在56米多，受到在场领导的赞扬。

在大比武的热潮中，王成斌要求第272团人人都练就一身过硬本领，连炊事班都能在无灯光情况下，做出符合要求的饭菜。师里年终考核，该团军事训练成绩突出，发展全面。团党委还被评为第31军学习毛泽东著作先进集体。

1965年11月，按照中共中央的部署和上级要求，王成斌率工作组到东山岛杏林大队参加农村社会主义教育运动（即清政治、清经济、清组织、清思想的"四清"运动）。他与社员一起劳动，帮助大队发展养殖业。1966年4月，农村社会主义教育运动结束，王成斌率工作组返回部队。

5月，"文化大革命"内乱开始。当运动发展到打倒党内、军内一大批老干部时，王成斌思想上感到迷惑：像自己这样年龄的干部都经历过出生入死的战争考验，不用说红军出身的老干部了，他们跟随毛主席爬雪山、过草地，舍生忘死打江山，现在怎么突然变成了"走资派"？百思不得其解，只好将迷惑埋在心底，把劲用在抓训练上。1967年初，中共中央军委根据毛泽东的指示，做出军队执行"三支两军"（即支左、支工、支农，军管、军训）任务的决定。第272团党委决定，除留下王成斌主持团里工作外，大部分团领导到地方参加"三支两军"。王成斌坚守岗位，恪尽职守，既抓军事训练，又做思想政治工作，努力保持部队的安全稳定。

10月，王成斌被任命为第91师参谋长。因师长、政治委员、两位副师长都在地方执行"三支两军"任务，全师工作由他和政治部主任、后勤部部长主持。这时，他获悉"造反派"要抢师战备应急武器库，便立即组织部队将武器连夜转移到山里仓库，避免与"造反派"发生直接冲突，保护了武器装备。福州军区领导充分肯定了他们的做法。

1969年1月上旬，福州军区报请中共中央批准，命令第91师派出部队到诏安地区宣传群众，制止武斗，收缴武器。王成斌奉命带领第273团两个营、第271团一个营前往诏安地区执行收缴武器、制止武斗的任务。他组织部队开展思想政治工作，宣传党的政策，促使"造反派"在很短时间内缴械下山，并与其对立的一派握手言和。在执行任务中不仅军地没有伤人，而且将"造反派"的枪械全部收缴。对此，福州军区和军委领导都非常满意。1

月15日，军长吴瑞山找王成斌谈话，首先肯定他执行任务讲究政策方法，完成任务圆满出色，而后说：军区决定让你到92师任师长，给你3天时间交接完毕到职。

第92师是王成斌的老单位，师政治委员在地方"支左"，全师工作由王成斌主管。他到任后，首先深入全师基层单位了解情况，掌握第一手材料，对如何抓好部队全面建设认真进行思考。他认为作为师长，考虑问题和抓工作都应根据军委和上级要求，围绕提高部队战斗力这个重心，把政治工作摆在首要位置，把主要精力和心思用在抓战备、抓训练上。

3月，珍宝岛自卫反击作战胜利结束后，中共中央和毛泽东号召全党、全军和全国人民"要准备打仗"。根据上级指示，王成斌组织部队开进防空疏散地域，构筑工事，进行战备训练。11月20日，第92师调归第29军建制，执行新的海防任务。转入紧急战备状态后，王成斌和师的其他领导于年底组织部队进行了野营拉练。他要求师、团领导和机关干部深入一线连队，白天边行军、边做政治鼓动工作，研究战术技术应用；晚上帮战士端水挑泡，站岗值班，体现战争年代那种亲密无间的官兵关系。部队野营拉练期间，进行了反空袭、抢占要点、组织防御、抗敌登陆及连进攻实弹战术演习。福州军区对这次野营拉练十分重视，及时总结和推广了他们的经验。

1970年初，福州军区要求第92师把第28军第83师因紧急战备移防，未完成的4000亩围海农场建起来。王成斌接受任务后，带机关人员多次勘察现场，广泛征求意见，制定了"边训练、边围垦、边生产、早见效"的方案。经过半年苦干，建成规模宏大的西滨农场，当年就收益100万余元，使全师副食品供应有了保障，较好地改善了部队生活。

这年冬天，中共中央军委副主席叶剑英到福建视察工作，住在第92师。王成斌有机会陪同叶剑英，经常聆听其教诲。叶剑英对该师的全面建设也给予好评。

12月，王成斌被任命为陆军第29军副军长。该军防守的海岸线长达250多公里，前沿守备部队与台湾国民党军占领的岛屿仅一水之隔，最近处不到10公里，是最便于登陆的地域，战备任务十分繁重。王成斌到任后，党委分工他负责作战和训练。他在工作中执行党委意图坚决，虚心向其他几位老副军长学习请教；在任职的13年间，走遍了防区内每个哨所，爬过所有的山头，丈量过大小河流，跑垮了 3 台吉普车。

1971 年 8 月 18 日至 9 月 5 日，福州军区遵照国务院总理周恩来和中共中央军委关于加紧做好防止国民党军中小规模窜犯准备的指示，组织全区部队结合作战预案进行战备演习。8 月 19 日至 9 月 24 日，按照军区指示和军党委意图，王成斌在长乐地区组织陆、海、空三军合练和永宁地区实施步炮协同作战演习。参演的有军机关、4 个师部、14 个团部、58 个步兵连、30 个炮兵连，还有海空军、永春基地兵站和野战医院及民兵等几万人。这次演习从实战出发，仗在哪里打就在哪里练，怎么打就怎么练，反复演练了坚守防御的组织指挥和解决如何实施兵力、火力机动，歼敌于水际、滩头和阵地内等课题。演习后，参演部队普遍反映，今后打仗心里有了底数。

1972 至 1973 年，军队工作进行初步整顿，中共中央军委要求全军把军事训练作为经常性中心工作来抓。王成斌遵照军区和军党委的指示，以主要精力狠抓军事训练的落实。他从打基础开始，狠抓连队技战术基础课目训练，以促进部队基本功更加扎实。

一次，福州军区司令员皮定均到第 29 军检查工作，到海边看地形。由于福建沿海地形河道复杂，途中既涉海滩，又过河流，王成斌便在前面引路。在通过一条河流时，皮定均问"水流这么急车能过去吗？"王成斌说：跟着我的车走，保证没问题。顺利过河后，皮定均说：王成斌简直是个"地老鼠""活地图"，能对每个火力点、每块界碑、每段复杂地形都记得清，说明心思都用在了战备上。

1974 年 3 月，在批林批孔运动中，江青、王洪文等人指责福州军区主要领导长期捂盖子，犯有严重方向路线错误。一时间"上挂下联"搞得乌烟瘴气。因原军区司令员韩先楚在 20 世纪 60 年代初到王成斌所在的团蹲过点，王成斌也成了被批判的"靶子"，军机关贴出了批他的大字报。为避开风头，王成斌去坦克连"蹲点"。直到毛泽东批评江青等人的错误做法后，王成斌才得以回到军机关。

这一年，王成斌遵照中共中央军委副主席叶剑英"把打坦克之风吹遍全军"的指示，在抓部队基础训练的同时，把训练以打步兵为主转到以打坦克为主上来，并在第 29 军范围内组织召开了夜间打坦克训练经验交流会。福州军区转发了这次交流会的经验，以推动全区部队的打坦克训练。

　　1975 年冬，王成斌率第 29 军前指和 5 个师机关、22 个团机关、254 个连队共 2.6 万余人，在闽东北和浙东地区进行野营拉练。这次野营拉练，除演练加强步兵师野战防御兵力部署、阵地编成、火力配系及战术手段运用外，还演练了合围关门、穿插分割、逐点攻击、撤离战场 4 个课题；研究了快速歼灭空降之敌的战术手段等，使全军各级指挥员对作战预案有了进一步理解，军政素质有了明显提高。

　　1976 年春节后，王成斌被选入中国人民解放军军政大学学习，担任第 3 队班长。按学校的安排，学员首先接受贫下中农再教育，后到北京郊区的人民公社劳动，赴山西大寨参观，而后学习军事理论、各种战法、研究合成战役指挥等。

　　王成斌在军政大学学习期间，不幸的大事接踵而来，周恩来、朱德先后去世，唐山大地震后不久毛泽东又逝世。王成斌和其他学员一样，都为党和国家的前途命运担忧。10 月，中共中央政治局执行人民意志，一举粉碎江青反革命集团，结束了"文化大革命"这场灾难。消息传来，王成斌由衷地高兴，感到党有希望了、国家有希望了。他在参加揭批江青反革命集团罪行的同时，把心思都用在了学习上。年底毕业时，学校组织毕业考试，王成斌取得优秀成绩。毕业后，王成斌仍回原单位工作。

　　1978 年 3 月 5 日至 16 日，王成斌所在军在福建莆田召开教育训练工作会议。副总参谋长李达率三总部有关人员到会检查指导。会上，王成斌负责组织全军 3000 多名各类专业骨干，进行 230 多个训练项目的汇报表演，受到三总部和军区领导的肯定。会后，福州军区又组织这次表演的训练尖子，到各单位巡回示范，以推动全区部队的教育训练。1981 年底，王成斌向军长杨清、政治委员王瑞卿建议，自己分管战备训练 10 多年，思想容易保守，该调换一下分工。此后，他分工抓行政管理工作。

　　1982 年 1 月 4 日至 2 月底，王成斌带领机关人员对全军连以上分队行政管理工作进行全面的调查研究。他们逐项检查，逐连点评，肯定成绩，指出问题。随后，军领导机关发出通报，表扬 30 个先进集体和 26 名先进个人，有效地促进条令、条例的贯彻落实和基层正规化建设。

　　在这次调研中，王成斌还发现一些因营界不清、归属不明、影响军政军民关系的历史遗留问题和军地纠纷。他建议以军名义制定下发《认真解决部队与地方存在的营界、土地争议等问题的指示》后，又组织 22 个划界工作组与地方政府一起进行营区、土地划界工作。到 1983 年 3 月，军地共签署83 份协议，解决了 30 多年来军地悬而未决的问题，进一步密切了军民关系。后来，福州军区通报了第 29 军的经验和做法。

四

1983 年 5 月 14 日，王成斌任南昌陆军学校校长。他到学校报到时，正赶上毕业班考试和筹办大学本科班，便立即投入紧张的工作中。为探索学校建设的特点和规律，他查阅了外军和兄弟院校办学的许多经验资料，认真学习领会邓小平关于军队办院校的指示和第十二、第十三次全军院校会议精神。同时，他同机关、教研室和学员队座谈，听取大家对办学的意见和建议，以进一步拓展视野、理清思路。王成斌在校党委常委会和办公会上提出：今后学校建设和发展的方向，就是要按照邓小平提出的"三个面向"（即教育要面向现代化，面向世界，面向未来）的标准，围绕着创办一流学校、组织一流教学、培养一流人才的要求，来制定教育训练方针。他的意见得到与会人员的赞同，在校党委中形成共识。

为加速军队现代化建设，中央军委决定在全军部分初级陆军学校开办 4年制大学本科班，并赋予南昌陆军学校从 1983 年起每年招收 200 名大学本科学员的任务。校领导和教职员工积极做好开办大学本科班的准备。为加快筹备工作进程，保证按时开学，在前期准备工作中，王成斌主持召开校务会议，专题研究抓落实的具体措施。他强调：办好一所院校，除有得力的领导班子、正确的教学方针外，最重要的就是建设一支思想作风过硬、业务素质精湛的教员队伍。他提出要成立招聘小组，走出校门，选调一流的教员任教。

学校在前期考察的基础上，招聘小组分赴全国 21 所名牌大学和科研院所，选拔商调 76 名高水平的大学教师。王成斌看到这些高学历的教员，清醒地认识到，要想拴住他们的心，留住这批人，让他们真正树立起为国防教育献身的思想，比选调他们更难。于是，他和政治委员及其他校领导给教员队伍作动员、提要求、讲传统，逐个谈心，帮助解决他们生活上、工作上的实际困难。为创造"拴心留人"的环境，学校硬件建设也在快马加鞭，他几乎每天都要听一次营建进展的情况汇报。五六个施工点昼夜不停，到处呈现出一派大干快上的景象。学校先后建起了教学楼，修建了实验室，新建了教员宿舍楼，成立了文化教研室，并增添了1.7万余册图书和教学资料。

8月初，学校为加强学术研究和教学改革，聘请军内外7名专家、学者担任顾问，成立第一届学术委员会，王成斌任学术委员会主任。为解决校领导班子知识滞后的问题，王成斌和政治委员董超商量，针对校领导自然科学知识是个弱项的实际，要求领导班子成员要以甘当小学生的精神，与大学本科班学员一道，对新开设的13门文化课同步学起，提高领导班子组织领导教学和管理学员的能力。南昌陆军学校"以甘当'小学生'的精神学习办大学"的经验和做法，被8月9日的《解放军报》刊登后，在同类学校中引起共鸣。

9月1日，首届4年制大学本科班按时开学，学校为200名新生举行隆重的开学典礼。这天，福州军区政治委员傅奎清、中共江西省委第一书记白栋材、江西省副省长柳斌和6名应聘专家教授参加典礼仪式。王成斌代表校党委讲话，进一步明确办校的方针、原则和任务，从学好科学文化知识、加强政治理论学习、发扬人民军队优良传统、严格组织纪律等方面对新学员提出了希望和要求。

为提高大学班的教学质量，学员上课时，王成斌和机关人员与学员一起听课，下课与教员、学员交谈，广泛征求对教学工作的意见和建议，及时帮助他们解决遇到的问题，受到广大教职员工的好评。为突出文化课的学习，又不失去军队院校的特色，在培养目标上，王成斌等校领导提出要围绕政治强、文化高、军事精、作风硬、身体壮、会带兵等全方位培养合格基层干部的要求。在课程设置上，采取头两年主要学习文化知识，穿插政治和军事基础课；后两年在完成大学本科课程的前提下，完成军、政课目学习。在教学管理上，实行规范、自管、互管的"三部曲"，既增强学员遵章守纪的自觉性，又提高组织管理能力，把学员培养成知识型、智能型、创造型的优秀干部。在教学和考试方法上，将课堂教学向野战部队延伸，建立教学实验基地，组织见习考察；把闭卷考试与口头演示、撰写学术论文与现场答辩相结合，注重培养学员观察、分析和解决实际问题的能力。

1984年，王成斌等学校领导根据部队建设的需要，经过反复论证，在同类院校中首先提出将部队战士学员的培训起点由中专教育升为大专教育。这一设想，很快得到总部的认可，并决定在南昌陆军学校进行学制改革试点。次年9月，学校就从福州、昆明军区部队招收担任过正副班长和参加过作战的优秀战士122名为大专班学员。

为加强学校思想政治建设，王成斌针对青年学生、部队学员的特点，提出重在思想上育人、政治上树人，广泛开展有理想、有道德、有文化、有纪律的"四有"教育。他怀着对邓小平的崇敬和爱戴，把"文革"中邓小平下放江西时在学校住过的小楼进行整理，并命名为"小平楼"，同南昌"八一"起义纪念馆、井冈山等景点一起作为教育基地，对学员进行爱国主义、革命英雄主义和人民军队优良传统的教育。他带头给全校党员上党课，结合形势，旗帜鲜明地强调坚持四项基本原则，反对自由化倾向。通过抓教育，在全校师生中逐步形成讲理想、讲大局和讲奉献，爱学习、守纪律、安心工作、奋发向上的良好氛围。

为提高教学质量，王成斌狠抓建章立制工作。他组织学术委员会在调研的基础上，陆续论证下发了《学校改革提要》《学校学术委员会简章》《关于实行学术研究责任制的暂行规定》《关于学术研究成果奖励的暂行规定》《教职人员外出兼课酬金和稿费分配的暂行规定》和《关于报考研究生的暂行规定》等。之后，他又与分管行政管理的校领导一起，经过分析研究学校建设的特点和规律，组织制定下发《学校正规化建设章程》，以体现从严治军、治校、治学的精神，推动学校工作的开展。

4月，王成斌主持召开校学术委员会会议，总结委员会成立以来学校教学改革情况，讨论研究今后的科研工作。他不仅带头参加学术研究，还经常撰写军事题材的学术论文在报刊上发表。由他主编的《中国一百个军事家》《民国高级将领列传》，获全国通俗政治读物一等奖。他还主编出版了《邓小平现代军事理论与实践》。在他的带动下，不少校领导和师生纷纷参与学术研究，使学校取得一大批科研成果。在福州军区召开的训练改革现场会上，南昌陆军学校提交的10项改革、革新项目，有5项获得名次。其中"磁性立体组合教图"获福州军区技术革新一等奖，"单兵综合训练改革录像片"由总参谋部向全军发行，"简化司令部指挥程序教学改革"被福州军区推广。

王成斌在工作中关心群众生活，注意工作方法。他针对家属随军、孩子上学难的问题，指定专人负责联系，限期解决。他针对孩子上学远、接送不便，很快解决了班车问题。他针对学校家底薄、资金少、生活教学条件难改善的问题，在政策允许范围内，组织筹建汽酒厂、砖瓦厂、校内服装加工部等，还挖了4个养鱼塘，把盈利全部用来改善教职员工的生活。他设法筹集资金，组织改造破旧校舍，新建实验大楼、图书馆、洗澡堂和5栋干部宿舍楼，对办公大楼和礼堂也进行了整修，使学校的生活环境、教学设施和办公条件都得到很大改善。

7月17日，学校接到中央军委《关于选调部分初级指挥院校应届毕业学员到云南边防部队代职见习的决定》，严格挑选出60名军政素质优良的学员组成代职见习队。王成斌对学员进行深入的思想动员，并组织参战队学员进行短期的临战应急训练。他结合自己过去的作战经历，向学员们传授作战经验，使学员们备受鼓舞。大家表示，一定要圆满完成参战见习任务。参战学员在半年多的代职见习期间，发扬不怕艰难困苦、不怕流血牺牲的战斗精神，先后参与指挥46个排、作战100余次，涌现出5名战斗英雄（烈士）。

1985年1月，学校整党正式开始。王成斌代表校党委作动员报告，他要求全体党员以坚决、严肃、认真的态度，进行思想、组织、作风、纪律整顿。通过学习教育整顿，全校师生经受了一次深刻的党风、党纪、党性教育，统一了对中共十一届三中全会以来路线、方针、政策的认识，加深了对坚持四项基本原则、改革开放和建设有中国特色社会主义理论的理解，增强了从思想上、政治上与党中央保持一致的自觉性。

4月初，王成斌根据学校训练改革的需要，组织修建能够进行单兵系列化训练的全能训练场。中旬，又在警通连召开办好小作坊现场会。这两项工作均受到福州军区领导的肯定。

王成斌在抓工作过程中，善于总结经验，推动教学改革和学校全面建设。他撰写的《关于办大学本科班几点看法》的文章，4月在军事科学院主办的《军事学术》上发表，第一次提出军队院校应把"指挥管理型"人才作为培养目标的观点，得到总部领导和机关的认可。不久，《解放军报》也全文刊登这篇文章，为初级指挥院校办学提供了有益借鉴。10月22日至28日，全军"陆军学校大学本科班教学工作座谈会"在南昌陆军学校举行。来自全军11所学校的代表和总部、福州军区有关领导参加会议。南昌陆军学校在会上介绍了如何办好大学本科的经验，受到与会人员的好评。11月12日，总参谋部下发了《陆军学校大学班教学工作座谈会纪要》。

五

1985 年 5 月 23 日至 6 月 6 日，中央军委在北京召开扩大会议，讨论军队体制改革精简整编问题。王成斌参加了这次会议。这次会议决定，军队进行百万大裁军，对几个大军区进行调整，其中南京军区与福州军区合并为新的南京军区。6 月，王成斌被任命为南京军区副司令员。南京军区党委常委分工，王成斌主抓军事训练和行政管理工作。

王成斌根据军区司令员向守志、政治委员傅奎清的指示，首先分工抓精简整编，撤编福州军区的工作。他认为精简整编、两个大军区合并，是中共中央和中央军委的战略决策。要做好这项工作，只有从战略的高度认识问题，在大局下统一行动，把每个人的思想都统一到中共中央、中央军委的决策上来，才能正确处理个人、局部利益服从国家整体利益的关系，做到严格遵守纪律，一切行动听指挥，使两个大单位真正在思想上、感情上、行动上融合成新的战斗集体。他带工作组深入军区驻闽、赣两省的部队，逐个单位做工作，反复宣传中央军委的决策，统一大家的思想。整编过程中，各级党委在各单位关系的处理上，强调信任、友谊、谅解、支持的原则；对撤编转隶的单位，在交接中做到讲大局、讲团结，达到了交方、接方和上级三满意；对原福州军区干部的使用，搞五湖四海，不搞亲疏厚薄，做到人尽其才，发挥所长；对老干部和编余干部，在广泛听取和征求本人意见的基础上，克服困难，妥善安置。整个撤编工作进展顺利，两个军区从思想上、组织上融为一体。

福州军区和南京军区合并不久，王成斌受军区领导的委托，几次看望在南京休息的老司令员许世友，向其讲两大军区合并和部队建设情况。许世友听了王成斌的介绍非常高兴，当回忆起在胶东战斗的情景，得知王成斌是从胶东打出来的老兵、"象山连"连长、攻打济南城的突击队队长时，深情地握着王成斌的手说：你们年富力强，两大战区合并，有你们这些同志带部队，军队的现代化、正规化建设大有希望。

为适应军队建设指导思想的战略性转变，把教育训练摆到战略地位，加速部队的现代化建设，王成斌于 11 月下旬带军区工作组考察总结步兵某师军地两用一体化教育训练的经验。他与师领导一起研究，一起实践，明确一体化训练以军为主，把军事训练、政治教育、学习文化和民用技术作为一个整体，统筹规划；在党委统一领导下，司政后机关分头组织实施，解决矛盾，理顺关系，真正形成军、政、文、民（即军事训练、政治教育、科学文化教育、民用技术训练）一体化训练的模式。他在该师总结出的军地两用一体化教育训练情况的考察报告，得到军区党委常委的肯定。军区确定在该师召开现场会，推广他们的经验。

军区拟在该师召开现场会的情况向总部报告后，总部首长十分重视，确定把南京军区的现场会变为全军的现场会。1986 年 4 月 2 日，王成斌又带工作组到该师筹备现场会，做各项准备工作，一个一个问题地抓落实。5 月 25 日至 31 日，全军在该师召开军地两用一体化教育训练现场会。中央军委副秘书长、总政治部主任余秋里和三总部领导到会并讲话，参加会议的还有各大军区的政治委员和国家有关部委的领导，以及本军区师以上单位的领导，与会人员充分肯定了该师一体化教育训练的经验。余秋里强调要在全军普遍推广该师军地两用一体化教育训练的经验，把培养两用人才工作推向新阶段。随后，中央军委下发文件，号召全军学习某师军地两用一体化教育训练的经验，对全军军地两用一体化教育训练起了促进作用。余秋里等总部领导对这次现场会的准备、保障工作非常满意，高兴地说：你们对典型抓得好，会议准备得好，想得细，服务周到，为会议圆满成功作出了贡献。

在抓军区部队训练上，王成斌结合自己的分工，结合领会中央军委对军队建设指导思想实现战略性转变的要求，提出军队建设应着重转变六个观念，即：在训练指导思想上，要树立战略观念，把立足于明天就打的"临战式训练"转变为"未来式训练"，狠抓打基础、起长效、带规律性的东西；在训练体制上，要树立社会化大生产观念，使训练组织形式由小而全的封闭式转为社会化开放式，从以连为单位的单一训练转为以集团军为训练系统的基地式训练；在训练内容上，要树立系统观念，把部队、院校训练结合起来，避免交叉重复和低层次循环；在训练方法上，要树立效益观念，以短时间、低消耗取得最佳效果，练兵方法要从"注入式"转变为"启发式"；在训练检验标准上，要突出创新，从"体力型"转向"体智型"，干部要侧重于"智力型"；在军地两用人才培训上，要树立以军为主，搞一体化教育训练，克服单纯学民用技术和生财思想。从而把新时期教育训练观念转变的实质，落实到邓小平关于"三个面向"的指示精神上来。

为检验部队训练成果，提高在现代条件下进行局部战争的实战能力，王成斌于 11 月带领工作组到某集团军考察，确定进行一次集团军首长、机关带部分实兵的战役演习。对演习地区、兵力、方法和经费都作了明确规定。经军区党委常委同意，在总部首长指导下，王成斌具体负责组织这次军、师、旅、团机关带部分实兵的检验性战役演习。演习以战区初期抗登陆作战为背景，按照战役进程和特点，从某地区实地作业到浙赣一线，行程 1000余公里，持续半个多月时间，演练了临战准备、反突袭、战役机动、阵地防御 4 个课题。全面检验部队训练成果，提高领率机关战役组织指挥和诸军兵种协同作战能力，达到了演练目的。

为搞好军区一体化训练，王成斌向军区党委常委提议，军区原三界合同战术训练基地要扩大规模，加强现代化设施建设。军区党委常委同意后，王成斌负责从筹划到具体方案的落实。其间，他多次到北京向总参谋部领导和机关汇报，得到大力支持和及时指导。总参谋长杨得志也给予充分肯定，说：你们建设大规模的训练基地是个创举，搞现代化训练就是要有大手笔，这个基地建好后，对全军都有指导作用。王成斌多次到三界训练基地蹲点，与基地领导一起研究，科学建设、狠抓落实。从筹建以来，经过多年努力，初步建成了场地规范、训练器材配套，能满足部队训练要求，比较现代化的大型训练基地。后来，总部在这里召开了现场会，国务院的一些部长也来观看，受到各界赞扬。

1987 年初，总参谋部决定在南京军区某师召开全军战术训练改革现场会。王成斌带工作组到该师，与军、师、团领导一起研究，一起训练，一起试验，经过 6 个月的训练实践，探索了战术训练的新路子，建立健全了一套比较系统、正规的训练秩序，形成了从师到连的"四级"计划体系，规范了陆军师战术训练的方法。9 月 17 日至 26 日，总参谋部在该师召开全军部队战术训练现场经验交流会，各大军区、各军兵种、国防科工委分管训练的首长和业务部门领导，总参有关部处负责人，以及部分院校领导参加会议，副总参谋长韩怀智作总结发言，充分肯定该师战术训练试点成果。时任该集团军作训处处长、后任总参作战部部长戚建国回忆说：该师的战术训练改革，从筹划到实施的全过程，都是在王成斌副司令员具体指导下进行的。与会的各级领导认为，这次会议是"文化大革命"以来全军训练史上一次重要的会议，系统研究解决了训练改革问题，不单是一项内容、一个课题改革，而是一次训练思想、训练观念、训练方法的改革，总结了我军训练的基本方法，后编入了陆军训练指导法。这次会议虽已过去多年，但其基本精神对陆军训练仍然有指导意义。

10月25日至11月1日，王成斌出席中共第十三次全国代表大会，并当选为中央委员。

进入1988年，王成斌把着力点放在了抓部队作风建设上。针对有的干部战士对正规化训练存有模糊认识，有的不重视仪表养成等问题，他先后向部队提出强化法规和条令条例意识，注重日常养成教育，进行严格训练，实施依法管理等要求，并在解放军报连续发表《歪帽何以正天下》《把好自己这一关》《突破口与纵深》等10多篇文章，着重阐述军人举止端庄、精神振作，是庄严、威武、勇敢的象征，是战斗力的体现；只有按条令条例严格要求、严格训练、严格养成，才能确保人民军队文明之师的良好形象。王成斌的这些思想和观点，得到了广大官兵的认可。他在南京军区某师蹲点时，发现该师的管理教育，部队正规化建设有特点，就交代军区机关有关部门和师里一起总结经验。通过认真调查研究，将这些经验归纳为"三三系列管理法"，即：三全管理（全方位、全时制、全员额）、三方共管（部队、地方政府、战士家庭）、三管齐下（教育、训练、管理）。8月22日至25日，该师所在的集团军召开"三三系列管理法"经验交流会。王成斌到会讲话，充分肯定他们的经验，号召全区部队学习他们的管理经验。随后，总参谋部转发该集团军实行"三三系列管理法"的基本做法，对部队作风培养和正规化建设起到了促进作用。

9月，王成斌被中央军委授予中将军衔。

11月27日至12月5日，王成斌主持召开军区训练、管理工作会议。各集团军军长、师长、旅长和有关单位军事主官参加。他在会议开幕时致辞，在结束时作总结讲话。他强调：会议采取以会代训的形式，各级军事主官要认真学习军委、总部关于加强部队训练和管理工作的一系列指示，进一步解放思想，更新观念，强化意识，坚持改革，联系军区部队的实际，具体研究新时期部队训练和管理工作的新特点及对策，通盘考虑和规划部队的军事训练、管理教育工作，达到寓训于管，寓管于训，形成一个整体，全面加强部队现代化建设。以会代训，使与会人员提高了认识，统一了思想，为开创军区部队训练和管理工作新局面奠定了基础。

12月，中央军委扩大会议决定，恢复各级教导队的编制。王成斌为摸清师教导队建设的底数，带秘书和参谋人员跑遍了军区的师教导队，并在某师教导队进行现场办公，就地解决问题，以促进全区教导队建设走上正轨，带动整个部队的教育训练。

1989年，为加强军区部队的基础训练，认真贯彻中央军委提出的部队建设指导方针，防止和克服短期行为，扎扎实实打基础，保持军事训练稳步发展，王成斌到福建某岛某团蹲点，摸索部队基础训练的经验。该岛在全国解放后，曾两次遭到国民党军的偷袭，损失惨重。上岛后，他认真检查该团的基础建设和战备工作，多次与干部战士一起探讨反登陆作战和在孤军情况下，如何利用地下工事待援等作战问题，使守岛工作得到很大加强。

王成斌到部队检查指导工作或在部队蹲点，坚持同基层干部战士同吃、同住、同训练，实行面对面的传帮带。他对蹲点单位各级领导班子成员的姓名、特点都讲得出来，成为大家的知心朋友。中央军委一位领导到南京军区考察领导班子时，找军区部门以上领导和军里领导谈话，在几个军、省军区进行民主测评，王成斌得票多，评价高。南京军区原政治委员傅奎清回忆说：王成斌是一个很正派的人，对组织忠诚，作风正派，不搞歪门邪道，对同志很诚恳、很热情，既讲原则，又讲政策，善于团结同志；对工作认真、实在、大胆，敢于负责，一心扑在工作上，从不考虑个人问题，是一位很优秀的领导干部。

在南京军区工作期间，王成斌还先后代表军和军区领导接待外国元首和20多个国家的军事代表团来访。其中有柬埔寨国家元首诺罗敦·西哈努克亲王和夫人莫尼克公主，联邦德国议院拨款委员会主席瓦尔特夫妇、泰国陆军代副司令阿卡蓬上将、副总司令披西·莫布上将，美国陆军训练条令司令部司令瑟曼上将，澳大利亚陆军参谋长奥唐奈中将和夫人等。通过陪同外宾参观，向外国朋友宣传中国改革开放的伟大成就、独立自主的和平外交政策，以加强相互间的交流，促进相互间的了解和友谊。

六

1990 年初，中央军委领导找王成斌谈话，准备让他到北京军区任司令员。他明确表示，北京军区战略地位重要，我年龄大了，让年轻的同志去更适合。4 月下旬，根据中央军委命令，王成斌就任北京军区司令员，并担任军区党委书记。25 日，他在军委宣布北京军区领导班子成员调整配备命令的大会上，与军区机关和领导班子成员见面并讲了话。王成斌对北京军区的光荣历史和优良传统，对全区军事、政治、后勤等工作上取得的成就，对戒严中的突出表现作了高度评价，对上届领导班子和机关干部的贡献给予充分肯定，对今后部队建设提出了希望。

到北京军区工作后，王成斌对今后的工作怎么搞、抓什么，认真进行了思考。他认为，北京军区内卫首都，外镇北疆，东临渤海湾，战略地位重要。军区机关离中共中央、中央军委近，小问题处理不好，也容易酿成大事影响全国，必须紧跟中央，吃透上级精神，在大是大非问题上坚决与中共中央保持一致。自己是军区党委书记、军事主官，必须在维护中共中央、中央军委的权威上带好头，做表率。曾任北京军区政治部主任、后任南京军区政治委员的方祖岐回忆说：王司令员讲政治，顾大局，对紧跟党中央、维护党中央的权威，旗帜鲜明，逢会必讲，处处为我们做表率。

为保持军区工作的连续性，王成斌带机关工作人员从 5 月到年底的 8 个月里，先后到 12 个军级单位、几十个师级单位和一些连队进行调研，与军级和部分师、旅级干部谈了话，并与部分省市领导见了面，从而掌握了第一手材料，摸清了部队底数。他通过调查研究，提出要加强各级领导班子建设，强化官兵政治信念，突出军事训练和管理，搞好后勤各项保障，抓好工作全面落实的思路。

9 月下旬，王成斌陪同中共中央总书记、中央军委主席江泽民视察内蒙古军区。视察结束后，他召集全区师以上干部会议，强调务必把抓好基层建设作为各级领导的重点，务必把各项工作落到实处，树立为基层服务的思想。他特别批评了做表面文章和弄虚作假的坏作风，要求继承和发扬人民军队的优良传统，按照邓小平新时期军队建设思想和江泽民的指示，加强新时期思想政治工作，扎扎实实打基础，全面加强部队建设。

9月22日至10月7日，第十一届亚洲体育运动会在北京举行。这是中国第一次举办亚运会，首都安全稳定任务十分繁重。为保障亚运会的圆满成功，根据中央军委、总部指示和亚运会工作领导小组部署，北京军区抽调4万余人，主要担负重大国事活动和比赛场馆的安全警卫、开幕式团体操、车辆司机保障等任务。王成斌多次主持召开专题会议，成立亚运会安全领导小组，听取情况汇报，审定实施方案，到担负任务的部队检查指导工作，确保军区圆满完成承担的亚运会各项服务保障任务，受到亚运会组委会的称赞。

王成斌到军区工作不久，便和政治委员张工多次看望中央军委原副主席聂荣臻。聂荣臻讲起已报经中共中央和中央军委审批，由北京军区牵头，在天津建造平津战役纪念馆，希望北京军区组织协调好这项重大工程。王成斌和张工代表军区党委表示，一定要按照中共中央和中央军委的指示，抓紧做好前期准备工作。

1991年初，根据中央军委指示精神，总政治部在全军部队开展坚持党对军队绝对领导教育。王成斌在年初召开的军区党委五届十三次全体（扩大）会议上，代表军区党委对全区部队坚持党对军队绝对领导教育作了部署。他要求各级党委把这一教育作为政治工作的一件大事来抓，按照军委和总部的有关指示，从确保部队政治合格的高度，组织好这次教育。军区党委抓了三个不同类型团级单位的教育试点，召开教育准备会，研究制定教育的具体措施和方法，为加强全区部队政治建设，保证官兵在政治上永远合格打下坚实的思想基础。

2月9日，王成斌主持召开军区党委常委民主生活会。在这次会上，王成斌请党委常委们帮他对近一年来的工作进行总结和反思。大家认为，他政治上坚定，能从思想、行动上带领部队与中共中央、中央军委保持高度一致；事业心强，精力和心思都用在抓中心工作上；善于团结发挥一班人的作用，民主集中制坚持得好；对自身要求严格，遵守《关于党内政治生活的若干准则》认真；作风深入扎实，解决问题及时。但他从自己抓党委领导班子集中理论学习不够，与"一班人"坐下来分析研究部队中存在的问题不够，机关会议偏多，部队管理上还有薄弱环节等方面，认真检讨了作为书记、"班长"应负的责任。与会人员从他看问题尖锐，讲问题到位的思想方法和良好作风中受到教育。

经中央军委批准，北京军区从年初开始，奉命组织军事训练成果汇报表演的准备。王成斌和张工领导军区党委把搞好这次汇报表演作为一件大事，受领任务后，立即召开会议进行研究部署，组建筹备机构，拟制军事训练汇报表演的方案和计划。他和张工直接领导，分工军区党委5名常委具体负责。按照体现合成、优中选精、符合实战、有所创新、注重基础、制式规范的原则，确定了军事训练汇报表演的课目。7月9日，中央军委常务会议审议批准组织军事训练汇报表演方案。根据总参谋部指示，军区成立由18人组成的军事训练汇报表演指挥部，王成斌任总指挥。10日，王成斌主持召开指挥部第一次会议，传达学习军委常务会议精神，总结前一阶段准备工作情况，部署下一步工作任务。他代表军区党委提出了"四个一流"的总目标，即：以一流的训练成绩，一流的精神风貌，一流的组织水平，一流的团结合作，搞好汇报表演。

经过精心准备，9月10日，北京军区在河北省怀来县官厅水库地区组织军事训练汇报表演。这次汇报表演，是北京军区自1964年大比武、1981年"802"演习和1984年国庆阅兵后，组织的又一次较大规模军事训练成果汇报表演，有11个大单位和部分直属单位，以及陆军航空兵、中国兵器工业总公司等单位参加。党、国家和军队的领导、国务院有关部门、三总部首长和机关、驻京各大单位领导机关及军区部分团以上干部，共1800余人观看汇报表演。

参演部队通过对26个精选课目的演练，展示了近10年来军区训练改革的新成果。表演结束后，江泽民发表重要讲话，对这次重大军事活动给予高度评价。江泽民指出：军事汇报表演很精彩、很成功，充分展示了广大指战员过硬的军事素质和良好的精神风貌，是全军严格、正规、扎实训练的一个缩影，体现了全军部队在中共中央、中央军委领导下，认真贯彻新时期军队建设方针原则，在加强革命化、现代化、正规化建设方面所取得的新成果。国务院总理李鹏、中央军委副主席杨尚昆、刘华清和总参谋长迟浩田、总后勤部部长赵南起等领导对演习也给予高度赞扬和评价。许多地方领导反映，看到解放军的强大很自豪，很受鼓舞，增强了安全感，更坚定了搞好经济建设的决心和信心。中央电视台对演习进行了专题报道，国外几十家有影响的报刊大幅刊登演练照片，报道现场盛况。八一电影制片厂拍摄了由江泽民题写片名的《一代精兵》专题片。

汇报表演结束后，参演部队自下而上地进行了总结。北京军区召开军事训练汇报表演总结大会，王成斌作总结报告。迟浩田代表中央军委和三总部出席会议，并发表重要讲话，称赞这次军事训练汇报表演，内容丰富，组织周密，各课目完成得很出色，圆满完成了预定任务。

为进一步加强军区各级领导班子建设，王成斌从10月28日开始，用7天时间，主持召开军、师、旅三级党委书记会议。他就党委书记如何认清形势、明确责任、提高自身素质能力、努力做好工作等问题，发表了意见。他指出：书记是单位党的建设的组织者，对保证党对军队绝对领导负有重大政治责任，任何时候都要政治上坚定，旗帜鲜明，聚精会神抓思想政治建设，不间断地用党中央指示精神统一部队的思想，从政治上牢牢掌握部队。"班长"不是家长，会前要征求意见，不能将自己的观点强加于人；会上发言不能以领导、首长的身份出现；要让"一班人"充分发表意见，最后拍板要慎之又慎。总之，要坚持原则，讲风格，讲感情，发挥好把关定向、驾驭全局、组织协调、检查监督和表率示范作用，建设过硬的"班子"，带出让党中央放心的一流部队。

1992年初，军区为深入学习贯彻邓小平新时期军队建设思想和江泽民关于军队建设的重要指示，落实中央军委积极防御的战略方针，对全区部队年度军事训练进行了总体规划。1月14日，王成斌在听取司令部的汇报后，对今后军事训练搞什么、怎么搞，讲了自己的意见。他指出，第一，要解决好指挥员现代化指挥意识，再不能沿袭过去只凭斗智斗勇的简单思维方式，要从手段、内容、程序和艺术上研究现代条件下的高技术作战指挥。第二，要从对华北战区濒海的多方向上，研究未来如何抗登陆作战问题。第三，要在继承的基础上大胆创新，在打赢高技术战争的军事理论上有所建树。第四，要体现毛泽东军事思想、邓小平新时期军队建设思想和江泽民关于军队建设的重要指示，立足现有装备，以劣胜优，树立超前意识。这一年，全区各级司令部机关的参谋人员按照军区要求，围绕华北战区部队担负的任务、地域条件、战争特点等课题，展开了训练和研究，取得一大批很有见解和新意的军事理论成果，使全区军事指挥机关的能力、水平、素质都有了质的提高。

2月3日，除夕夜。王成斌陪同中央军委主席江泽民、副主席刘华清等军委领导到北京卫戍区警卫第一师仪仗大队看望部队，参加连队新春茶话会，与战士同桌吃饺子，官兵们备受鼓舞。3月2日，江泽民签署命令，授予北京卫戍区仪仗大队"军旅标兵"荣誉称号，号召全军部队向仪仗大队学习。14日，军区召开仪仗大队"军旅标兵"命名大会，王成斌主持大会，总政治部副主任于永波宣读中央军委的命令。军区党委要求全区部队要以仪仗大队为榜样，自觉践行忠于党、忠于国家、忠于社会主义、忠于人民的崇高品质，始终保持坚定的信念、顽强的意志、过硬的技能、务实的作风、严明的纪律和良好的形象。之后，王成斌又陪同总参谋长迟浩田到仪仗大队视察指导工作，他还为仪仗大队写了"身似青松，举步生风。山的雄姿，海的尊容"的题词，勉励官兵珍惜荣誉，为祖国争光，为军队添彩。

9月，军区后勤部按照军区党委的指示，召开全区生产经营会议。王成斌根据上级的指示精神，对部队生产经营提出规范和要求。他指出：各大单位要按照江主席"军队还是要'吃皇粮'"（《江泽民文选》第一卷，人民出版社2006年版，第149页），不再搞生产经营的指示精神，压缩规模，加强集中统一归口管理和廉政建设，生产经营人员要模范执行党和国家的政策法令，维护军队的声誉和形象，为提高部队的战斗力服务。他的讲话得到与会人员的赞同。

全军生产经营工作会议之后，王成斌又旗帜鲜明地提出：军区部队的生产经营，要坚决贯彻执行江主席和军委关于整顿改革生产经营的一系列重要指示，按照《中央军委关于整顿改革军队生产经营的决定》，逐级逐项进行清理整顿，做到横不攀、纵不比，老老实实正自己，真正把思想和行动统一到中央军委的决策上来。全区部队按照军委和军区党委的统一部署和要求，扎扎实实抓了生产经营的整顿改革工作。

10月，中国共产党第十四次全国代表大会召开。在这次会议上，王成斌再次当选为中央委员。

10月18日，中央军委对北京军区领导班子作了调整，王成斌仍任原职。在随后主持召开的欢迎"班子"新成员大会上，他要求大家做到，思想路线一定要端正，工作作风一定要扎实，心思和精力一定要用在工作上。

为从难、从严、从实战需要出发训练部队，提高部队严寒条件下，远距离机动和连续作战能力，王成斌于12月21日至26日到塞北坝上，组织某集团军进行首长、机关带部队的演练。从高寒条件下的走、打、吃、住，到战时政治工作、后勤补给、民兵动员、纵深突破及撤出等，都进行了演练。

12月27日，王成斌参加某集团军党委常委领导班子建设形势分析会，并作"坚持党对军队绝对领导，军队真正听党的话"的发言。他针对社会上存在的用人风气不正、廉政建设不力、作风不实等问题，要求各级党委班子秉公用权、清正廉洁、求真务实，大力促进各级党委班子建设。

1993年，王成斌提出各级要加强对打赢现代条件特别是高技术条件下局部战争的战法研究和作战训练，在实战背景下锻炼部队快速机动和协同作战能力，全面提高指挥员的战役指挥水平。5月28日至6月2日，军区组织战役演习，集中研究了高技术条件下打赢局部战争的问题。6月30日至8月26日，军区又组织军事演习。他分工副司令员任总导演、副参谋长和军训部部长任导演组组长和副组长，具体组织这次演习。在几次会议上，他要求导演部依据高技术战争的特点精心筹划、灵活导调，随时改变战场情况。各级指挥员准确把握战场态势，及时抓住有利战机，果断下决心，指挥所属部队投入战斗。参演部队突出创新，强调纵深、立体、高速的特点，千里机动，冒雨开进，风餐露宿，严格要求，4个阶段演练了11个课目。与此同时，战时政治工作也在演习地域内进行精心筹划，积极探索出许多有益的经验和做法。从而使全区战备工作在贯彻落实军委新时期战略方针上向前迈进了一大步。

为强化部队管理，王成斌指示机关采取分类指导、分片治理、抓班子带机关、抓机关带基层的办法，促进部队的管理工作。9月29日，军区在北京卫戍区召开全区管理先进单位经验交流会。与会人员通过听取北京卫戍区把"两个经常"落到实处，确保部队高度稳定和集中统一，圆满完成教育训练、战备警卫、后勤保障和迎外等各项工作，涌现出闻名全军的"军旅标兵"仪仗大队等一批先进集体和个人的经验介绍，又通过看管理现场，深入班、排与官兵座谈等，对"从严治军才能出战斗力"的理念有了新的认识。

王成斌重视解决部队基层物质文化生活上遇到的困难，对一些单位存在的吃水难、洗澡难、看病难、家属来队住房难、读书看电影难等实际问题，多次让有关部门拨出专款，限期解决，逐项落实。二连浩特边防团的用电和某守备旅长期吃水困难的问题，军区和各级领导想了不少办法，仍未能从根本上解决。王成斌到这两个边防单位调研了解情况后，亲自请示总后勤部领导解决。总后领导非常重视边防建设，很快拨出专款，给二连浩特边防团架设数十公里高压电线，为某守备旅修建水塔、铺设引水管道，彻底解决了这两个单位的老大难问题。

王成斌在任北京军区司令员期间，先后出访俄罗斯、罗马尼亚、保加利亚和民主德国等。每次出访，他都注意学习和借鉴外军的有益经验，以便结合部队实际，促进部队正规化和现代化建设。

12月11日，中央军委鉴于王成斌已超龄，免去他北京军区司令员职务。

七

王成斌被免去军区领导职务后，仍关心党和国家的事业、关注军队的改革和发展，履行好中央委员职责，自觉贯彻执行党的路线方针政策，维护中央领导集体的权威。

1997年9月，王成斌作为特邀代表列席中国共产党第十五次全国代表大会。他虽不是正式代表，但回想起自己担任第十三、第十四届中央委员期间，以最大努力尽到一名中央委员应尽的责任，心中感到无限宽慰。新一届中央委员会确立了邓小平理论的历史地位，把邓小平理论写入中国共产党党章，同马列主义、毛泽东思想一起作为党的指导思想，他备受鼓舞。

1998年7月22日，经中央军委批准，王成斌正式离职休养，并荣获中国人民解放军独立功勋荣誉章。从这时起，他给自己规定了"三不"要求，即不给组织上提要求添负担，不干扰军区现任领导的工作，不参加商业性的社团活动，但他在思想上却时刻关心着党、国家和军队的建设。他先后出席纪念中国人民抗日战争暨世界反法西斯战争胜利60周年大会、纪念红军长征胜利70周年大会、庆祝中国人民解放军建军80周年大会、全军英雄模范代表大会和中共中央举行的纪念改革开放30周年大会。他还应邀先后登上天安门城楼参加新中国建立50周年、60周年国庆观礼等重大庆典活动，受到江泽民、胡锦涛等党和国家领导人的多次接见。他每天阅读报刊，收听、收看新闻，坚持读书和锻炼身体，思想改造从未放松，心里总是装着党和人民。

（蒋继光、任立国撰稿）

（本例文选自《解放军高级将领传》，编委会编，解放军出版社2007年版）

例文 14：小传

卢 梭 传

让-雅克·卢梭（Jean Jacques Rousseau，1712—1778）是法国 18 世纪最杰出的资产阶级启蒙思想家和文学家，他比孟德斯鸠和伏尔泰较为接近人民，思想也更激进。他的作品和学说对后来的法国资产阶级革命产生了重大的深刻的影响，革命中的激进民主派就是以卢梭为他们的精神导师的。

卢梭生于日内瓦一个钟表匠的家庭。自幼丧母，寄人篱下，14 岁时被迫外出谋生，在店铺里当学徒，并曾长期过着衣食无着的流浪生活，他因此广泛地接触了社会现实特别是下层人民，对封建专制社会中的不平和人民的苦难有深切的感受，在心里"种下了反对不幸的人民所遭受的苦难的根苗"，这使他后来在自己的论著里对这个时代、社会发出了愤懑的抗议。

卢梭从童年时代起，就阅读了大量的书籍。1733 年他寄居在华伦夫人的家里以后，更获得了良好的自学条件，他广泛学习了音乐、数学、天文、历史、地理，系统钻研了唯物主义哲学，并接受了伏尔泰的影响，成为一个思想进步、学识渊博的人。1741 年，他带着自己发明的音乐简谱法前往巴黎。他把简谱法呈给法兰西学士院，学士院被保守迂腐的学究所控制，完全否定了他的发明创造。他谋得驻意大利使馆秘书的职务，不久又因与上司不和而丢了饭碗。他回巴黎后，以抄写乐谱为生，同时应狄德罗之约，为《百科全书》撰写音乐方面的稿子。他和狄德罗结成了深厚的友谊。狄德罗因宣传无神论被捕入狱后，他上书要求释放并声称愿意陪同过监狱生活以示抗议。1749 年，在从巴黎到范赛纳监狱去探望狄德罗途中，他看到第戎学院的征文广告，题目是"科学艺术的复兴对改良风俗是否有益"。在狄德罗的鼓励下，卢梭写了论文《论科学与艺术》去应征，在文章里，卢梭对征文的题目作了完全否定的答复。虽然卢梭笼统地对科学与艺术一概加以否定是完全错误的，但他实际上是把批判的矛头指向封建贵族阶级虚伪的文明和轻佻的文艺，认为它们掩盖了社会的罪恶、束缚了人们的精神，妨碍了人类的天性。与此同时，论文热情赞颂了劳动人民的朴实自然，表现了激进的民主主义思想。《论科学与艺术》一文应征中选，使卢梭的名声很快传遍了法国。

1755年，第戎学院又以"人类不平等的起源"为题公开征文，卢梭再一次撰文应征，这就是他最重要的理论著作《论人类不平等的起源和基础》。在这部论著里，卢梭把原始社会当作黄金时代加以描绘，歌颂人类的自然状态，认为进入文明社会以后，就有了"不平等"和"奴役"；他深刻地指出了人类不平等的起源在于私有观念的产生和私有财产的出现，论述了随着不平等而来的则是法律、官吏、国家、政府以及战争，他对封建专制和暴政进行了批判，并且提出了以暴力推翻暴力的主张。卢梭的这部论著以其所提出问题的重大和论述的深刻，在整个欧洲思想史上占有重要的地位，恩格斯曾经称赞它是"辩证法的杰作"。

卢梭不仅在他的论著里表现了惊世骇俗的激进思想，而且在生活为人上，也表现了对贵族统治阶级的反抗态度。宫廷演出他的歌舞剧《乡村卜师》（1752）时邀他出席，他故意不修边幅以示怠慢，国王亲自"赐给"他年金，他为了"以后敢于讲人格独立、主张公道的话"而不接受；他非常厌恶巴黎上流社会的奢侈腐化，从1756年起隐居到巴黎近郊的蒙特莫朗西森林附近，直到1762年。这期间他出版了三部重要作品：《新爱洛绮丝》（1761）、《民约论》（1762）和《爱弥儿》（1762）。

《新爱洛绮丝》是卢梭著名的书信体小说。它借用12世纪青年女子爱洛绮丝与她的老师阿卜略尔的爱情故事，写18世纪法国一对年轻人朱丽和圣·普乐的恋爱悲剧。圣·普乐是一个平民知识分子，在贵族家担任家庭教师，和他的学生贵族小姐朱丽发生了恋情。朱丽的父亲阶级成见很深，仅仅因为这个青年不是贵族出身，不许朱丽和圣·普乐结婚。圣·普乐被迫离开，朱丽也被迫嫁给一个贵族。圣·普乐与朱丽再度相逢时，双方都很痛苦，最后朱丽重病死去。卢梭对这个恋爱悲剧倾注了全部的同情，把这对青年人的爱情表现得真挚动人、合情合理。但是封建等级制度阻碍这一对青年结合在一起，成了他们不幸的根源。在小说里，卢梭站在资产阶级人道主义的立场上，提出了以真实自然的感情为基础的婚姻理想，批判了以门当户对的阶级偏见为基础的封建婚姻，并通过这个爱情悲剧对封建等级制度发出了强烈的抗议。小说的情节进展缓慢，故事在人物的通信中展开，书信体的形

第三章 传记

式使作者有可能让主人公大量倾诉自己的感情，对自己在爱情不自由的处境中的种种痛苦作细致的刻画和尽情的渲染，因而整个作品既充满了反封建的激情，又具有一种感伤主义的情调。

《民约论》是卢梭另一部重要理论著作，是世界政治学说史上最著名的古典文献之一。在这部论著里，卢梭批判了强力可以产生特权、奴役天生合理之类的封建法权观念，认为只有全体社会成员共同的约定即"民约"，"才可以成为人间一切合法权威的基础"，因而，国家只应该是自由的人民所订立的社会契约的产物，也就是全体社会成员民主协商的结果。这里，卢梭把"民主"当作人类社会政治生活的基本准则，以此和封建主义的"专制"相对抗，并且提出了建立民主共和的政治理想。这部论著对法国资产阶级革命影响很大，成为后来资产阶级激进派雅各宾党人的政治纲领。其中的天赋人权、自由平等、主权在民的思想都写进了法国革命的《人权宣言》中，后来，美国的《独立宣言》也体现了这部著作的精神和理想。

《爱弥儿》的副标题是《论教育》。这是一部讨论教育问题的哲理小说。卢梭在这部作品里认为，教育的目的是造就有用的人才、防止人在恶浊的社会环境中变坏，穷人接近自然，没有进行教育的必要，富人的阶级偏见背离自然状态，必须进行教育。卢梭有意把爱弥儿虚构为一个贵族子弟；在他的教育下成长，这意味着他把贵族阶级视为一个必须加以改造的对象，他对爱弥儿的教育，处处针对这个阶级的种种恶习和偏见：他让爱弥儿远离城市住在乡下以避免奢腐风气的影响；他不许爱弥儿读帝王将相的历史以免受其毒害；他反对贵族阶级的矫揉造作，要求爱弥儿养成朴实自然的作风；他针对封建专制的精神奴役，培养爱弥儿崇尚理性、独立思考、决不盲从，他以封建等级观念为对立面，教育爱弥儿具有民主思想，对普通人"富有同情"，他厌弃使人脱离实际，养成寄生习惯的贵族教育，以"自食其力"的劳动者来要求爱弥儿，培养他爱劳动并使他掌握劳动的技能；他还强烈反对贵族阶级和反动教会对儿童进行宗教毒害、煽起宗教狂热，反对用统治阶级的道德礼教去束缚儿童的思想，等等，所有这些都表现了卢梭强烈的反封建的精神和激进的民主主义的思想。

《爱弥儿》出版后，封建政府下令焚烧，并要逮捕作者。卢梭不得不逃往瑞士。瑞士当局同样也下令烧他的书，他又不得不逃到普鲁士的属地莫蒂亚。教会发表文告宣布卢梭是上帝的敌人，他在莫蒂亚无法容身而不得不流亡到圣彼得岛。该岛所属的伯尔尼政府命令他离境，他又被迫到英国去找哲学家休谟。在封建专制政府和反动教会如此残酷的迫害下，卢梭受到莫大的刺激，几乎精神失常。他到英国后不久，由于心情恶劣，与休谟发生了争吵，只好化名回到法国，长期在外省各地辗转避难，直到 1770 年才重返巴黎。在这漫长的逃亡生活期间，他发表了他多年编成的《音乐辞典》，为了答复反动派对他的污蔑和攻击，他写了《山中来信》(1765)。这更引起了教会对他的忌恨。长期以来，卢梭一直被封建统治阶级恶毒咒骂为"疯子""野人"。在悲惨的流亡生活中，他感到有为自己辩护的必要，于是，怀着激动的心情写了自传《忏悔录》，于死后发表。

《忏悔录》(1781—1788)记载了卢梭从出生到 1766 年被迫离开圣彼得岛之间 50 多年的生活经历。这是一个平民知识分子在封建专制压迫面前维护自己的人权和尊严的作品，是对统治阶级迫害和污蔑的反击。书中，卢梭满怀感情讲述自己"本性善良"，古代历史人物又给了他崇高的思想，但是，社会环境的恶浊、人与人之间不平等的关系也使他受到了沾染和损害。卢梭历数了他儿童时代寄人篱下所受到的粗暴待遇，入世后所受到的虐待，以及他耳闻目睹的种种黑暗与不平。他愤怒地揭露那个社会的"弱肉强食""强权即公理"以及统治阶级的丑恶与腐朽。这部自传名曰"忏悔"，实是"控诉"。另一方面，它对那些被侮辱被损害的"卑贱者"倾注了深切的同情。《忏悔录》是一部写得很坦率的自传，卢梭在该书中自称"我以同样的坦率讲述我的美德与罪过……完全按本来面目把自己表现出来"。他站在人性论的立场，把自己作为"人"的一个标本来进行剖析，对自我进行热烈的赞赏，表现出鲜明的反封建的资产阶级个性。这部自传是卢梭人生观的自白，是他资产阶级人道主义，人性论思想体系的集中体现，是一部个性解放的宣言书。它既表现了反封建的积极意义，也暴露了资产阶级个性的本质。

卢梭的晚年是孤独不幸的。他仍受到封建统治阶级严密的监视。他过着清贫的生活。在完成《忏悔录》之后，他又写了自传的续篇《一个孤独的散步者的梦想》。1778 年 7 月 2 日，他悲愤的一生结束了。法国资产阶级革命后，他的遗体于 1794 年以隆重的仪式移葬于巴黎的伟人公墓。

卢梭作为文学家具有自己鲜明的特色，他的作品表现了强烈的个性解放的精神，把自我提高到超越一切的地位，它重视对感情的描写，其中充满了一种激情的力量，它还表现了作者对大自然深沉的热爱，其中有不少情景交融的篇章。以上三个方面，构成了卢梭文学创作的特点，对后来19世纪欧洲浪漫主义文学发生了很大的影响。卢梭被公认为是这个文学思潮的先驱，德国浪漫主义诗人歌德说："卢梭开始了一个新时代。"

（柳鸣九撰稿）

（本例文选自《外国名作家传》（中），张英伦等主编，中国社会科学出版社1979年10月版）

例文 15：自传

季羡林自传

（节选）

我于 1911 年 8 月 6 日生于山东省清平县（现并入临清市）官庄。我们家大概也小康过。可是到了我出生的时候，祖父母双亡，家道中落，形同贫农。父亲亲兄弟三人，无怙无恃，孤苦伶仃，一个送了人，剩下的两个也是食不果腹，衣不蔽体，饿得到枣林里去捡落到地上的干枣来吃。

6 岁以前，我有一个老师马景恭先生。他究竟教了我些什么，现在完全忘掉了，大概只不过几个字罢了。6 岁离家，到济南去投奔叔父。他是在万般无奈的情况下逃到济南去谋生的，经过不知多少艰难险阻，终于立定了脚跟。从那时起，我才算开始上学。曾在私塾里念过一些时候，念的不外是《百家姓》《千字文》《三字经》《四书》之类。以后接着上小学。转学的时候，因为认识一个"骡"字，老师垂青，从高小开始念起。

我在新育小学考过甲等第三名、乙等第一名，不是拔尖的学生，也不怎样努力念书。3 年高小，平平常常。有一件事值得提出来谈一谈：我开始学英语。当时正规小学并没有英语课，我学英语是利用业余时间，上课是在晚上。学的时间不长，只不过学了一点语法、一些单词而已。我当时有一个怪问题："有"和"是"都没有"动"的意思，为什么叫"动词"呢？后来才逐渐了解到，这只不过是一个译名不妥的问题。

我万万没有想到，就由于这一点英语知识，我在报考中学时沾了半年光。我这个人颇有点自知之明，有人说，我自知过了头。不管怎样，我幼无大志，却是肯定无疑的。当时山东中学的拿摩温是山东省立第一中学。我这个癞蛤蟆不敢吃天鹅肉，我连去报名的勇气都没有，我只报了一个"破"正谊。可这个学校考试时居然考了英语，出的题目是汉译英："我新得了一本书，已经读了几页，可是有些字我不认得。"我翻出来了，只是为了不知道"已经"这个词儿的英文译法而苦恼了很长时间。结果我被录取，不是一年级，而是一年半级。

在正谊中学学习期间，我也并不努力，成绩徘徊在甲等后几名、乙等前几名之间，属于上中水平。我们的学校濒临大明湖，风景绝美。一下课，我就跑到校后湖畔去钓虾、钓蛤蟆，不知用功为何物。但是，叔父却对我期望极大，要求极严。他自己亲自给我讲课，选了一本《课佺选文》，大都是些理学的文章。他并没有受过什么系统教育，但是他绝顶聪明，完全靠自学，经史子集都读了不少，能诗、善书，还能刻图章。他没有男孩子，一切希望都寄托在我身上。他严而慈，对我影响极大。我今天勉强学得了一些东西，都出于他之赐，我永远不会忘掉。根据他的要求，我在正谊下课以后，参加了一个古文学习班，读了《左传》《战国策》《史记》等书，当然对老师另给报酬。晚上，又要到尚实英文学社去学英文，一直到 10 点才回家。这样的日子，大概过了 8 年。我当时并没有感觉到有什么负担；但也不了解其深远意义，依然顽皮如故，摸鱼钓虾而已。现在回想起来，我今天这一点不管多么单薄的基础不是那时打下的吗？

至于我们的正式课程，国文、英、数、理、生、地、史都有。国文念《古文观止》一类的书，要求背诵。英文念《泰西五十轶事》《天方夜谭》《莎氏乐府本事》《纳氏文法》等等。写国文作文全用文言，英文也写作文。课外，除了上补习班外，我读了大量的旧小说，什么《三国》《西游》《封神演义》《说唐》《说岳》《济公传》《彭公案》《三侠五义》等等无不阅读。《红楼梦》我最不喜欢。连《西厢记》《金瓶梅》一类的书，我也阅读。这些书对我有什么影响，我说不出，反正我并没有想去当强盗或偷女人。

初中毕业以后，在正谊念了半年高中，1926 年转入新成立的山东大学附设高中。山东大学的校长是前清状元、当时的教育厅长王寿彭，他提倡读经。在高中教读经的有两位老师，一位是前清翰林或者进士，一位绰号"大清国"，是一个顽固的遗老。两位老师的姓名我都忘记了，只记住了绰号。他们上课，都不带课本，教《书经》和《易经》，都背得滚瓜烂熟，连注疏都在内，据说还能倒背。教国文的老师是王良玉先生，是一位桐城派的古文作家，有自己的文集。后来到山东大学去当讲师了。他对我的影响极大。记得第一篇作文题目是《读〈徐文长传〉书后》。完全出我意料，这篇作文受到他的高度赞扬，批语是"亦简劲，亦畅达"。我在吃惊之余，对古文产生了浓厚的兴趣，弄到了《韩昌黎集》《柳宗元集》，以及欧阳修、三苏等的文集，想认真钻研一番。谈到英文，由于有尚实英文学社的底子，别的同学很难同我竞争。还有一件值得一提的事情是，我也学了德文。

由于上面提到的那些，我在第一学期考了一个甲等第一名，而且平均分数超过 95 分。因此受到了王状元的嘉奖。他亲笔写了一副对联和一个扇面奖给我。这当然更出我意料，我从此才有意识地努力学习。要追究动机，那并不堂皇。无非是想保持自己的面子，决不能从甲等第一名落到第二名，如此而已。反正我在高中学习 3 年中，6 次考试，考了 6 个甲等第一名，成了"六连冠"，自己的虚荣心得到了充分的满足。

这是不是就改变了我那幼无大志的情况呢？也并没有。我照样是鼠目寸光，胸无大志，我根本没有发下宏愿，立下大志，终身从事科学研究，成为什么学者。我梦寐以求的只不过是毕业后考上大学，在当时谋生极为困难的条件下，抢到一只饭碗，无灾无难，平平庸庸地度过一生而已。

1929 年，我转入新成立的山东省立济南高中，学习了一年，这在我一生中是一个重要的阶段。特别是国文方面，这里有几个全国闻名的作家：胡也频、董秋芳、夏莱蒂、董每戡等等。前两位是我的业师。胡先生不遗余力地宣传现代文艺，也就是普罗文学。我也迷离模糊，读了一些从日文译过来的马克思主义文艺理论。我曾写过一篇《现代文艺的使命》，大概是东抄西抄，勉强成篇。不意竟受到胡先生垂青，想在他筹办的杂志上发表。不幸他被国民党反动派通缉，仓促逃往上海，不久遇难。我的普罗文学梦也随之消逝。接他工作的是董秋芳（冬芬）先生。我此时改用白话写作文，大得董先生赞扬，认为我同王联榜是"全校之冠"。这当然给了我极大的鼓励。我之所以 50 年来舞笔弄墨不辍，至今将近耄耋之年，仍然不能放下笔，全出于董老师之赐，我毕生难忘。

在这里，虽然已经没有经学课程，国文课本也以白话为主，我自己却没有放松对中国旧籍的钻研。我阅读的范围仍然很广，方面仍然很杂。陶渊明、杜甫、李白、王维、李义山、李后主、苏轼、陆游、姜白石等诗人、词人的作品，我都读了不少。这对我以后的工作起了积极的影响。

1930 年，我高中毕业，到北平来考大学。由于上面说过的一些原因，当年报考中学时那种自卑心理一扫而光，有点接近狂傲了。当时考一个名牌大学，十分困难，录取的百分比很低。为了得到更多的录取机会，我那八十多位同班毕业，每人几乎都报七八个大学。我却只报了北大和清华。结果我两个大学都考上了。经过一番深思熟虑，我选了清华，因为，我想，清华出国机会多。选系时，我选了西洋系，这个系分三个专修方向（specialized）：英文、德文、法文。只要选某种语言一至四年，就算是专修某种语言。其实这只是一个形式，因为英文是从小学就学起的，而德文和法文则是从字母学起。教授中外籍人士居多，不管是哪国人，上课都讲英语，连中国教授也多半讲英语。课程也以英国文学为主，课本都是英文的，有"欧洲文学史""欧洲古典文学""中世纪文学""文艺复兴文学""文艺批评""莎士比亚""英国浪漫诗人""近代长篇小说""文学概论""文艺心理学（美学）""西洋通史""大一国文""一二年级英语"等等。

我的专修方向是德文。4年之内，共有三个教授授课，两位德国人，一位中国人。尽管我对这些老师都怀念而且感激，但是，我仍然要说，他们授课相当马虎。4年之内，在课堂上，中国老师只说汉语，德国老师只说英语，从来不用德语讲课。结果是，学了4年德文，我们只能看书，而不能听和说。我的学士论文是"The Early Poems of Holderlin"，指导教授是Ecke（艾克）。

在所有的课程中，我受益最大的不是正课，而是一门选修课：朱光潜先生的"文艺心理学"和一门旁听课：陈寅恪先生的"佛经翻译文学"。这两门课对我以后的发展有深远影响，可以说是一直影响到现在。我搞一点比较文学和文艺理论，显然是受了朱先生的熏陶。而搞佛教史、佛教梵语和中亚古代语言，则同陈先生的影响是分不开的。

顺便说一句，我在大学时课余仍然继续写作散文，发表在当时颇有权威性的报刊上。我可万万没有想到，那样几篇散文竟给我带来了好处。1934年，清华毕业，找工作碰了钉子。母校山东济南高中的校长宋还吾先生邀我回母校任国文教员。我那几篇散文就把我制成了作家，而当时的逻辑是，只要是作家就能教国文。我可是在心里直打鼓：我怎么能教国文呢？但是，快到秋天了，饭碗还没有拿到手，我于是横下了一条心：你敢请我，我就敢去！我这个西洋文学系的毕业生一变而为国文教员。我就靠一部《辞源》和过去读的那一些旧书，堂而皇之当起国文教员来。我只有23岁，班上有不少学生比我年龄大三四岁，而且在家乡读过私塾。我实在是如履薄冰。

教了一年书，到了 1935 年，上天又赐给一个良机：清华大学与德国签订了交换研究生的协定。我报名应考，被录取。这一年的深秋，我到了德国哥廷根大学，开始了国外的学习生活。我选的主系是印度学，两个副系是英国语言学和斯拉夫语言学。我学习了梵文、巴利文、俄文、南斯拉夫文、阿拉伯文等等，还选了不少的课。教授是 Sieg、Waldschmidt、Braun 等等。

这时第二次世界大战正在剧烈进行，德国被封锁，什么东西也输入不进来，要吃没吃，要穿没穿。大概有四五年的时间，我忍受了空前的饥饿，终日饥肠辘辘，天上还有飞机轰炸。我怀念祖国和家庭。"烽火连六年，家书抵亿金。"实际上我一封家书都收不到。就在这样十分艰难困苦的条件下，我苦读不辍。1941 年，通过论文答辩和口试，以全优成绩，获得哲学博士学位。我的博士论文是：《〈大事〉中伽陀部分限定动词的变格》。

在这一段异常困苦的期间，最使我感动的是德国老师的工作态度和对待中国学生的态度。我是一个素昧平生的异邦青年，他们不但没有丝毫歧视之意，而且爱护备至，循循善诱。Waldschmidt 教授被征从军，Sieg 教授以耄耋之年，毅然出来代课。其实我是唯一的博士生，他教的对象也几乎就是我一个人。他把他的看家本领都毫无保留地要传给我。他给我讲了《梨俱吠陀》《波你尼语法》、Patanjali 的《大疏》《十王子传》等，他还一定坚持要教我吐火罗文。他是这个语言的最高权威，是他把这本天书读通了的。我当时工作极多，又患神经衰弱，身心负担都很重。可是看到这位老人那样热心，我无论如何不能让老人伤心，便遵命学了起来。同学的还有比利时 W. Couvreur 博士，后来成了名教授。

谈到工作态度，我的德国老师都是楷模。他们的学风都是异常地认真、细致、谨严。他们写文章，都是再三斟酌，多方讨论，然后才发表。德国学者的"彻底性"（Grtlndliehkeit）是名震寰宇的，对此我有深切的感受。可惜后来由于环境关系，我没能完全做到，真有点愧对我的德国老师了。

从 1937 年起，我兼任哥廷根大学汉学系讲师。这个系设在一座大楼的二层上，几乎没有人到这座大楼来，因此非常清静。系的图书室规模相当大，在欧洲颇有一些名气。许多著名的汉学家到这里来看书，我就碰到不少，其中最著名的有英国的 Arhur Waley 等。我在这里也读了不少的中国书，特别是笔记小说以及佛教大藏经，扩大了我在这方面的知识面。

我在哥廷根待了整整十个年头。1945年秋冬之交,我离开这里到瑞士去,住了将近半年。1946年春末,取道法国、越南、中国香港,夏天回到了别离将近11年的祖国。

我的留学生活,也可以说是我的整个学生生活就这样结束了。这一年我35岁。

1946年秋天,我到北京大学来任教授,兼东方语言文学系主任。是我的老师陈寅恪先生把我介绍给胡适、傅斯年、汤用彤三位先生的。按当时北大的规定:在国外获得博士学位回国的,只能任副教授。对我当然也要照此办理。也许是我那几篇在哥廷根科学院院刊上发表的论文起了作用,我到校后没有多久,汤先生就通知我,我已定为教授。从那时到现在时光已经过去了42年,我一直没有离开北大过。其间我担任系主任30来年,担任副校长五年。1956年,我当选中国科学院学部委员。十年浩劫中靠边站,挨批斗,符合当时的"潮流"。现在年近耄耋,仍然搞教学、科研工作,从事社会活动,看来离八宝山还有一段距离。以上这一切都是平平常常的经历,没有什么英雄业绩,我就不再啰唆了。

我体会,一些报刊之所以要我写自传的原因,是想让我写点什么治学经验之类的东西。那么,在长达60年的学习和科研活动中,我究竟有些什么经验可谈呢?粗粗一想,好像很多;仔细考虑,无影无踪。总之是卑之无甚高论。不管好坏,鸳鸯我总算绣了一些。至于金针则确乎没有,至多是铜针、铁针而已。

我记得,鲁迅先生在一篇文章中讲了一个笑话:一个江湖郎中在市集上大声吆喝,叫卖治臭虫的妙方。有人出钱买了一个纸卷,层层用纸严密裹住。打开一看,妙方只有两个字:勤捉。你说它不对吗?不行,它是完全对的。但是说了等于不说。我的经验压缩成两个字是:勤奋。再多说两句就是:争分夺秒,念念不忘。灵感这东西不能说没有,但是,它不是从天上掉下来的,而是勤奋出灵感。

上面讲的是精神方面的东西,现在谈一点具体的东西。我认为,要想从事科学研究工作,应该在四个方面下功夫:一、理论;二、知识面;三、外语;四、汉文。唐代刘知几主张,治史学要有才、学、识。我现在勉强套用一下,理论属识,知识面属学,外语和汉文属才,我在下面分别

谈一谈。（略）

　　我在上面拉杂地写了自己七十年的自传。总起来看，没有大激荡，没有大震动，是一个平凡人的平凡的经历。我谈的治学经验，也都属于"勤捉"之类，卑之无甚高论。比较有点价值的也许是那些近乎怪话的意见。古人云："修辞立其诚。"我没有说谎话，只有这一点是可以告慰自己，也算是对得起别人的。

1988 年 10 月 26 日写完

　　（本例文选自《百岁人生》，季羡林著，中国华侨出版社 2009 年 9 月版）

例文 16：评传

艾丰评传

（节选）

艾丰写过一篇短文《权钱名德傻》，对权、钱、名、德分析之后，专门谈到"傻"。他认为，要做事，首先是要有"傻"劲，而不是首先要"精"。所谓"傻"就是认准一件事有意义，就埋头努力干下去，并且一定要干出个名堂来，而不是首先考虑自己的得失。干任何事都会有付出，都会有风险，都会有失败，首先考虑这些，那什么事情也做不成了。他举了个农村的故事来说明这个问题。过去农村是睡炕的，冬天取暖就是靠烧炕。傻小子往炕上一躺，觉得自己这里热乎，就呼呼地安心睡着了，一眨眼，天亮了，睡了一宿好觉。精小子好计较，躺下来刚要睡着，忽然觉得自己睡的这个地方不够热，就翻身转到另一个地方，刚要睡着，又觉得自己的地方还不热，又翻身转到别的地方，结果他翻来覆去，一直到天亮，一夜也没有睡觉。艾丰一生做事，常常像"傻子睡觉"一样。

美国以指导他人策划人生而闻名的卡耐基说："机会是一件不可捉摸的活宝贝，无影无形、无声无息，它有时潜伏在你努力工作中，有时徘徊在无人注意的境地里，你假如不用苦干的精神，努力去寻求，也许永远遇不着她。"

艾丰的人生"策划"走过了一个由懵懵懂懂到比较自觉的过程。60岁以后，他回顾走过的人生道路，说："人生选择是现代意识，现在许多人不是都在谈'人生设计''人生策划'吗？我这个人的毛病就在于不会选择，放在哪里就知道努力干，当然那个时代许多事也没法选择。如果要说我出自自己的选择，主要有三个：考新闻系是一次选择，读研究生是一次选择，后来在新闻岗位上下力从事经济研究是一次选择，其他的选择都是社会裹挟的。"

艾丰的童年是在动荡不安的战争年代度过的，最紧迫的事情是安全和填饱肚子。解放以后，环境安定了，他有了求学的机会。在北京，他先是读了一家私立小学——惠我小学，念到四年级，高小两年是在公立营房宽街小学读的，初中、高中都在北京市第十一中学度过。3个学校都没有离开过劳动人民集聚的崇文区。做手工业的父母希望儿子做学徒，帮助家里干活，但因为艾丰太喜欢念书，用不了太大的力气，学习上总能拿第一、第二，后来父母也就作罢了。

在学生时代，艾丰就爱搞社会活动，初中当少先队的小队长、中队长、大队长，高中当青年团的支部书记、校团委副书记。课余时间，艾丰组织同学搞各种社会活动，请战斗英雄、劳动模范做报告，办剧团、开辩论会、写黑板报、远足……课余精力分配，社会活动占百分之八十，做功课不到百分之二十。

《中国高层智囊》一书曾这样描写艾丰：

> 这个人，唱歌跳舞，抽烟喝酒，打球开车外带诗朗诵，永远的精力充沛，永远的"侃"兴勃勃。据他自己交代：年轻时演过话剧，与韩善续、赵汝彬、刘锦蓉等著名演员同过台，跳过水兵舞，至今扭起来还方寸不乱，大型联欢会上朗诵过马雅科夫斯基的《苏联护照》……

艾丰回想起上中学时的剧团，余兴未已："当时的十一中学生剧团非常活跃，有职业演员定期辅导我们，剧团团员经过那个阶段的磨炼，表演已经达到很高的水平了。后来不少人走上了专业演艺道路，成了知名的优秀演员。像北京人艺的吴桂岭、韩善续、刘锦蓉，青年艺术剧院的赵汝彬、韩影，中央实验话剧院的孙庆荣，北京电影制片厂的俞立文，等等。他们高中毕业就去学戏剧专业了，我要是当演员，大概也能混个一级演员了！哈哈哈……"

高考露峥嵘

艾丰人生第一次重大选择，应该算是报考大学新闻系，这决定了他一生与"新闻"结下不解之缘。

中学时代，艾丰是个"全面发展"的学生，不仅德智体全面发展，而且文科理科门门功课都很优秀。但是，当时对未来走向社会将要干什么职业却是懵懵懂懂，"新闻"究竟是什么在他脑中还是个空白。考什么大学？他越来越茫然了。

一位老师的一次谈话帮他解决了这个问题。高三第一学期，一位当时已经有些名气的年轻诗人、作家，名叫侯远帆的语文老师，在一次课间休息的时候问艾丰："考大学你报什么专业？依你的成绩考上大学不成问题，但是你现在就该定下将来学什么专业！"艾丰如实说："是考理工科还是文科还没想清楚呢。"侯老师就说："你就去考新闻系，将来当记者吧，记者可以全国各地跑，写好文章报上登，可以让很多很多人知道你的名字，做长了还可以当作家……"

因为写的作文挺好，经常被语文老师当作范文在班上朗读，艾丰正颇有那么一种"登小山而飘飘然"的感觉，侯老师的这番鼓励更让他热血沸腾，当时艾丰就说："那行，就考新闻系！"

从此，艾丰天天到图书馆看报纸，准备了一年，然后1957年夏天高考报志愿时直接就选了单独招生的中国人民大学新闻系（说来也巧，1955年创办的人大新闻系一直只是招调干生，这一年是第一次招高中毕业生）。

但是让艾丰始料不及的是，因为人大新闻系是单独招生，7月1日考试，考不上还可以参加7月15日的全国统考，所以报名的人特别多，北京地区只招4个人，报名的却达到了1200多人！艾丰一到海运仓的考场就有点"傻眼"，黑压压的，满眼全都是人，"哪就选上我了！"艾丰觉得，看上去人家都比自己强，一种苍凉感油然而生：没希望了！

后来艾丰回忆说："不抱希望反而好了，反正没希望，考试不紧张了。心情比较轻松，答题都能正常甚至超水平发挥了。我和别人的差别就在作文上，因为一轻松我作文做好了，新闻系又特别重视作文，成绩就冒出来了。"

谈到这篇高考作文，艾丰一直津津乐道，并把它作为如何应对高考作文的可以普遍参考的经典。他说，作文分是老师给的，老师为什么会给你高分呢？你得研究一下老师是如何判卷子的。大热的天，把他们圈在一个地方不许出来，一摞一摞卷子放在他们眼前。作文是统一命题的，所以大家写得都是大同小异，判卷子的人看得烦得很。你的作文一开头一定要写好，一定要写得跟别人不一样，让判卷子的老师一打开你的作文就眼前一亮，有新鲜感。开头有了好感，后面即使有一些毛病，老师也容易原谅。

当时高考的作文命题是《谈谈我的学习生活》。艾丰设计了一篇书信体的文章，开头是这么写的：

> 某某同学：你五个月以前从农村给我的来信，我早就收到了，你在信中希望我谈谈我的学习生活，五个月都没有给你回信，为什么呢？因为我忙于准备高考，没有时间写信。现在我正坐在高考的考场上，恰巧题目也是谈谈我的学习生活，我现在就一式两份，既算是高考的答卷，又算是我给你的回信……

这个开头，看起来很随意，但很洒脱，很新颖，甚至还暗合了新闻写作的一些要求。15年后，当时给艾丰判高考卷子的老师胡家菱当了中央人民广播电台副台长，遇见艾丰，第一句话就说："你那个作文写得很好，你天生好像就该吃新闻这碗饭的。"

1961年大学毕业后，艾丰被分配至北京人民广播电台工作，1966年3月北京市委破格任命他为电台理论时事组组长（当时的"组"就是现在的"部"）。1966年"文化大革命"开始，他被批为"修正主义苗子"，"黑市委"对他的任命不被承认。1971年、1972年两年挨整。1974年才被恢复职务，做科技组组长。

40岁考研

艾丰第二次人生重大选择，是1978年报考研究生。这个抉择在很大程度上决定了他在新闻工作上能够做出众人所知的建树。

1978年，国家在"文革"后第一年恢复招收研究生制度。因为多年没有招收研究生，所以年龄放宽到40岁。这年艾丰的年岁不多不少刚刚40岁。

这对艾丰来说，是最后一班车了！

艾丰果断做了报考的决定。他说："40岁读研究生，主要目的是想干报纸。因为干了17年广播，不想再干了，倒不是怕辛苦，而是我这个人的思维方式和喜好更适合干报纸。我不愿意拿着话筒老在人家面前举着，我从年轻的时候起一直有这个思想障碍。有的人拿着话筒问人家话觉得很过瘾，我拿着话筒问人家，觉得挺害臊。我愿意坐下来想问题、写文章，这样比较舒服，想一些问题也深入。听说研究生招考后面的背景单位是人民日报社，毕业以后可以分到人民日报社工作，所以就去考了。其次的目的，就是干了那么多年，觉得有一个机会学习学习、总结总结，很难得。"

四十学艺，这可能是经历过"文革"的那一代人的共性，"文化大革命"开始时艾丰28岁，到"文化大革命"结束艾丰已经38岁了。

当时做这个决策也不是没有过犹豫，因为毕竟工作17年了，能不能考上是个未知数，就说外语吧，放了17年没动。最后，艾丰一咬牙对妻子和朋友说："试试吧，考不上，丢点脸也丢不到哪儿去。"

当时报考要由工作单位开证明信，北京人民广播电台的领导说什么也不同意他去报考。台长赵正晶先后和他谈了3次，累计时间8个小时，归纳起来就是一句话：电台要重用你，不要走。艾丰说："我只是试一试，多半考不上。"赵正晶说："你肯定考得上。"最后还是请编辑部主任田月华说情，田月华对赵正晶说："现在提倡向科学进军，这是国家的政策，你不能阻拦人家。"这样才算勉强同意了。

政治考题是胡乔木出的，非常难，如果按60分及格算，70%的人都不及格。答案出来以后，有人评价说胡老自己在考场答都可能不及格，因为他不是花三个小时想的这个答案，可能是一天，甚至比这还长。艾丰虽然在电台当过理论时事组组长，政治科目也应该是他的长项，但考完后心里也不踏实。当人家告诉他仅考了75分时，他禁不住心里就咯噔一下，砸了！后来人家告诉了他内情，他才将心放到了肚中，因为他这75分可以换算成90分呀！

那年考试科目除政治外，还有外语、新闻业务、新闻理论基础，另外包括一篇作文《我热爱党的新闻事业》。艾丰没想到自己的作文考了90分，外语呢，竟也考了85分，所以一下子考中。当时新华社为此发了一个消息，说"文革"后首次研究生考试发现了人才，艾丰就是例子，《人民日报》等各大报纸第二天都刊发了这一消息。这样，艾丰还没进到新闻系就已经令人瞩目了。

3年研究生的学习，艾丰是拼过来的。每天听课和自学，没有在夜里12点以前睡过觉。研究生3年做了什么事情呢？一、所有的功课以优或者良通过。二、通过了两门外语——俄语和英语（大学学的是俄语）。三、在各种报刊上发了 10 万字的文章。四、翻译和出版了一本美国新闻采访学著作《新闻报道与写作》。五、写了 33 万字的《新闻采访方法论》专著。

"那几年，我精力也好，正好被'文化大革命'压抑的能量也可以说爆发出来了。那时候生活条件很差，生活费一个月就 20 块钱，晚上喝一碗粥，买两个火烧，吃一个，留一个，拿回来做夜宵，然后读书、写作到 12 点或者凌晨 1 点，天天如此。"

1981 年研究生毕业以后，艾丰如愿以偿地被分配到人民日报社记者部，开始的 3 年在部里做编辑，多数时间值白班连晚班。但他总是不忘采访，这期间，他抽空采写了《水，让我们重新认识你》《现代化的觉悟》《重视城市的中心地位和作用》等一批有影响的报道。

1983 年后，艾丰终于正式转为机动记者组记者。当时的机动记者组只有十几个人，都是老资格的大牌记者。艾丰很高兴能够与这些 20 世纪 30 年代、40 年代、50 年代初期参加工作的老同志一道工作。在陈勇进、林里、顾雷、金凤、柏生、马鹤青、许仲英这些大树下面，他觉得自己是一棵小草。他虚心向这些老同志学习，自己也发奋工作，努力创新。他在记者生涯上阔步前进，1985 年他成为《人民日报》第一批也是由国务院职称办批的全国第一批高级记者，一步到了教授级的最高级新闻职称。

"把著名经济学家放在前面"

艾丰的第三次人生重大选择，是下决心研究经济问题。在此方面的建树，不仅使他获得了著名记者的头衔，还获得了著名经济学家的称号，极大地延伸了他的工作和成就。

1986 年底，人民日报社组建经济部，艾丰成为经济部主任。

如果说 40 岁考上研究生是一个成功的自主选择的话，再以后，对已经当了《人民日报》经济部主任，在新闻界声誉日隆的艾丰来说，最重大的选择就是拓宽研究领域，从新闻研究转向经济研究。

艾丰说："当了《人民日报》经济部主任以后，把主要研究方向转向经济，有两个原因。一方面，经济宣传工作性质本身'逼'着我下决心研究好经济，自己对经济一点都不懂的话，怎么能组织好新闻报道呢？新闻工作就好像庖丁解牛，解得好，必须掌握两个方面的规律：一个是刀子的规律，这就是新闻手段；一个是牛的规律，这就是被报道对象的规律。新闻工作做长了，刀子是熟悉的，而报道对象却是不断变化的，必须花更多的精力熟悉他们。另一方面，有一件事深深地刺激了我：一些报社老同志退下来以后，不止一次找到我要求返聘，继续做记者工作。他们身体还很好，总要找些事情干，但做别的事又困难，还是当编辑、记者比较适合。我想，自己总有一天也会活到这个年纪，到那个时候，找哪个主任来返聘我？返聘又能有几年？所以，一定要学一点'离开版面能活'的本事。经济学知识就是这种本事。"

艾丰心里藏不住话，有了这种想法就表露出来。一次在内蒙古自治区的一个新闻培训班讲课，艾丰就在开场白中说："我现在到各地都受到欢迎，欢迎'《人民日报》记者艾丰'。其实我明白，这8个字中，人们欢迎的主要是前面6个字'《人民日报》记者'。欢迎前面这6个字，实质是欢迎《人民日报》的版面。如果没有前面6个字，只剩下后面两个字'艾丰'，那才是欢迎我。"

艾丰的《新闻采访方法论》《新闻写作方法论》等著作一直在业界被奉为经典，培训班的学员们早就通过这些书和其他渠道对他的业绩耳熟能详了，因此异口同声地说："你没有前面6个字，我们也欢迎你！"

"我知道，你们的话里有礼貌的成分。将来我真正再来了，你们可能也会对我表示欢迎，但那是礼貌性的，因为我对你们再没什么贡献了，所以我现在就要解决离开版面也能活的问题。我发现新闻界有一个悲哀，老记者到非常老的时候，特别是到退下来的时候，往往做其他工作很难，好像转转悠悠最后还得写稿，不好做别的事。不像老大夫，老了很值钱，记者老了不太值钱，和小青年一块儿去争版面很尴尬。老大夫不同，白胡子往那儿一坐，大家排队找他看，因为他有经验，而老记者就不是。能不能想一种办法避免这种情况……"

稍作停顿后，艾丰接着说："这种情况根本的要害在哪里？要害在于记者离开版面不能活，不管你是多大的记者，闻名世界的记者也在内，离开版面不能活，你多好的东西都要体现在版面上。大夫没关系，大夫看病用不着什么版面，告诉你怎么抓药方就得了。我将来也会老的，现在我当个头儿，可以指挥版面。将来老了，没权指挥版面了，怎么活？所以，现在就该学一点儿离开版面能够活的本事。我发现经济可能是，你懂得经济，懂得企业，你不给人写稿，可以给企业进行诊断，给企业出战略……"

于是，在知天命之年，艾丰在新闻"把关人"的岗位上把主要精力都放在了研究经济和经济报道上，提出了一些重要的关乎国家宏观决策的建议，并且把研究成果付诸实践，策划并组织实施了包括"中国质量万里行""名牌战略"等一系列影响深远的大型活动。

艾丰之所以能在"年事已高"时重做学生，并且迅速取得重大成绩，其高人一筹之处在于善于学习。他说过："回想我的前半生，如果说长处的话，就是从小就喜欢学习，除了向书本以外，主要是向社会学习，向他人学习。我不看别人有什么缺点，也不要求别人有多高的水平，更不要求别人都正确，我总是能够虚心学习别人的长处，并能学到东西。这应该是我的一大长处。"

在"万里行"和"名牌战略"搞得非常红火的时候，有一次，艾丰把手下的十几个人叫到一起聊天，他说："我现在提一个问题，看你们能不能回答：你们都很尊敬地叫我艾老师，现在请你们说说跟艾老师学了什么，不用说多，说一点就可以，大小不拘。"

也许是由于客气或者是其他什么原因，大家笑而不答。

艾丰就说："你们说不出来，那我来说，我说说我这个老师跟你们学了什么。我针对每个人的特点都说'一点'。'中国质量万里行'，其实最早不是我提出来的，是刘智提出来的。是他找我说，艾老师咱们搞这么一个活动怎么样？听后我眼前一亮，觉得很好，就积极参与筹划这件事情。'名牌'最早是颜建军提出来的，他说，'万里行'要深化，就要重视名牌保护，搞一个名牌保护组织好不好？我请他先向企业做个调查，结果企业都支持。召开'全国名牌大会'，是李伟提出来的，后来我才同意……"

后来，艾丰在写作《名牌论》一书的序言《我和名牌》的时候，又特别提到"质量万里行"和名牌最早提出者的名字，用文字记载表示对这些"下级"创意的历史尊重。

艾丰在对自己从"学生"中所学的东西一一点评之后，在大家的会心微笑中总结说："我说这话的目的就是，让大家都做'神偷'，善于从其他人身上汲取优点和长处。"

年过半百才踏入经济学的殿堂，并且颇有成就，善于做"神偷"是一个重要原因。

1996年，艾丰从《人民日报》编委、经济部主任调任经济日报社任总编辑，他的著书立说和奔走四方宣传自己的经济见解与主张，并没有因为官位升迁而中断，相反，他立志成为学以致用、影响大局的经济学家的决心越来越坚定。到他离开新闻工作领导岗位时，他已经实现了由一个学者型记者向经济学家的"软着陆"。

有一家媒体的记者这样评价艾丰："长期兼有新闻和经济两个学科的优势，锻炼了艾丰独到的思维方式，既有新闻记者的敏感和客观，又有经济学家的洞察力，对同一个经济现象，往往做出独到的分析和判断，然后用通俗的话说出来。自然，他的许多观点容易为人们所接受。"

艾丰对此评论说："现在到各地去，人家介绍我，一个头衔是著名记者，一个头衔是著名经济学家。如果人家不介绍，还介绍我是著名记者，我就告诉他还是把我那个著名的经济学家放在前面，因为那个离开版面能活。我觉得新闻界是一个学校，一方面要做好新闻工作，另一方面可以发挥其他方面的特长。当你的年龄不适合在第一线的时候，可以做其他工作的话，就可以把你发挥作用的时间延长，把你所拥有知识的作用放大，既利于社会，也利于个人，这是一件好事。如果不介入经济界，还可以进入文学界、广告界……新闻界不排除专家，我们应该成为某一方面的专家。"

许多人羡慕艾丰从总编辑岗位退下来之后的生活状态和精神状态，其实，这第三次选择是一个基础。

（本例文选自《一个记者能走多远——艾丰评传》，成思行著，北京大学出版社2007年4月版）

第四章 回 忆 录

回忆录是追记自己或自己熟悉的人的过去生活经历、社会活动、精神风貌及历史背景的纪传性文体。回忆录可以写自己，也可以写别人，还可以写对某一个历史事件的追忆，包括战争年代回忆录、和平年代回忆录等。回忆录题材范围广泛，结构安排灵活，情节伸缩不限，表现手法多样，篇幅可长可短，是社会生活中人们经常阅读、写作的一种文体。

一、回忆录的特征

作为一种回忆以往经历和事件，表达作者一定的观点、倾向和爱憎的文体，回忆录形成了一些基本的特征，概括起来有以下几方面：

（一）实践性

回忆录是作者写自己的亲身经历的事或所熟悉人物的经历和事件，具有真情实感，使人如历其境，如经其事，如见其人，如闻其声，产生感情上共鸣效应。

回忆录记录的内容应该是作者的所见所闻。回忆录是回忆的记录，没有回忆便不会产生回忆录，作者的脑子里必须有过去生活素材的积累，否则回忆就无从谈起。所以，"我"之所记必是"我"之所忆，这是回忆录的本质属性。有长征经历的人才能写出长征回忆录，有抗战斗争体验的人也才能写出这种战斗历程的回忆。回忆录虽然并不绝对排斥引用亲历以外的材料，但它们只起佐证作用，只是为了深化和考证自己的回忆而并不占主要地位。正是这种对往昔生活的回忆，使得回忆录大多带有亲切感，在以事吸引读者的同时以情感动人。

（二）历史性

回忆录的内容是对自己或他人过去的学习、工作、战斗等社会活动的追记，重在历史，因而具有历史性的特点。

（三）真实性

回忆录所记述的史实必须是客观的，回忆录的价值体现在它的真实性上，作者作为历史的见证人，他必须说真话，回忆录中的人物、事件、言行等，都必须是历史上曾经存在、发生过的，绝不允许任何虚构，更不能随意编造，真实性是回忆录必须坚持的原则。

（四）文学性

回忆录在体现历史真实的同时，又具有文学色彩。生动的叙述、形象的描绘、鲜明的人物性格塑造，常常是回忆录写作运用的表现方法。回忆录中写人物，一般都注重通过典型的事件刻画人物的形象和性格，将历史人物的风采栩栩如生地展现在读者面前。回忆录作者大多在漫长曲折的生活道路上经历了长期的跋涉和奋斗，他们的经历中包含着许多精彩的故事，所以回忆录一般都以生动的故事情节叙述历史真实。回忆录的语言大多形象生动，作者带着感情回忆历史，因而不论是记录史实的叙述性语言，还是刻画人物的描绘性语言，往往具有一定的感染力，具有强烈的个性色彩。从某种意义上说，是生动传神的文学表现手法赢得了读者对回忆录的青睐和欢迎。

二、回忆录的作用

回忆录具有教育感化作用和历史资料作用。通过回忆录，可以认识历史的过去，使读者特别是年青一代获得教益和取得生活的经验教训，是进行革命传统教育的生动教材，从而树立起正确的世界观、人生观和价值观。重要人物的回忆录具有文献价值，是编写史书的宝贵资料。回忆录是作者自己或对他熟悉的人物人生道路的回首和总结，是对历史往事的追思，蕴藏着宝贵的精神财富，凝聚着丰富的经验教训，包含了大量的历史资料。撰写回忆录，阅读回忆录，对于推进我们今天建设社会主义的物质文明和精神文明，有着重大的历史意义和现实意义。回忆录的作用具体有以下几方面：

（一）回忆录是进行理想信念教育、革命传统教育的生动教材

现时代的青年应该具有怎样的理想信念？应该具备怎样的品格素质？大

量回忆录早已给我们作了真切而又形象的回答。许多革命前辈在回忆录中记述了他们追求光明、追求真理而进行的不懈努力，那些感天地、泣鬼神的奋斗实例为我们今天的思想教育工作提供了最直观、最生动的教材。通过这些教材，我们能够吸取思想上的营养，陶冶自己的情操，砥砺自己的品格修养。回忆录的这种教育感染作用是空洞的道德说教所难以企及的。

（二）回忆录具有珍贵的历史文献价值，为今天认识历史、研究历史提供了具体而翔实的历史资料

回忆录依据历史人物活动的历程，真实地记录了他们在历史进程中的活动情况、思想状态，人与人之间的复杂关系。所以回忆录中的许多事实细节常被用来说明某些历史问题，有些被用来甄别历史事实的真伪，纠正历史研究中一些不妥当的结论，有些则发掘出了一些鲜为人知的历史材料。所以回忆录在历史研究中起着补充、印证、澄清和更正的重要作用。

（三）回忆录为文学创作提供了素材

回忆录是历史与文学的结合，它注重生动的叙事情节、注重形象的人物性格刻画，有生动的个性化语言，这些特征不仅给读者以一定的艺术享受，也为以历史人物、历史事件为题材的各种文学创作提供了丰富的、感人的素材，是文学创作的一块肥沃而坚实的土壤。许多优秀的小说、传记文学、影视作品就是根据回忆录提供的材料和人物原型创作完成的。

（四）回忆录还有缅怀故旧、寄托哀思的作用

在追忆他人的回忆录中，有相当一部分回忆了逝者的音容笑貌、高尚品质，记叙了逝者可歌可泣的事迹，缅怀了撰写者与逝者生前的情谊。无法冲淡的深切记忆，常常通过撰写回忆录来表达，不尽的哀思和怀念也常用回忆录来寄托，这也是回忆录的一个重要作用。

三、回忆录的内容

（一）长篇回忆录的内容丰富多彩，既可以叙写本人的人生经历和心路历程或某个历史时期的阅历，也可追忆熟悉人物、战友、名人的人生风貌或突出事迹、贡献等。

（二）短篇回忆录的内容精练，重点突出，可以回顾自己或他人在特定历史阶段的生活经历或者某个侧面、几个片段的事实。

（三）革命回忆录的内容是老一辈无产阶级革命家、革命者回忆自己所经历、了解、熟悉的革命生涯和战斗经历及有关情况，篇幅可长可短，是宝贵的革命文献。

四、回忆录的结构

回忆录分为书册型和文章型。书册型回忆录由书名、署名、序言或前言、目录、正文和后记。文章型回忆录通常由回忆录由标题、署名和正文构成。

（一）标题

长篇回忆录的标题，一般写成"×××回忆录"的形式，可以是写事件，也可以是写人物姓名。短篇回忆录的标题形式就较为灵活多样，可以直接写事件，也可以有正副标题，也可以用带文学色彩的标题等等。

（二）署名

在标题下一行书写，写作者姓名。

（三）正文

长篇巨制的正文可分为编、章、节等，再按人物的经历和事件的进程分列小标题，可在小标题后面用括号注明不同的时期，也可用破折号形式出现。可在正文之前加上序或引言。

短篇回忆录的正文可以分为开头、主体和结尾。略长的可分列小标题，将不同侧面的内容串起来。对于回忆伟人的悼念性文章，可用正副标题的形式，正标题要体现文章主题，副标题可用"回忆""缅怀""纪念""怀念""记"历史人物等不同词语。

五、回忆录的写作方法和写作要求

（一）内容真实，准确度高

本着实事求是的原则选材和记述。回忆录中涉及的人和事必须真实准确，真有其人，实有其事，确有其言，不可杜撰虚构、合理想象。要通过调查访问，查阅资料核实有关的材料，有些年代久远难以澄清的史实、人物、情节，宁可在写作中舍弃，也不能模棱两可地勉强写出来。必须以高度的历史责任感写作回忆录。

回忆录的真实准确程度，既受历史事件本身的复杂性、时间的久远性的影响，也受回忆者本人的健康情况、智力水平和文化水平的影响。因此，写回忆录一定要进行认真、细致、深入的调研和考察，把时间、地点、人物、事件、原因、过程、结果等要素核实弄清，避免失误失实等情况的产生。

（二）点面结合，重点突出

写回忆录要有正确的主旨，要选择一些有意义的重大事件或真实的典型事例来突出人物的精神风貌和人格魅力。同时也要反映出时代风云和历史全貌，做到点面结合，重点突出。在以人物为中心的回忆录中，人物形象是否血肉丰满、个性鲜明非常关键。塑造人物形象要在真实性的基础上，通过肖像、语言、行动、心理的描写，突出人物的风采，展示人物的人格魅力，尤其要注重通过人物的行动体现人物的内在精神。抓住人物在关键时刻的重要行动，在激烈的矛盾斗争中写人物的行动，就能有力地显现人物的性格特征和精神世界。写人物的事迹、事件的过程，不能事无巨细地平铺直叙，而一定要选择典型事例。事例典型才能突出人物的精神面貌，增强事实的感染力。

（三）饱含深情，追思往事

在叙述史实中贯穿作者真挚的感情表达是回忆录写作的常用方法。"感人心者莫先乎情"，回忆录写的既然是自己的亲身经历，或是作者熟悉的人物的经历，所以叙述语言一定要带有亲切感，一定要饱含着深挚的感情去写人叙事。作者只有在追忆历史中深刻体味蕴含其中的真情实感，自己的情感先被打动，他所叙述的史实，追忆的人物才会富于感染力，回忆录的教育作用才能充分发挥出来。

两度空城守石门

萧 克

石门，石家庄市的旧称，1947 年 11 月中旬我军解放该市后改称此名。石门地处平汉、正太、石德铁路交叉点，是华北重镇。我军解放石家庄后，这里正在成为当时华北的政治和经济中心。工商企业、交通运输、文化教育等各项事业的恢复和发展，有力地支援着华北解放区。这里还集中了很多物资，是我军在华北进行革命战争的兵站基地。这时，党中央已搬到距石家庄西北约 70 公里的西柏坡，正在筹建中的中央华北局、华北人民政府也将在石家庄宣告诞生。

石家庄解放后，仍然受到傅作义、阎锡山几十万大军的严重威胁。蒋介石不甘心失败，处心积虑要把石家庄从人民的手中夺回去，并扬言夺不回去，也要把它炸平。同时，华北的许多城市和交通要道，还为敌人所盘踞；城周边有些残敌与地方反动武装勾结骚扰。

1948 年 4 月底的一天，晋察冀军区得到情报，敌人企图趁我主力出击察南、绥东之机，准备偷袭石家庄。据悉，参加这次袭击的部队是傅作义的 4 个步兵师、1 个骑兵师，共约 3 万余人，分乘汽车、坦克、装甲车正秘密地从北平向保定一带集结。山西的阎锡山也派出 1 个师约万余人，准备从寿阳取道盂县向石家庄突袭，策应傅作义部的正面进攻。敌人想倚仗其大量汽车和机械化的优势，隐蔽突然，从东西两面夹攻，一举夺取石家庄。

当时石家庄的部队除了警备司令部不多的兵力和正在组建中的补训兵团的一个新兵补充旅之外，几乎没有战斗部队，附近也没有主力部队可供调遣。距石家庄最近的冀中军区只有一个步兵旅三四千人可供调遣。最快也得三四天才能赶到，还有远在山西应县一带的第六纵队，距离很远。要赶来石家庄作战，"远水难救近火"。当时的石家庄，就好像是座空城！

晋察冀中央局和晋察冀军区决定由我去指挥保卫石家庄的任务。临危受命，我感到只能由自己去临机处置了。于是提议："立即令冀中军区一个旅和在山西的第六纵队，昼夜兼程，赶往石家庄，下令沿途地方武装和民兵阻滞敌人。"

接着，我又提出：这次保卫石家庄之战，在战区范围内，党政军民的指挥权都归我。我提出这个问题，是因为这时的石门，是军区最大的城市，有边区党政军民各个系统的领导机构和领导人，都有最高指挥权，如果不集中统一，各行其是，就不利于军事行动。我虽以军区副司令员和中央局常委去石门工作，有条件做到集中统一，但要在中央局会议上领导同志面前明确这个观点。

刘澜涛首先说："你是晋察冀军区副司令员，又是中央局常委，还是军区民兵武装部长，总揽指挥大权，名正言顺。"接着，在座的其他领导人也表示同意。

最后我表示：军情紧急，有什么问题，我到石家庄之后将及时报告。

对保卫石家庄的作战，在作了这些原则的研究和部署之后，我马上做出发的准备工作。回来后因午饭还未做好，就去毛主席住处汇报，也是辞行。

毛主席自半个多月前从陕北转移到城南庄后，我们同住一排房子，平日里常常相遇和交谈。但今天来见毛主席心情却有些忐忑不安。

我径直朝毛主席的住房走去。一进门，他见我来了，忙问："听说你要去石家庄？"说着，示意我坐下。

我说："是的，军区决定我去保卫石家庄，我准备吃过午饭后就走，想听听主席有什么指示。"

"附近没有主力部队了，有顾虑吗？"毛主席关切地问道。

我回答说："是的。石家庄是华北解放区的经济、政治、文化中心，是大城市，若丢在我的手里，不好向党交代。"

"不能这么想。"毛主席稍停一下说："石家庄是我们从敌人手里拿过来的，如果丢了，再从敌人手里拿回来就是了。"

听毛主席这么一说，我如释重负。立即起身告辞："主席，你放心，我们一定尽力保住石家庄。"

从毛主席那里回来后，我一面做出发准备，一面选定了我考虑的守城部署和方案。当天傍晚，我和有关人员乘卡车星夜去石家庄。

天刚亮，我们到达目的地。这时，市委书记毛铎、市长柯庆施等市委、市政府和警备区的领导同志已在等着我的到来。听了他们关于市内情况的简单介绍，我感到市内正是风声四起，人心惶惶。

晚饭后，党政军民领导人都到市政府开会。

我首先传达了毛主席和中央局、聂荣臻司令员的指示，向大家介绍了我对这次守城作战的部署和考虑。

我说："这次守城，我也没有什么良策。大家知道，我们的先人曾经演过空城计，不管是真是假，诸葛亮成功了。我们今天也要演一出空城计，就是动员大家把重要的物资和设备搬出去，把石家庄先变成一座空城。"

"这不是一走了之吗？"有人小声议论。

"不，我们还不走。这只是从最坏处着想。诸葛亮守城，只有几个老兵，几个侍童，如果这是真的，那太冒险了，我们今天不能这么干。先把东西搬走，万一敌人来了，也是空城，捞不到一点东西。这是作最坏的打算，但我们守城战斗还要靠实力。我从军区来，军区已经命令保定府到石门沿途及两侧的民兵、游击队赶快动员起来，他们的地雷战、地道战很有经验，可以阻滞敌人；主力部队也正在昼夜兼程，很快就会赶到石家庄。此次战斗，我负总责。所有党政军民的行动，都由我调动。由于情况紧急，部署和方案没有来得及同大家商量，如无不妥，就照此执行。"大家都没有意见，都说听我指挥。

我在此会之前，先到补训兵团司令部，向曾涌泉、叶楚屏等同志说："保卫石家庄这个战役，我要以你们的司令部兼我的司令部。"这些老兵，听到我宣布任务，立即接受。

我要参谋人员迅速沟通与有关方面的联络，随时掌握和报告阻击迟滞敌人的情况及主力部队的所在位置；督促沿途各区县的民兵和地方武装按时到达指定地点。

同时开始物资疏散的准备工作。我把当时石家庄市及各机关单位的物资按战争时期的使用价值分成五等，第一天搬最重要的为第一等，次重要的为第二等，然后是第三、四、五等。各重要通道口都派警戒部队检查，是否都按规定的等级搬迁，否则扣留并处分有关人员，并限五天之内搬完。我反复强调，搬东西一定要按规定的等级次序搬运。先搬重要的，如银行、兵工机器、弹药、粮食、被服……至于办公用具则在后面搬，尤其不允许先搬沙发和床之类。无论是谁，必须严格执行命令。

警备部队必须坚守岗位，加强对重点目标和重要方向的保护和警戒，保证和掩护物资的疏散。补训兵团的部队应分别协助各单位进行物资的搬迁和看护。

市广播电台应大力配合做好宣传动员工作，安定人心。

待我把各项工作布置完毕，已经是午夜2点了。

第二天，石家庄就开始喧闹起来。各大街小巷只见人们赶着大车，推着小车，有的还开着汽车，装载着各种物资，紧张而有秩序地向各个方向搬运。

市民们见状，有些惊慌。于是市内顿时谣言四起：

"共产党要撤了。"

"傅作义到了滹沱河了。"

"国军就要进城了。"

有些人惶恐不安，我决定马上去向市民作宣传。

首先我和市长柯庆施在晚饭后缓步走上石家庄街头，约七八里，一去一回。人们看见军区副司令和市长并排在大街上行走，还不时地同过路的行人打招呼，许多人便窃窃私语："看来没啥问题，首长们还在呢！"

随后，市内的广播喇叭里不断重复播报着："市民同志们，下面通报敌情，请注意收听。敌傅作义部现进至唐河，被我民兵迟滞阻击，进展缓慢，……"

敌人在继续前进，进到哪里，同样如实报道。一连几天都这样。这近乎违背军事常规，然而，全市人心反而稳定下来了。那时石家庄刚解放不久，敌特活动还比较频繁、猖獗，有些做保卫工作的同志曾一再劝阻我们不要轻易走向街头，认为太危险了。我告诉他们，为了安定人心，必须这样。

城内的调动和安排井然有序。正面阻敌的民兵和地方武装步步抗击，使傅作义的部队每前进一步都很艰难。冀中部队按时赶到了，立即部署在正面迎敌，守城的指战员们士气更加高涨。

北面文年生、向仲华率领第6纵队兼程南下，5月8日进到盂县城附近。与此同时，吕梁军区和太岳军区的部队也相继北上，钳制太谷地区的敌人，准备配合第6纵队歼灭阎锡山部的暂编第49师。5月9日，6纵队发现阎锡山部分路进到盂县西南并继续向盂县城推进。他们请求打还是不打。我立即复电："敌人送来的运动战，立即迎击。"第6纵队得令，乘敌人分兵冒进之机，迂回穿插。将敌分割包围后，发起攻击，一举全歼阎锡山的第49师，活捉敌中将师长张翼，并相机进至寿阳城。

傅作义得知阎锡山的策应部队第49师被歼，他自己的部队又沿途被我阻击，进展缓慢，判断石家庄已有准备，就悄悄地缩回去了。事后有人高兴地说："聂荣臻唱了一出'空城计'。"是的，是空城计。然而，和历史上的"空城计"内容又不相同。

这时，华北军区成立，我被任命为华北军区副司令员兼华北军政大学副校长。石家庄保卫战结束不久，我回军区工作一段时间，就去华北军大了。

1948年10月，华北军区野战军第二、三兵团为配合东北作战，抑留傅作义部于华北，以便继续在察绥地区打击敌人。两兵团在平绥路东西两线互相呼应，频频取得胜利，使敌处于被动挨打的境地。傅作义为配合东北蒋军行动，为缓和北线压力，企图再次偷袭石家庄，威胁中共中央和华北领导机关的安全，迫使我抽兵回援。

10月下旬，敌人以郑挺锋第49军，新编骑兵第4师及骑兵第12旅等部为先头，并配属爆破队及汽车500辆，携带大量炸药，从涿县向保定集结；接着敌人又将第35军、第16军、第97军的3个师调到平汉线策应。敌人企图凭借其机械化部队和轻骑兵的快速行动，突然袭占石家庄，把华北最早解放的城市的工业、交通基地彻底毁坏。尽管当时沿线铁路、公路均被我破坏，但敌人的机械化部队和骑兵沿着乡村土路仍能迅速向前推进。

中央军委和华北军区得知这一情况后，决定一面以冀中第七纵队并指挥地方武装节节抗击，动员20余万民兵埋雷破路，阻击敌人；一面调第二兵团兼程南下，预定在定县以北地区歼灭进犯的敌人。这时辽沈战役已经结束，中央军委还令东北野战军第十三兵团迅速入关。这次保卫石家庄的任务，华北军区又决定由我指挥。

在一个将近午夜的时候，我在华北军大（在石家庄市西约15公里的南北辛城村），突然接到军区司令部值班员的电话，说聂司令员要同我讲话。聂司令在把敌人又要袭击石家庄的概略情况告我后，指定我去指挥石家庄保卫战。我没二话，"军令如山倒"啊！

我立即打电话给石家庄补训兵团司令部，说了一下情况和任务。又告诉叶剑英校长办公室主任薛子正，请他明天上午向校长报告一下。我立即去石家庄，与市里的党政军领导一起，分析敌我形势，迅速制定了作战方案。我认为，这次作战与上次相比，虽有不少有利条件，但敌我兵力对比，仍然是敌强我弱，我还多了一个弱点，就是疏散工作比上次更多更繁杂。因石家庄市已成为华北地区物资集散地，各种机关、团体更多了。我们制定了作战方案，并报告中央，中央书记处书记任弼时看后认为很好，用电话相告。

又一次紧张而有秩序的备战工作在石家庄市展开了。

我仍以军区补训兵团的机关作为这次作战的指挥机构。同时组成石家庄市备战指挥部，分设经济、宣传、战争动员、武装治安等各部，市区各机关团体统一调遣，统一行动，全市军政人员和人民一道投入战斗。为预防不测，我还把附近的华北军区步兵学校（训练班排长）调来，临时改名教导团，有战斗兵2000人，能征惯战，可谓劲旅，布置在石家庄市北的滹沱河南岸，作宽大正面布防。

接着，同上一次一样，我们仍然把物资分成五等，逐次疏散。在疏散期间，狠抓社会治安工作，清除内部的敌特分子，对那些散布谣言、哄抬物价等不法行为者进行有力的打击。我因有上次的经验和工作习惯，这次的行动，比较顺利。

我们刚刚部署完毕，敌军于10月28日，在10余架飞机的掩护下，由保定出犯。我地方部队和广大民兵在方顺桥、望都和清风店一线阻击，迟滞敌人的进攻速度。第二天，敌人进占清风店。30日，敌又以两个师沿铁路线向唐河北岸的奇连屯等处攻击，冀中第7纵队英勇抗击，毙伤敌千余人，使敌人无法越过唐河。这时，北岳、冀中各分区部队密切配合，在保定以北破坏铁路、公路和桥梁，民兵则广布地雷，使乘坐汽车的敌35军两昼夜才从涿县进到田村铺，还不及我军徒步调动的速度。

与此同时，我们还利用为我控制的敌人通信设备，开展无声的战斗，配合军事行动。

敌人收到一些复杂的情报，不敢妄动，只派一部分骑兵南下。骑兵出发不远，在望都以南的唐河遭到我军的阻击，受了损失。傅作义听说其先头轻骑遭受袭击，知我军在石家庄已有准备，便按兵不动了。

这个军事成就,是我们地下工作者善于欺骗迷惑敌人,他们达到了孙子说的"兵者……弱而示之强……"的水平。他们凭着对革命事业的忠诚,独立活动,甘当无名英雄,可敬可佩。

对保卫石家庄另一个有力的配合,是以新闻为武器,打击敌人。这场没有枪声的战斗,后来我们才知道是毛泽东亲自安排的。当时,已在河北平山县西柏坡的毛泽东,得知敌人进攻的消息,决定充分利用广播、报纸等新闻工具为武器,公开揭露敌人的偷袭阴谋,起"先声夺人"的作用。

1948年10月27日,正当敌人调动集结之际,新华社立即发表一条消息,报道华北各首长号召保定、石家庄沿线人民准备迎击蒋傅军进扰。消息说:"此间党政军各首长已向保石线及其两侧各县发出命令,限于三日内动员一切民兵及地方武装,准备好一切可用的武器,以利作战,尤其注重打骑兵的方法。"这则公开发布的消息中还把敌人的兵力部署、企图及行动日期和盘托出,明确指出:"只要大家事先有充分准备,就有办法避开其破坏,诱敌深入,聚而歼之。"消息中还特别提到:"今年5月,阎锡山、傅作义曾有合扰石家庄的计划,保石线及正太线各县曾经一度动员对敌,后来阎军一师在盂县被歼,傅军惧歼未动,但保石线人民已有了一次动员的经验。"最后还指出,此次因蒋介石在北平坐镇,傅作义不敢不动。但只要我们做好准备,就不怕敌人的偷袭。

消息发出后,立即见效。当晚,敌49军军长郑挺锋告傅作义,他收听广播得知,"匪方"对本军此次袭击石门行动似有所警惕。彼方既有所感,必须预有准备,袭击恐难收效。次日,郑挺锋只得以小部队向南作试探性推进。

10月30日,从平绥线南进的我军第二兵团,以三昼夜急行军200余公里的速度,突然出现在完县、唐县地区,使敌人为之一震。31日,新华社又发表了一篇题为《评蒋傅军梦想偷袭石家庄》的述评。述评在分析了傅作义偷袭石家庄的背景内幕及其兵力部署,指出其必然归宿之后说:"从这几天的情报看来,这位郑将军似乎感觉有些什么不妥之处,叫北平派援军,又是两家合股,傅作义派的是第三十五军,蒋介石派的是第十六军,正经涿县南下,这里发生一个问题:究竟他们要不要北平?现在北平是这样的空虚,只有一个青年军二〇八师在那里,通州也空了,平绥东段也只稀稀拉拉的几个兵了。总之，整个蒋介石的北方战线，整个傅作义系统，大概只有几个月，就要完蛋了，他们却还在那里做石家庄的梦。"

这一招又果然见效。傅作义闻讯，次日更坚定地放弃了偷袭石家庄的计划，赶忙收兵回营了。

这一着，真正做到了"先声夺人"。我军采用无声战斗法，正是"兵不厌诈"，也是孙子兵法讲的"兵者，诡道也"。毛泽东之善于运筹，决胜千里，为古今兵家制敌之一绝。

（本例文选自《萧克回忆录》，解放军出版社 1997 年 6 月出版）

忆出席全国英模代表大会

董来扶

1950 年 9 月，我作为华北军区装甲兵代表光荣地出席了全国战斗英雄代表会议，亲耳聆听了毛泽东、周恩来、朱德等党、国家和军队领导人的讲话，并在会议宴会上向毛泽东主席敬了酒，毛主席那慈祥的笑容深深地印在我的脑海中，激励着我在革命的道路上不断前进。光阴似箭，岁月如梭。50 多年过去了，现在回忆起出席首届全国英模代表大会的情景，仍然历历在目，激动不已。

层层推选英模

中华人民共和国成立一周年前夕，为了表彰战斗英雄和模范人物，为全国全军树立学习榜样，中央人民政府政务院决定召开全国战斗英雄代表会议和全国工农兵劳动模范代表会议。1950 年 7 月，总政治部向全军发出《关于召开全国战斗英雄代表会议及选举部队劳动模范出席全国工农兵劳动模范代表会议的指示》，就这次会议召开的目的和意义、代表名额和条件以及选举方法作了规定。按照总政治部的指示，8 月 5 日，华北军区政治部发出通知，要求全区部队认真准备，采取领导与群众相结合的办法，推选英模代表，并广泛开展宣传和学习英模事迹的活动。

1950 年 8 月，战车第 1 师整编为坦克第 1 旅（10 月改称坦克第 1 师），我所在的战车第 1 团改称坦克第 1 团，我任坦克第 1 团 1 营 3 连排长。按照华北军区通知精神，经过班排连营的层层推选评比，我的事迹报到了团里。9 月中旬的一天，团里通知我到旅部去，并告诉我说："事迹材料已经报到旅里，现在要进行面对面的选举，你同意谁就选谁。"当时，旅部在天津建国道，原匈牙利租借地建的中国天津第一文化宫。我从驻地丰台坐火车到旅部参加选举。到了旅部，组织科长把我带到一个小会议室，由旅政委、组织科长、我和一名炮兵代表（名字记不得了）进行选举。旅政委说："坦克团选的代表是董来扶，炮兵团选的是×××，现在咱们选一下谁当英模吧。"我说："我的事迹不如他（指炮兵团的代表），我选他。"旅政委不同意，他说："装甲兵的战斗英雄应该是装甲兵的英模合适，你们俩的事迹差不多，都是两次大功，你们都去吧。"让我们到华北军区再选。

第二天，团里用摩托车把我从丰台送到华北军区机关参加选举，住在招待所，我和连长黄树田分在一个组。参加选举的人挺多，有一二百人，我们在华北军区小礼堂进行选举。一些事迹特别突出的人到台上讲自己的事，黄树田也上台讲了。记得他一边讲，汗水一边刷刷地往下掉，紧张得不行。每天有一二十人上台演讲，一共讲了3天。最后，我被选为全国英模代表，炮兵团那个代表落选了。

经过自下而上的民主选举，华北军区共选出战斗英雄和模范代表25名、民兵英雄代表15名，共40人参加全国战斗英雄代表会议。还选出6名劳动模范代表，参加全国工农兵劳动模范代表会议。9月20日，华北军区隆重举行欢迎大会，军区政治委员薄一波，政治部副主任张南生、张致祥及军区直属队干部战士500余人参加了欢迎会。会上由薄一波政委致辞，他勉励我们英模代表要戒骄戒躁，功上加功，永远保持英雄模范的光荣称号。大会还给我们英模代表每人赠送了精致的纪念册，然后由英雄模范作典型报告。我在报告会上讲述了自己的事迹：

我于1945年5月参加八路军，日本投降后随部队到达东北。东北民主联军正组建坦克大队，我被选为坦克兵。当时大队仅有4辆坦克，坦克兵却有40多人。经过3个月的技术培训和大比武，我成为首批坦克驾驶员之一，驾驶一辆日式轻型坦克（大家称为"小豆"坦克）参加了靠山屯战斗。由于战前准备时发生了意外，我没能直接参加这次战斗，而在战后转移中出色完成了战勤保障任务。靠山屯战斗结束后，我终于开上了"老头"坦克，是一辆日本97式中型坦克。1948年10月辽沈战役的锦州战役打响，坦克首次参加大规模城市攻坚战。东北野战军战车团15辆坦克配合步兵强攻国民党范汉杰集团10万大军固守的锦州城。战斗发起后，我驾驶"老头"坦克，从冲击铁桥、激烈巷战到老城攻坚，连续作战，几次"负伤"，全车乘员英勇顽强，孤胆作战，机智果敢，边打边修，出色地完成了战斗任务，掩护步兵全歼老城1万守敌。战后，我被记大功一次，"老头"坦克被东北炮兵司令部授予"功臣号"坦克称号。1949年1月，东北野战军战车团30辆坦克、30辆装甲车配属步兵攻打天津。我驾驶"功臣号"坦克，率先突破西营门，将敌人的明碉暗堡逐个摧毁，守敌狼狈逃窜。打开突破口后，我和战友们单车配合步兵展开巷战。从天津自来水公司方向向纵深发展，见火力点就轰，见碉堡就打，一路所向披靡。当打到海光寺敌指挥所时，守敌拼死抵抗，我步兵被敌强大火力网阻拦。当时已进入夜战，指导员张云亭冒着生命危险将头伸出炮塔为炮手指示目标。就在坦克摧毁敌火力点的同时，张云亭不幸中弹牺牲。当我得知指导员牺牲的消息后，一心要冲进海光寺消灭顽敌，为指导员报仇，但被连长阻止住。连长发火道："夜战视线不好，指导员牺牲了，我们要接受血的教训。没有我的命令，谁也不准冲过去。"我强压怒火，等待着时机。第二天天刚蒙蒙亮，连长下达了命令。我和战友们开着坦克，将愤怒的炮弹射向敌指挥所，海光寺成了一片废墟。接着，我和同车的战友率先打到了金汤桥。金汤桥敌核心工事正疯狂地喷射出一道道火舌，进攻的步兵倒下一大片。我手疾眼快，发现了敌两个地堡，立刻把坦克开到最佳射击位置，坦克火炮几个速射，就把敌地堡报销了，步兵胜利会师在金汤桥。这次战斗我又一次荣立大功。当我讲到这里时，台下响起了雷鸣般的掌声。

在华北军区作完报告后，我们选出的代表都没有回部队，直接去参加全军英模会，住在解放饭店。

参加英模大会

1950年9月25日，全国战斗英雄代表会议和全国工农兵劳动模范代表会议在北京隆重召开。这是中华人民共和国成立一周年的重要庆祝活动，是全国解放后各路英雄的大聚会。来自全国、全军的350名战斗英雄、劳动模范代表在中南海怀仁堂参加了这次大会，毛泽东、刘少奇、周恩来、朱德以及陈云、聂荣臻、罗荣桓等党和国家、军队的领导人出席了会议。

大会开始后，政务院副总理陈云致开幕词，毛泽东代表中国共产党中央委员会致祝词，朱德总司令致演说词。当毛主席致辞时，我们全体代表起立热烈鼓掌，向毛主席问好。毛泽东在祝词中称赞英雄模范"是中华民族的模范人物，是推动各方面人民事业胜利前进的骨干，是人民政府的可靠支柱和人民政府联系广大群众的桥梁"。他代表中共中央号召全党党员和全国人民向英雄模范人物学习，同时号召英雄模范向人民群众学习。他说，只有决不骄傲自满并且继续不疲倦地学习，才能够继续作出优异的贡献，继续保持光荣的称号。他强调指出："中国必须建立强大的国防军，必须建立强大的经济力量，这是两件大事。这两件事都有赖于同志们和全体人民解放军的指挥员、战斗员一道，和全国工人、农民及其他人民一道，团结一致，协同努力，方能达到目的。"①

聆听完毛主席和各位首长的讲话后，我们代表一个个兴奋不已。新中国刚刚成立一周年，正是百废待兴，百业待举，国家领导同志日理万机，却集体出席这个大会，让我们这些来自基层的同志们感到无比激动，有一种说不出的光荣和自豪。会后，我们分组讨论领导的讲话，主要讨论如何坚定思想，克服骄傲情绪。接下来的几天时间，都是典型报告。其间，我们分别被邀请到机关、学校、企业和厂矿作报告。

9月30日大会闭幕，总政治部主任罗荣桓致闭幕词，总政治部副主任萧华作总结报告。这次大会，总结了解放战争以来开展立功运动的主要经验，大力宣传了英雄模范的先进事迹，自始至终沉浸在隆重和热烈的气氛中。许多英雄模范在会上发言，报告自己的事迹，交流经验。会议闭幕后，毛泽东和我们全体代表一起合影留念。大会主席团为每名英模代表颁发了大会纪念章和《全国战斗英雄代表会议纪念刊》，在纪念刊中我的事迹是这样介绍的：

> 董来扶，是坦克部队中立功最多技术熟练的"功臣号"驾驶员。在锦州
> 战役的五次战斗中，每次均胜利完成任务。

毛主席宴请吃饭

会议期间，让我们最难忘的就是毛主席专门设宴招待我们出席会议的全体代表。1950年9月26日（中秋节那天）中午吃饭的时候，工作人员给我们每名代表发了一张请柬，说晚上毛主席要请我们吃饭，至今我还珍藏着那

① 见1950年9月26日《人民日报》。

张毛主席"宴请吃饭"的请柬：

兹定于 9 月 26 日下午 6 点半，欢迎全国战斗英雄代表、全国工农兵劳动模范代表莅临。

毛泽东

宴席设在北京饭店，凭此柬入席。　座号：394 号

宴会在北京饭店举行，毛泽东、刘少奇、周恩来、朱德等中央领导都出席了。鸡尾酒席上，代表们欢聚一堂，共进晚宴，互相签名留念。许多代表争着给首长敬酒，我代表装甲兵给毛主席敬了酒。当我端着酒杯来到毛主席身旁时，激动不已，浑身打哆嗦，步子都挪不动了。

敬完酒后，毛主席就走了。我看到好多人在排队，走过去一看，正在等周恩来总理签名。蔡畅、李贞等都在排队，我也赶紧站到队伍里。当我排到距离周总理还有两三个饭桌时，警卫人员为了首长安全，过来挡住不让签了。我想：到这儿来开会，就想见见领袖。战场上见个团长、营长都很困难，能跑到这里见个领袖就更不容易了。人一生能有几次这样的机会呀？我就继续往前蹭，那个警卫就拽我。我说："干什么？"他说："我不签了，你也不要签了，让首长休息一下。"我说："我就是想让首长给我签个名，见一次面不容易。"这时，周总理听到我们的争吵，就停下来说："不要挡他们，叫他们过来吧。"警卫闪开一条道，我终于让周总理给我签了名。签完名后，我给周总理深深地鞠了一躬。接着，让朱总司令给签名。等我签完名正要走时，看到防空部队司令员周士第站在旁边，我又让他给我签了名。

参加国庆观礼

1950 年 10 月 1 日，全国英模代表在天安门观礼台上参加了中华人民共和国成立一周年盛大的国庆观礼活动。我站在观礼台上，回忆起两次接受毛泽东主席检阅时的情景，心情激动万分，久久不能平静。1949 年 3 月 25 日，中共中央从河北省平山县西柏坡迁至北平（今北京）。为了迎接中共中央和中央军委，我们战车师喷涂一新的 40 辆坦克、100 辆汽车与全副武装的中央警卫团一起，威武雄壮地排列在西苑机场，第一次接受毛泽东、朱德等首长的检阅。相隔半年后的 1949 年 10 月 1 日，中华人民共和国开国大典

隆重举行。下午 3 时，在隆隆礼炮声中，盛大的阅兵式开始了。由 99 辆坦克、50 辆装甲车和 107 辆运输车组成了坦克方队和摩步方队，我驾驶的"功臣号"是领队坦克。当坦克方队经过天安门城楼时，我发现毛主席被"功臣号"三个大字所吸引，频频地向我们的领队坦克挥手致意。这是第二次接受毛泽东等中央首长检阅。这不但是我个人的骄傲，更是坦克部队全体官兵的骄傲。

10 月 6 日晚，政务院举行了欢送会，周恩来总理莅临会议并发表简短演讲。他希望我们英模们继续努力，把战斗和劳动结合起来，为巩固和发展中国人民的伟大胜利而奋斗。

回到部队后，我被邀请到摩托化步兵团、炮兵团等巡回作报告，大力宣扬全国英模代表大会精神。1951 年 5 月，我所在的坦克第 1 师编入志愿军序列参加了抗美援朝战争，与英军"王牌"——英皇家苏格兰团在马良山展开殊死搏斗，取得歼敌 500 余人、俘敌 48 人的辉煌战果。战后，我所在的坦克 2 连荣立集体二等功，我个人荣立三等功。在抗美援朝战争中，参加全国英模代表大会的代表中就有 6 人光荣牺牲。1952 年冬天，我作为志愿军英模代表团的代表兼区队长，回国向毛主席汇报朝鲜战场战斗情况，又一次见到了毛主席。

半个多世纪过去了，现在参加 1950 年全国英模代表大会的人已所剩无几，把这一段历史回忆起来，传承给下一代，是我应尽的责任和义务。当年我驾驶的"功臣号"坦克，如今静静地停放在中国人民革命军事博物馆里，有时间我还到那里去看看这位"老伙计"。

（本例文选自《华北军区大事要事亲历录》，北京军区党史军史系列丛书编纂委员会编，解放军出版社 2011 年版）

第五章　大事记

　　大事记是国家、政党、军队、社团以时间先后顺序，用简明的文字记载重大事件或重大公务活动的志传类文体。大事记不受单位级别限制，上至国家、下至每个机关、每个地区、每个单位、每个部门都可以建立大事记。

一、大事记的特点

（一）编年性

　　大事记按照时序安排所记载的内容，即以年代发展顺序行文，一年之中又按月份先后顺序行文，一月之中则按日进程安排记载内容。

（二）纪实性

　　大事记是用来记事的，而且是实录其事，必须实事求是，不容许有丝毫的虚假和差错。

（三）简明性

　　大事记用以记事的文字简洁、明了，条目明确，不用渲染和描绘，不用议论和说明。要求文字概括、准确，述而不论。

（四）重要性

　　大事记只是选择那些具有重大意义和重要作用的事情、事件予以记录，它们或成效显著、或意义深远、或影响广大、或损失惨重，绝非有事即录。

（五）随时性

　　大事记应随时记录，如果过后去补写，特别是过较长时间去补写，仅仅凭回忆就很难保证其资料的准确可靠。

二、大事记的分类

大事记依据记述内容和记述范围不同，可划分为单位大事记和专题大事记。

（一）单位大事记

单位大事记是简要、系统地记述本单位在一定历史阶段内所发生的大事、要事的大事记，涉及面广，内容比较详细。

（二）专题大事记

专题大事记是专门记录某一特定范围内重大事件和重要事情的大事记，如政治工作大事记、经济工作大事记、军事工作大事记等。专题大事记可以是全国、全省范围的，也可以是某单位的。

按记载人划分，还可以分为本人、本部门记载的大事记和他人记载的大事记等。

三、大事记的作用

作为应用文体的一种，大事记在各级各类机关和单位普遍运用，发挥着独特的作用。

（一）大事记是编纂历史的重要资料

大事记反映和记录某单位的历史发展及重要活动，勾勒出该单位一定时期内的历史发展概况，成为编纂其历史的重要资料；并成为可供查考利用历史资料的重要文献。

（二）大事记是总结工作的重要依据

大事记具有连续性和系统性，各单位在总结工作时，可以也应该以当时所记大事记中的大事、要事为基本考查对象，经过具体分析研究，把握主客观因素及其因果关系，总结经验，吸取教训，指导工作。

（三）大事记是制定决策的客观基础

大事记所记载的事情，基本上都是以历史变迁为主线，记述和反映那些当时影响大、事后影响较久的具有代表性的大事、要事，可客观直接反映出一个单位在一定时间内的历史面貌。领导机关、决策部门在规划工作、制定决策时，分析研究这些已经发生过的大事、要事，对于承继历史，把握现实，开创未来，确定工作重点，研究制定决策，改进和推动工作，都具有重要的现实意义。

四、大事记的内容

大事记由时间和事件内容两部分组成。

（一）时间部分

大事记时间的持续性和顺序性，反映了事件产生发展过程，是写好大事记不容忽视的重要内容。因此，要注意如下几点：

1. 编写大事记要选好时间界限。综合性大事记是以历史时期的开端为开端，以历史时期的终结为终结；专题性的大事记，其时间界限也应与历史时期的划分相吻合，但要从与本专题有关的第一件事发生的时间写起，写至该事件或历史时期的结束。

2. 大事记的时间顺序一般都按年、月、日依次记叙。开头写上"××××年"，下边另行按月、日顺序排列。对于延续时间较长的事件可分期或分若干层次，按时间顺序记载。

3. 大事记时间要求准确，其年份不清的，应先排有确切年份的大事，把不清的排在该时期之末或按其大体年份插于其中。月份不清的事件可附于年末，于记载日期的地方写上"是年"或"本年"。日期不清的事件，附于月末，在写日期的地方写上"是月"或"本月"。有些事件的时间说法不一，难以确定哪个准确，可在文后注明。

（二）事件内容部分

一个单位每日发生的事件很多，不能逢事必记。因此，要确定大事的范围。尽管各单位情况不同，对大事的认定有异，但就一般而言，属于下列者均属大事，应该记载：

1. 上级主要领导人在本单位视察、检查、指导工作的主要活动。

2. 上级领导对本单位所作的重大决定、指示和批示。

3. 本单位在贯彻执行党的方针、政策和上级指示中所采取的重大部署、措施、决议，作出的重大决策，及其他反响。

4. 本单位党委或行政所发出的带有法规性的文件、重要规定、通知、办法等。

5. 本单位召开的各种重要会议，如党代会、英模会、庆功会等。

6. 本单位改革的重大举措、名称的变更、机构设置的变化、工作职务的转变等。

7. 本单位主要领导人员的任免、领导干部的人事变动，以及学位、高级职务评定等。

8. 重大的内、外事活动，包括重大纪念、庆典、集会等。

9. 本单位的重大变革和成就，重大公共设施的建设与修复。

10. 重大事故、重大案件，以及其他重要事件的发生和结果。

11. 本单位工作人员获得的重大成果、重要奖励、荣誉称号或重大处分。

12. 本单位主要领导人外出参加的重要活动。

13. 其他需要记载的大事、要事等。

五、大事记的结构和写法

大事记分为书册型和文章型。书册型大事记由书名、编者、前言、目录、正文和后记构成。文章型由标题和正文构成。

（一）标题

大事记的标题一般由"单位名称＋内容＋文体名称"构成，如《××学院教学工作大事记》；或由"单位名称＋文体名称"构成，如《××团大事记》；也可由"记述范围＋时间＋文体名称"构成的，如《××县20××年大事记》。

（二）前言

记述内容丰富、篇幅较大、时间跨度较长的大事记，一般都写有前言。前言要写明大事记的编写目的和意义，编写的指导思想和原则，编写的体例、时限和材料来源等。没有后记的大事记，在前言中还要说明材料的使用和处理情况，以及编写人员的分工和各自完成的任务等。

（三）正文

大事记正文最基本的结构特征是以时间顺序写清年份，每一年里，要依次按月、日排列。时间一般由年、月、日来表示的；最基本的写法，是逐日记录，一事一记，有几事记几事。其表述方式有：

1. 条目式。即用一句话将事实的要素讲清楚，形同条目。

2. 概要式。即要说明事实的发生和结果。

3. 梗概式。即把编年体与纪事本末体相结合，完整记述时间跨度较大的事件。

4. 综合式。即把同类事实适当综合，以便精练、简洁地记述事件。大凡重要活动、重要会议、重要事件，如持续数日、数周、数月者，均可采取综合式或梗概式记述，无须逐日分别记载。

（四）结尾

一般用最后大事结束即可。对篇幅较大、时限较长的大事记，可用"编后记"作结尾，以便说明编写过程中有关事宜。

六、大事记的编写要求

各类大事记的写作，都是一项很严肃、很庄重的工作，应引起高度重视，并注意以下几点：

（一）要坚持实事求是，客观记叙

编写大事记要尊重历史事实，真实客观地反映事物的本来面目，绝不能随心所欲，凭想象随便杜撰。对所选史料、事实情节要进行考证，研究其是否真实可靠；必要时，要在大事记条目后面注明其出处和参考文献名称；对于不真实的记录，要通过认真考证研究，去粗取精，去伪存真，还其历史真面目；要坚持唯物史观，不以今日之事非标准判断和取舍材料，不为长者所讳，对人物的评价要切合当时的历史环境，不褒不贬。

（二）要坚持完整、全面地记载

大事记所记事件的选择，要坚持"大事突出，要事不漏"的取材方针；

单个事件的记载要完整，要有连续性，尤其对时间跨度大的事件，要记叙其各个方面，有头有尾；所列条目，要按照时间顺序，逐年分月按日排列，以记事为主，适当兼顾记言，记言引用原文。做到时有顺序，事有本末，纵有始终，横有关联，完整而全面。

（三）语言文字要坚持简明扼要的原则

大事记文字，要力争做到文辞朴实，不作渲染，实而不繁，简而不空，言简意赅，用词严谨。遵循"无一言出之于己"的原则，坚持述而不论的要求，对所记事件，不评、不论。

（四）要注意保密和质量把关

大事记如涉及单位内部活动，具有一定密级的内容，必须严格遵守党、国家和军队的保密制度，应注意保管存放，未经领导同意，不得公开。为确保大事记的写作质量，严防泄密事故发生，在大事记初稿完成后，应由单位主要领导和相关人员组成审稿班子，经审定后再清抄完稿和付梓印刷发行。

例文 19：大事记

党的十八大以来大事记

（节选）

2012 年

11 月 8 日—14 日　中国共产党第十八次全国代表大会举行。大会通过的报告《坚定不移沿着中国特色社会主义道路前进，为全面建成小康社会而奋斗》，总结了过去 5 年和十六大以来 10 年的奋斗历程，确定了全面建成小康社会和全面深化改革开放的目标，阐明了中国特色社会主义道路、中国特色社会主义理论体系、中国特色社会主义制度的科学内涵及其相互联系。指出，中国特色社会主义道路是实现途径，中国特色社会主义理论体系是行动指南，中国特色社会主义制度是根本保障，三者统一于中国特色社会主义伟大实践，这是党领导人民在建设社会主义长期实践中形成的最鲜明特色。大会通过关于《中国共产党章程（修正案）》的决议，把科学发展观同马克思列宁主义、毛泽东思想、邓小平理论、"三个代表"重要思想一道确立为党的行动指南并载入党章。

11 月 15 日　中共十八届一中全会选举习近平为中央委员会总书记，决定习近平为中央军委主席，批准王岐山为中央纪委书记。

同日　习近平在中共十八届中央政治局常委同中外记者见面时指出，人民对美好生活的向往，就是我们的奋斗目标。

11 月 29 日　习近平在国家博物馆参观《复兴之路》展览时指出，实现中华民族伟大复兴，就是中华民族近代以来最伟大的梦想。改革开放以来，我们总结历史经验，不断艰辛探索，终于找到了实现中华民族伟大复兴的正确道路。这条道路就是中国特色社会主义。现在，我们比历史上任何时期都更接近中华民族伟大复兴的目标，比历史上任何时期都更有信心、有能力实现这个目标。

12 月 4 日　中共中央政治局会议通过《十八届中央政治局关于改进工

作作风、密切联系群众的八项规定》。

同日 习近平在首都各界纪念现行宪法公布施行 30 周年大会上讲话指出，要恪守宪法原则、弘扬宪法精神、履行宪法使命，把全面贯彻实施宪法提高到一个新水平。

12 月 7 日—11 日 习近平在广东考察工作期间讲话指出，我国改革已经进入攻坚期和深水区，我们必须以更大的政治勇气和智慧，不失时机深化重要领域改革。要坚持改革开放正确方向，敢于啃硬骨头，敢于涉险滩，既勇于冲破思想观念的障碍，又勇于突破利益固化的藩篱。

2013 年

1 月 5 日 习近平在新进中央委员会的委员、候补委员学习贯彻党的十八大精神研讨班上讲话指出，只要我们坚持独立自主走自己的路，毫不动摇坚持和发展中国特色社会主义，我们就一定能在中国共产党成立一百年时全面建成小康社会，就一定能在新中国成立一百年时建成富强民主文明和谐的社会主义现代化国家。

1 月 22 日 习近平在中共十八届中央纪委二次全会上讲话指出，要坚持"老虎"、"苍蝇"一起打，既坚决查处领导干部违纪违法案件，又切实解决发生在群众身边的不正之风和腐败问题；要加强对权力运行的制约和监督，把权力关进制度的笼子里。

1 月 26 日 我国自主研制的运—20 大型运输机首次试飞取得圆满成功。2016 年 7 月 6 日，运—20 大型运输机正式列装空军航空兵部队。

2 月 26 日—28 日 中共十八届二中全会举行。全会通过《国务院机构改革和职能转变方案》。3 月 14 日，十二届全国人大一次会议批准《国务院机构改革和职能转变方案》。

3 月 3 日—12 日 全国政协十二届一次会议举行。会议选举俞正声为全国政协主席。

3 月 5 日—17 日 十二届全国人大一次会议举行。会议选举习近平为国家主席、国家中央军委主席，张德江为全国人大常委会委员长，决定李克强为国务院总理。

3 月 11 日 习近平在出席十二届全国人大一次会议解放军代表团全体

会议时讲话指出，建设一支听党指挥、能打胜仗、作风优良的人民军队，是党在新形势下的强军目标。

3月17日　习近平在十二届全国人大一次会议闭幕会上讲话指出，实现中华民族伟大复兴的中国梦，就是要实现国家富强、民族振兴、人民幸福。实现中国梦，必须走中国道路、弘扬中国精神、凝聚中国力量。

3月20日　国务院全体会议提出，要坚决落实向社会承诺的"约法三章"，即本届任期内，政府性的楼堂馆所一律不得新建，财政供养的人员只减不增，"三公"经费只减不增。

3月23日　习近平在俄罗斯莫斯科国际关系学院发表演讲，强调人类越来越成为你中有我、我中有你的命运共同体，呼吁各国共同推动建立以合作共赢为核心的新型国际关系。2015年9月28日，习近平在纽约联合国总部出席第70届联合国大会一般性辩论并发表讲话，提出携手构建合作共赢新伙伴，同心打造人类命运共同体。2017年1月18日，习近平在日内瓦万国宫出席"共商共筑人类命运共同体"高级别会议并发表主旨演讲，主张共同推进构建人类命运共同体伟大进程，坚持对话协商、共建共享、合作共赢、交流互鉴、绿色低碳，建设一个持久和平、普遍安全、共同繁荣、开放包容、清洁美丽的世界。

3月25日　习近平在坦桑尼亚尼雷尔国际会议中心发表演讲，阐述了真实亲诚的对非政策理念。

4月24日　国务院常务会议为适应职能转变新要求，决定先行取消和下放71项行政审批事项。至2017年年底，国务院围绕协同推进简政放权、放管结合、优化服务（简称"放管服"）改革，先后取消和下放国务院部门行政审批事项的比例达44%，彻底终结非行政许可审批，清理规范国务院部门行政审批中介服务事项达74%。工商登记前置审批事项压减87%。中央设立的行政事业性收费项目减少72%，政府性基金减少30%，政府定价的经营服务性收费项目大幅压缩。部门设置职业资格削减70%。我国营商环境明显改善，营商便利度世界排名明显提升。

5月9日　中共中央印发《关于在全党深入开展党的群众路线教育实践活动的意见》。2013年6月至2014年9月，全党分两批开展以为民务实清廉为主要内容的党的群众路线教育实践活动，集中整治形式主义、官僚主义、享乐主义和奢靡之风"四风"问题。

6月28日　习近平在全国组织工作会议上讲话，明确提出信念坚定、为民服务、勤政务实、敢于担当、清正廉洁的好干部标准。

7月9日、16日　国务院召开经济形势座谈会，明确提出区间调控思路，要使经济运行保持在合理区间，经济增长率、就业水平等不滑出"下限"，物价涨幅等不超出"上限"。此后，在2014年、2015年又相继提出实施定向调控和相机调控。

8月17日　国务院正式批准设立中国（上海）自由贸易试验区。截至2018年11月，自贸试验区试点由上海逐步扩大至广东、天津、福建、辽宁、浙江、河南、湖北、重庆、四川、陕西、海南等地。

8月19日　习近平在全国宣传思想工作会议上讲话指出，要巩固马克思主义在意识形态领域的指导地位，巩固全党全国人民团结奋斗的共同思想基础。党性和人民性从来都是一致的、统一的。要坚持正确政治方向，树立以人民为中心的工作导向。我们正在进行具有许多新的历史特点的伟大斗争，面临的挑战和困难前所未有，必须坚持巩固壮大主流思想舆论，弘扬主旋律，传播正能量，激发全社会团结奋进的强大力量。

8月　习近平在北戴河主持会议研究河北发展问题时提出推动京津冀协同发展。2014年2月26日，习近平主持召开座谈会听取京津冀协同发展专题汇报，明确提出实现京津冀协同发展是一个重大国家战略。2015年6月9日，中共中央、国务院印发《京津冀协同发展规划纲要》。

9月7日、10月3日　习近平分别在哈萨克斯坦纳扎尔巴耶夫大学、印度尼西亚国会发表演讲，先后提出共同建设"丝绸之路经济带"与"21世纪海上丝绸之路"，即"一带一路"倡议。

9月10日　国务院印发《大气污染防治行动计划》。2015年4月2日，国务院印发《水污染防治行动计划》。2016年5月28日，国务院印发《土壤污染防治行动计划》。

10月21日　习近平在欧美同学会成立100周年庆祝大会上提出支持留学、鼓励回国、来去自由、发挥作用的新时期留学人员工作方针。

10月24日　习近平在周边外交工作座谈会上讲话指出，要坚持与邻为善、以邻为伴，坚持睦邻、安邻、富邻，突出体现亲、诚、惠、容的理念，为我国发展争取良好的周边环境，使我国发展更多惠及周边国家，实现共同发展。外交工作要坚持正确义利观，有原则、讲情谊、讲道义，多向发展中国家提供力所能及的帮助。

10月31日　西藏墨脱公路建成通车。至此，我国真正实现县县通公路。

11月3日—5日　习近平在湖南考察工作期间提出"精准扶贫"理念，强调抓扶贫开发，既要整体联动、有共性的要求和措施，又要突出重点、加强对特困村和特困户的帮扶。12月10日，习近平在中央经济工作会议上讲话指出，扶贫工作要科学规划、因地制宜、抓住重点，提高精准性、有效性、持续性。

11月5日　中共中央印发《中央党内法规制定工作五年规划纲要（2013—2017年）》。编制中央党内法规制定工作五年规划，这在我们党历史上是第一次。2018年2月9日，中共中央印发《中央党内法规制定工作第二个五年规划（2018—2022年）》。

11月9日　习近平在中共十八届三中全会上就《关于全面深化改革若干重大问题的决定》作说明时指出，改革开放是决定当代中国命运的关键一招，也是决定实现"两个一百年"奋斗目标、实现中华民族伟大复兴的关键一招，实践发展永无止境，解放思想永无止境，改革开放也永无止境，停顿和倒退没有出路，改革开放只有进行时，没有完成时。

11月12日　中共十八届三中全会通过《关于全面深化改革若干重大问题的决定》。指出，全面深化改革的总目标是完善和发展中国特色社会主义制度，推进国家治理体系和治理能力现代化。经济体制改革的核心问题是处理好政府和市场的关系，使市场在资源配置中起决定性作用和更好发挥政府作用。

11月18日　中共中央、国务院颁发《党政机关厉行节约反对浪费条例》。依据这个条例，党政机关经费管理、国内差旅、因公临时出国（境）、培训、公务接待、公务用车、会议活动、办公用房、基层党建活动、资源节约等方面的党内法规和规范性文件相继出台。

11月23日　中国政府宣布划设东海防空识别区，并发布航空器识别规则公告和识别区示意图。当日，中国空军在识别区内进行了首次空中巡逻。

12月11日　中共中央办公厅印发《关于培育和践行社会主义核心价值

观的意见》。指出，富强、民主、文明、和谐，自由、平等、公正、法治，爱国、敬业、诚信、友善，这 24 个字是社会主义核心价值观的基本内容。

12 月 12 日　习近平在中共中央召开的首次城镇化工作会议上讲话指出，城镇化是现代化的必由之路，推进城镇化要坚持以人为本、优化布局、生态文明、传承文化的基本原则。2014 年 3 月 12 日，中共中央、国务院印发《国家新型城镇化规划（2014—2020 年）》。至 2017 年年底，我国城镇化率达到 58.5%。

12 月 14 日　嫦娥三号着陆月球虹湾区域。15 日，嫦娥三号着陆器和巡视器"玉兔"号月球车互拍成像。我国探月工程第二步战略目标圆满完成，成为世界上第三个月球软着陆和巡视探测的国家。

12 月 21 日　中共中央、国务院印发《关于调整完善生育政策的意见》，提出单独两孩的政策。2015 年 12 月 31 日，中共中央、国务院作出《关于实施全面两孩政策改革完善计划生育服务管理的决定》。2016 年 1 月 1 日，修改后的《中华人民共和国人口与计划生育法》正式实施，明确国家提倡一对夫妻生育两个子女。

12 月 30 日　中共中央政治局会议决定成立中央全面深化改革领导小组，负责改革的总体设计、统筹协调、整体推进、督促落实。2018 年 3 月，中央全面深化改革领导小组改名为中央全面深化改革委员会。

2013 年　中国成为世界第一货物贸易大国，中国货物进出口总额为 4.16 万亿美元，其中出口额 2.21 万亿美元，进口额 1.95 万亿美元。

2014 年

1 月 2 日　中共中央、国务院印发《关于全面深化农村改革加快推进农业现代化的若干意见》。指出，把饭碗牢牢端在自己手上，是治国理政必须长期坚持的基本方针；提出抓紧构建新形势下以我为主、立足国内、确保产能、适度进口、科技支撑的国家粮食安全战略。

1 月 24 日　中共中央政治局会议研究决定中央国家安全委员会设置。

2 月 7 日　国务院印发《注册资本登记制度改革方案》。2014 年 3 月至 2017 年年底，我国累计新设企业达 1927.59 万户，日均新设企业 1.37 万户。

2月18日　习近平在会见中国国民党荣誉主席连战时提出，两岸双方应秉持"两岸一家亲"理念，共圆中华民族伟大复兴的中国梦。

2月21日　国务院印发《关于建立统一的城乡居民基本养老保险制度的意见》。

2月27日　习近平在中央网络安全和信息化领导小组第一次会议上讲话指出，努力把我国建设成为网络强国，强调要把握好网上舆论引导的时、度、效，使网络空间清朗起来。

同日　十二届全国人大常委会第七次会议通过《关于确定中国人民抗日战争胜利纪念日的决定》，将9月3日确定为中国人民抗日战争胜利纪念日；通过《关于设立南京大屠杀死难者国家公祭日的决定》，将12月13日设立为南京大屠杀死难者国家公祭日。

3月9日　习近平在参加十二届全国人大二次会议安徽代表团审议时提出"三严三实"的要求，强调各级领导干部都要树立和发扬好的作风，既严以修身、严以用权、严以律己，又谋事要实、创业要实、做人要实。

3月19日　中共中央办公厅、国务院办公厅印发《关于深化司法体制和社会体制改革的意见》。改革的重点是完善司法人员分类管理制度、完善司法责任制、健全司法人员职业保障、推动省以下地方法院检察院人财物统一管理等。

4月10日　中央军委印发《关于贯彻落实军委主席负责制建立和完善相关工作机制的意见》。

4月15日　习近平在中央国家安全委员会第一次会议上讲话指出，要坚持总体国家安全观，以人民安全为宗旨，以政治安全为根本，以经济安全为基础，以军事、文化、社会安全为保障，以促进国际安全为依托，走出一条中国特色国家安全道路。

5月9日—10日　习近平在河南考察工作期间讲话指出，要从我国经济发展的阶段性特征出发，适应新常态，保持战略上的平常心态。

5月21日　亚洲相互协作与信任措施会议第四次峰会在上海举行。习近平主持并发表讲话，强调积极倡导共同、综合、合作、可持续的亚洲安全观，搭建地区安全和合作新架构，努力走出一条共建、共享、共赢的亚洲安全之路。

5月22日 习近平在上海召开外国专家座谈会时讲话指出，中国要永远做一个学习大国。一个国家对外开放，必须首先推进人的对外开放，特别是人才的对外开放。要实行更加开放的人才政策，在大力培养国内创新人才的同时，更加积极主动地引进国外人才特别是高层次人才。

5月28日 习近平在第二次中央新疆工作座谈会上讲话指出，要围绕社会稳定和长治久安这个总目标，坚持依法治疆、团结稳疆、长期建疆，努力建设团结和谐、繁荣富裕、文明进步、安居乐业的社会主义新疆。

5月30日 国务院常务会议决定对已出台政策措施落实情况开展第一次全面督查。此后，国务院每年开展大督查。

6月26日 习近平在中共中央政治局常委会会议听取巡视情况汇报时讲话指出，巡视作为党内监督的战略性制度安排，不是权宜之计，要用好巡视这把反腐"利剑"。

6月30日 中共中央政治局会议审议通过《深化财税体制改革总体方案》。改革的目标是建立现代财政制度，重点是改进预算管理制度、深化税收制度改革、建立事权和支出责任相适应的制度。

7月15日 在巴西举行的金砖国家领导人第六次会晤宣布，成立金砖国家新开发银行并将总部设在中国上海，建立金砖国家应急储备安排。

7月24日 国务院印发《关于进一步推进户籍制度改革的意见》。指出，全面放开建制镇和小城市落户限制，有序放开中等城市落户限制，合理确定大城市落户条件，严格控制特大城市人口规模，到2020年努力实现1亿左右农业转移人口和其他常住人口在城镇落户。

8月31日 十二届全国人大常委会第十次会议通过《关于设立烈士纪念日的决定》，将9月30日设立为烈士纪念日。

9月5日 习近平在庆祝全国人民代表大会成立60周年大会上讲话指出，世界上不存在完全相同的政治制度，也不存在适用于一切国家的政治制度模式。中国特色社会主义政治制度之所以行得通、有生命力、有效率，就是因为它是从中国的社会土壤之中生长起来的，未来要继续茁壮成长，也必须深深扎根于中国的社会土壤。坚定中国特色社会主义制度自信，首先要坚定对中国特色社会主义政治制度的自信，增强走中国特色社会主义政治发展道路的信心和决心。

9月21日　习近平在庆祝中国人民政治协商会议成立65周年大会上讲话指出，社会主义协商民主，是中国社会主义民主政治的特有形式和独特优势，是中国共产党的群众路线在政治领域的重要体现。在中国社会主义制度下，有事好商量，众人的事情由众人商量，找到全社会意愿和要求的最大公约数，是人民民主的真谛。人民政协是统一战线的组织，是多党合作和政治协商的机构，是人民民主的重要实现形式。

同日　国务院印发《关于加强地方政府性债务管理的意见》，部署加强地方政府性债务管理。

9月28日　习近平在中央民族工作会议暨国务院第六次全国民族团结进步表彰大会上讲话指出，加强中华民族大团结，长远和根本的是增强文化认同，建设各民族共有精神家园，积极培养中华民族共同体意识，强调要加强各民族交往交流交融。

10月15日　习近平主持召开文艺工作座谈会，强调只有牢固树立马克思主义文艺观，真正做到了以人民为中心，文艺才能发挥最大正能量。

10月23日　中共十八届四中全会通过《关于全面推进依法治国若干重大问题的决定》。指出，全面推进依法治国，总目标是建设中国特色社会主义法治体系，建设社会主义法治国家。

10月30日—11月2日　全军政治工作会议在福建古田举行。10月31日，习近平在讲话中阐明新的历史条件下党从思想上政治上建设军队的重大问题，强调军队政治工作的时代主题是紧紧围绕实现中华民族伟大复兴的中国梦，为实现党在新形势下的强军目标提供坚强政治保证；当前最紧要的是把理想信念、党性原则、战斗力标准、政治工作威信四个带根本性的东西在全军牢固树立起来。12月30日，中共中央转发《关于新形势下军队政治工作若干问题的决定》。

11月1日　十二届全国人大常委会第十一次会议通过《关于设立国家宪法日的决定》，将12月4日设立为国家宪法日。

11月6日　中共中央办公厅、国务院办公厅印发《关于引导农村土地经营权有序流转发展农业适度规模经营的意见》。提出，把农民土地承包经营权分为承包权和经营权，实现承包权和经营权分置并行。2016年10月22日，中共中央办公厅、国务院办公厅印发《关于完善农村土地所有权承包权经营权分置办法的意见》。

11月8日　习近平在北京主持加强互联互通伙伴关系对话会并发表讲话指出，我们要建设的互联互通，应该是基础设施、制度规章、人员交流三位一体，应该是政策沟通、设施联通、贸易畅通、资金融通、民心相通五大领域齐头并进；宣布中国出资成立丝路基金。

11月11日　亚太经合组织第二十二次领导人非正式会议在北京举行。习近平主持会议并发表讲话，倡导共建互信、包容、合作、共赢的亚太伙伴关系。会议决定启动亚太自由贸易区（FTAAP）进程。

11月17日　上海与香港股票市场交易互联互通机制"沪港通"正式启动。2016年12月、2017年7月又相继启动"深港通"、"债券通"。

11月19日—21日　首届世界互联网大会在浙江乌镇举行。会议确定乌镇为世界互联网大会永久会址。

11月28日　习近平在中央外事工作会议上讲话指出，中国必须有自己特色的大国外交。要在总结实践经验的基础上，丰富和发展对外工作理念，使对外工作有鲜明的中国特色、中国风格、中国气派。

12月2日　中共中央、国务院印发《丝绸之路经济带和21世纪海上丝绸之路建设战略规划》。2015年3月28日，经国务院授权，国家发展改革委、外交部、商务部联合发布《推动共建丝绸之路经济带和21世纪海上丝绸之路的愿景与行动》。

12月9日　习近平在中央经济工作会议上讲话指出，我国经济正在向形态更高级、分工更复杂、结构更合理的阶段演化，经济发展进入新常态，这是我国经济发展阶段性特征的必然反映。

12月13日—14日　习近平在江苏考察工作期间讲话指出，要主动把握和积极适应经济发展新常态，协调推进全面建成小康社会、全面深化改革、全面推进依法治国、全面从严治党。

12月15日　中共中央决定给予周永康开除党籍处分。十八届中共中央共批准立案审查省军级以上党员干部及其他中管干部440人，严肃查处了周永康、薄熙来、郭伯雄、徐才厚、孙政才、令计划严重违纪违法案件。

12月18日　我国第一座钠冷快中子反应堆——中国实验快堆首次实现满功率稳定运行72小时，标志着我国全面掌握快堆这一第四代核电技术的设计、建造、调试运行等核心技术。

12 月 31 日　中共中央办公厅印发《关于加强中央纪委派驻机构建设的意见》。2015 年 11 月 20 日，中共中央办公厅印发《关于全面落实中央纪委向中央一级党和国家机关派驻纪检机构的方案》，实现对中央一级党和国家机关派驻纪检机构全覆盖。2018 年 10 月 21 日，中共中央办公厅印发《关于深化中央纪委国家监委派驻机构改革的意见》。

同日　中共中央办公厅、国务院办公厅印发《关于农村土地征收、集体经营性建设用地入市、宅基地制度改革试点工作的意见》。

2015 年

1 月 3 日　国务院作出《关于机关事业单位工作人员养老保险制度改革的决定》。

1 月 5 日　中共中央印发《关于加强社会主义协商民主建设的意见》，对新形势下开展政党协商、人大协商、政府协商、政协协商、人民团体协商、基层协商、社会组织协商等作出全面部署，推进社会主义协商民主广泛多层制度化发展。

1 月 6 日　国务院印发《关于促进云计算创新发展培育信息产业新业态的意见》。8 月 31 日，国务院印发《促进大数据发展行动纲要》。

1 月 8 日　中共中央印发《关于加强和改进党的群团工作的意见》。

1 月 13 日　习近平在中共十八届中央纪委五次全会上讲话指出，党的纪律是刚性约束，政治纪律更是全党在政治方向、政治立场、政治言论、政治行动方面必须遵守的刚性约束。在所有党的纪律和规矩中，第一位的是政治纪律和政治规矩。

1 月 16 日　中共中央政治局常委会召开会议，专门听取全国人大常委会、国务院、全国政协、最高人民法院、最高人民检察院党组工作汇报。这成为实现党中央集中统一领导的一项制度性安排。

2 月 2 日　习近平在省部级主要领导干部学习贯彻党的十八届四中全会精神全面推进依法治国专题研讨班上讲话时系统阐述"四个全面"战略布局，强调要把全面依法治国放在"四个全面"战略布局中来把握，抓住领导干部这个"关键少数"，带动全党全国全面推进依法治国。指出，"党大还是法大"是一个政治陷阱，是一个伪命题。每个党政组织、每个领导干部，必须服从和遵守宪法法律，不能以党自居，不能把党的领导作为个人以言代法、以权压法、徇私枉法的挡箭牌。

3月5日 习近平在参加十二届全国人大三次会议上海代表团审议时讲话指出，创新是引领发展的第一动力。适应和引领我国经济发展新常态，关键是要依靠科技创新转换发展动力。

3月7日 国务院批复设立中国（杭州）跨境电子商务综合试验区。5月4日，国务院印发《关于大力发展电子商务加快培育经济新动力的意见》。2016年1月、2018年7月，国务院先后批复在天津、北京等34个城市设立跨境电子商务综合试验区。

3月12日 习近平在十二届全国人大三次会议解放军代表团全体会议上明确提出，把军民融合发展上升为国家战略。2016年5月1日，中共中央、国务院、中央军委印发《关于经济建设和国防建设融合发展的意见》。2017年1月22日，中共中央政治局会议决定设立中央军民融合发展委员会。2018年8月11日，中共中央印发《军民融合发展战略纲要》。

3月13日 中共中央、国务院印发《关于深化体制机制改革加快实施创新驱动发展战略的若干意见》。2016年1月18日，中共中央、国务院印发《国家创新驱动发展战略纲要》。

3月26日 中央反腐败协调小组国际追逃追赃工作办公室首次启动针对外逃腐败分子的"天网"行动。4月22日，国际刑警组织中国国家中心局集中公布100名涉嫌犯罪外逃国家工作人员、重要腐败案件涉案人等人员的红色通缉令。2014年至2018年9月，共从120多个国家和地区追回外逃人员4719人，追赃103.72亿元，"百名红通人员"已有54名落网。

3月29日 正在亚丁湾索马里海域执行护航任务的中国海军护航编队临沂舰搭载首批122名中国公民，从也门亚丁港安全撤离。至4月7日，共从也门撤出中国公民613人，并协助来自15个国家的279名外国公民安全撤离。

4月10日 中共中央办公厅印发《关于在县处级以上领导干部中开展"三严三实"专题教育方案》。从4月底开始，在县处级以上领导干部中不分批次、不划阶段、不设环节开展"三严三实"专题教育，着力解决"不严不实"问题。

4月25日　中共中央、国务院印发《关于加快推进生态文明建设的意见》。9月18日，中共中央、国务院印发《生态文明体制改革总体方案》，明确了生态文明体制改革的"四梁八柱"。

5月6日　我国自主创新、拥有完整自主知识产权的第三代核电技术"华龙一号"首堆示范工程正式落户福清核电并开工建设。

5月8日　国务院印发《中国制造2025》，提出通过"三步走"实现制造强国的战略目标。

5月13日　国务院印发《关于推进国际产能和装备制造合作的指导意见》。指出，要充分发挥企业市场主体作用，坚持以市场为导向，按照商业原则和国际惯例，积极开展国际产能和装备制造合作。

5月18日　习近平在中央统战工作会议上讲话指出，要巩固和发展最广泛的爱国统一战线，为实现"两个一百年"奋斗目标、实现中华民族伟大复兴的中国梦提供广泛力量支持。同日，中共中央颁发《中国共产党统一战线工作条例（试行）》。

6月11日　中共中央颁发《中国共产党党组工作条例（试行）》。

同日　国务院印发《关于大力推进大众创业万众创新若干政策措施的意见》。2016年、2017年，国务院办公厅确定了两批共120个双创示范基地。

6月26日　习近平在中共十八届中央政治局第二十四次集体学习时讲话指出，铲除不良作风和腐败现象滋生蔓延的土壤，根本上要靠法规制度。要把法规制度建设贯穿到反腐倡廉各个领域、落实到制约和监督权力各个方面，推动形成不敢腐不能腐不想腐的有效机制。

6月30日　习近平在会见全国优秀县委书记时讲话指出，当好县委书记是不容易的，要始终做到心中有党、心中有民、心中有责、心中有戒，努力成为党和人民信赖的好干部。

7月1日　十二届全国人大常委会第十五次会议通过《中华人民共和国国家安全法》。

同日　国务院印发《关于积极推进"互联网＋"行动的指导意见》。2016年9月25日，国务院印发《关于加快推进"互联网＋政务服务"工作的指导意见》。

7月6日 习近平在中央党的群团工作会议上讲话指出，党的群团工作是党通过群团组织开展的群众工作。这是我们党的一大创举，也是我们党的一大优势。要下决心纠正机关化、行政化、贵族化、娱乐化，切实保持和增强党的群团工作的政治性、先进性、群众性。

7月31日 国际奥委会第128次全会在马来西亚吉隆坡投票决定，将2022年冬奥会举办权交给北京。

8月3日 中共中央颁发《中国共产党巡视工作条例》，明确规定党的中央和省、自治区、直辖市委员会实行巡视制度，建立专职巡视机构，对所管理的地方、部门、企事业单位党组织进行巡视监督，实现巡视全覆盖、全国一盘棋。2017年7月1日，中共中央颁发修订后的《中国共产党巡视工作条例》。

8月11日 中国人民银行决定改革完善人民币兑美元汇率中间价报价机制，明确中间价报价参考前一天收盘价。2016年2月，形成"收盘汇率＋一篮子货币汇率变化"的人民币兑美元汇率中间价形成机制。

8月24日 习近平在中央第六次西藏工作座谈会上讲话指出，必须坚持治国必治边、治边先稳藏的战略思想，坚持依法治藏、富民兴藏、长期建藏、凝聚人心、夯实基础的重要原则。必须全面正确贯彻党的民族政策和宗教政策，把维护祖国统一、加强民族团结作为工作的着眼点和着力点，不断增进各族群众对伟大祖国、中华民族、中华文化、中国共产党、中国特色社会主义的认同。

同日 中共中央、国务院印发《关于深化国有企业改革的指导意见》。此后，陆续出台有关加强国有企业党的建设、国有企业分类改革、发展混合所有制经济、完善国资监管体制、防止国有资产流失、完善法人治理结构等多个配套文件。

8月30日 中共中央办公厅、国务院办公厅印发《环境保护督察方案（试行）》，部署对各地开展环境保护督察工作。

9月3日 纪念中国人民抗日战争暨世界反法西斯战争胜利70周年大会和阅兵仪式举行。习近平检阅受阅部队并发表讲话，强调要铭记历史、缅怀先烈、珍爱和平、开创未来；同时宣布中国将裁减军队员额30万。

10月12日 中共中央、国务院印发《关于推进价格机制改革的若干意见》。到 2017 年年底，97％以上的商品和服务价格已实现市场调节。

10 月 18 日　中共中央颁发《中国共产党廉洁自律准则》和《中国共产党纪律处分条例》。2018 年 8 月 18 日，中共中央颁发修订后的《中国共产党纪律处分条例》。

10 月 24 日　国务院印发《统筹推进世界一流大学和一流学科建设总体方案》。

10 月 29 日　中共十八届五中全会通过《关于制定国民经济和社会发展第十三个五年规划的建议》。2016 年 3 月 16 日，十二届全国人大四次会议批准《中华人民共和国国民经济和社会发展第十三个五年规划纲要》。

同日　习近平在中共十八届五中全会第二次全体会议上阐述新发展理念，强调坚持创新发展、协调发展、绿色发展、开放发展、共享发展，是关系我国发展全局的一场深刻变革。

11 月 2 日　中共中央办公厅、国务院办公厅印发《深化农村改革综合性实施方案》，确立农村改革的"四梁八柱"。

11 月 7 日　习近平同台湾方面领导人马英九在新加坡会面，就进一步推进两岸关系和平发展交换意见。这是 1949 年以来两岸领导人首次会晤。

11 月 10 日　习近平在中央财经领导小组会议上讲话指出，要着力加强供给侧结构性改革。12 月 18 日，习近平在中央经济工作会议上强调，推进供给侧结构性改革，是适应和引领经济发展新常态的重大创新。要实行宏观政策要稳、产业政策要准、微观政策要活、改革政策要实、社会政策要托底的总体思路，着力加强结构性改革，在适度扩大总需求的同时，去产能、去库存、去杠杆、降成本、补短板，推动我国社会生产力水平整体改善。

11 月 23 日　中央军委印发《领导指挥体制改革实施方案》。2016 年 2 月 29 日，全军按新的领导指挥体制运行。

11 月 24 日　习近平在中央军委改革工作会议上讲话指出，要全面实施改革强军战略，坚定不移走中国特色强军之路，建设同我国国际地位相称、同国家安全和发展利益相适应的巩固国防和强大军队。

11 月 27 日、28 日　《〈内地与香港关于建立更紧密经贸关系的安排〉服务贸易协议》、《〈内地与澳门关于建立更紧密经贸关系的安排〉服务贸易协议》分别签署，内地与香港、澳门服务贸易自由化基本实现。

11 月 28 日　中央军委印发《关于深化国防和军队改革的意见》。指出，牢牢把握军委管总、战区主战、军种主建的原则，以领导管理体制、联合作战指挥体制改革为重点，协调推进规模结构、政策制度和军民融合深度发展改革。

11 月 29 日　中共中央、国务院作出《关于打赢脱贫攻坚战的决定》。2016 年 4 月 23 日，中共中央办公厅、国务院办公厅印发《关于建立贫困退出机制的意见》，明确贫困人口、贫困村、贫困县在 2020 年以前有序退出的标准和要求。

12 月 9 日　中共中央印发《关于加强和改进新形势下党校工作的意见》。11 日，习近平在全国党校工作会议上讲话指出，党校姓党，首先要把党的旗帜亮出来。党校是教育培训干部的地方，不断把领导干部集中到党校来学习培训，一个重要目的就是帮助大家向党中央看齐。

12 月 16 日　习近平在第二届世界互联网大会开幕式上发表主旨演讲，提出推动互联网全球治理体系变革，应该坚持尊重网络主权、维护和平安全、促进开放合作、构建良好秩序的原则；强调网络空间是人类共同的活动空间，呼吁共同构建网络空间命运共同体。

12 月 17 日　我国成功发射暗物质粒子探测卫星"悟空"，在太空中开展高能电子及高能伽马射线探测任务，探寻暗物质存在的证据。

12 月 20 日　习近平在中央城市工作会议上讲话指出，要坚持人民城市为人民，尊重城市发展规律，统筹空间、规模、产业，统筹规划、建设、管理，统筹改革、科技、文化，统筹生产、生活、生态，统筹政府、社会、市民，着力提高城市发展持续性、宜居性。24 日，中共中央、国务院印发《关于深入推进城市执法体制改革改进城市管理工作的指导意见》。2016 年 2 月 6 日，中共中央、国务院印发《关于进一步加强城市规划建设管理工作的若干意见》。

12 月 25 日　中共中央印发《关于建立健全党和国家功勋荣誉制度的意见》，对党和国家功勋荣誉表彰制度进行整体设计。

同日　亚洲基础设施投资银行正式成立。意向创始成员国共有 57 个。

12 月 28 日　国务院办公厅印发《国务院部门权力和责任清单编制试点方案》。到 2017 年，31 个省区市均已公布省市县三级政府部门权力清单和责任清单。

12月31日　习近平向中国人民解放军陆军、火箭军、战略支援部队授予军旗并致训词。此后，习近平又先后向东部战区、南部战区、西部战区、北部战区、中部战区授予军旗并发布训令，向武汉联勤保障基地和无锡、桂林、西宁、沈阳、郑州联勤保障中心，向军事科学院、国防大学、国防科技大学等授予军旗并致训词。

2015年　中国对外直接投资流量为1456.7亿美元，实际利用外资1356亿美元，对外投资首超吸引外资，首次成为资本净输出国。

2015年　我国第三产业增加值比重为50.5%，首次突破50%。

2016年

1月3日　国务院印发《关于整合城乡居民基本医疗保险制度的意见》，提出整合城镇居民基本医疗保险和新型农村合作医疗，建立统一的城乡居民基本医疗保险制度。

1月5日　习近平在重庆召开的推动长江经济带发展座谈会上讲话指出，推动长江经济带发展是国家一项重大区域发展战略，要坚持生态优先、绿色发展，共抓大保护、不搞大开发。5月30日，中共中央、国务院印发《长江经济带发展规划纲要》。

2月16日　中央军委印发《关于军队和武警部队全面停止有偿服务活动的通知》。指出，计划用3年左右时间，分步骤停止军队和武警部队一切有偿服务活动。

2月19日　习近平主持召开党的新闻舆论工作座谈会，指出在新的时代条件下，党的新闻舆论工作要把坚持正确政治方向放在第一位。坚持党性原则，最根本的是坚持党对新闻舆论工作的领导；广大新闻舆论工作者要做党的政策主张的传播者、时代风云的记录者、社会进步的推动者、公平正义的守望者。

2月24日　中共中央办公厅印发《关于在全体党员中开展"学党章党规、学系列讲话，做合格党员"学习教育方案》。2017年3月20日，中共中央办公厅印发《关于推进"两学一做"学习教育常态化制度化的意见》。

3月4日　习近平在看望参加全国政协十二届四次会议的民建、工商联委员并参加联组会时讲话指出，非公有制经济在我国经济社会发展中的地位和作用没有变，鼓励、支持、引导非公有制经济发展的方针政策没有变，致力于为非公有制经济发展营造良好环境和提供更多机会的方针政策没有变。同时强调要着力构建"亲"、"清"新型政商关系。

3月23日　澜沧江—湄公河合作首次领导人会议在海南三亚举行，正式启动澜湄合作机制。

3月24日　中共中央政治局常委会会议听取关于北京城市副中心和疏解北京非首都功能集中承载地有关情况的汇报，确定疏解北京非首都功能集中承载地新区规划选址并同意定名为"雄安新区"。5月27日，习近平在中共中央政治局会议上讲话指出，建设北京城市副中心和雄安新区两个新城，是千年大计、国家大事。

4月19日　习近平主持召开网络安全和信息化工作座谈会，强调要建设网络良好生态，发挥网络引导舆论、反映民意的作用；树立正确的网络安全观，增强网络安全防御能力和威慑能力。

4月22日　习近平在全国宗教工作会议上讲话指出，积极引导宗教与社会主义社会相适应，一个重要的任务就是支持我国宗教坚持中国化方向。做好党的宗教工作，关键是要在"导"上想得深、看得透、把得准，做到"导"之有方、"导"之有力、"导"之有效，牢牢掌握宗教工作主动权。

同日　中国签署气候变化《巴黎协定》。

4月25日　习近平在安徽凤阳县小岗村主持召开农村改革座谈会，指出新形势下深化农村改革，主线仍然是处理好农民和土地的关系。最大的政策，就是必须坚持和完善农村基本经营制度，坚持农村土地集体所有，坚持家庭经营基础性地位，坚持稳定土地承包关系。

5月17日　习近平主持召开哲学社会科学工作座谈会，提出要着力构建中国特色哲学社会科学，在指导思想、学科体系、学术体系、话语体系等方面充分体现中国特色、中国风格、中国气派；强调坚定中国特色社会主义道路自信、理论自信、制度自信，说到底是要坚定文化自信，文化自信是更基本、更深沉、更持久的力量。2017年3月5日，中共中央印发《关于加快构建中国特色哲学社会科学的意见》。

6月20日　我国自主研制的第一台全部采用国产处理器构建的"神威·

太湖之光"夺得世界超算冠军。截至 2017 年年底，中国连续 10 次蝉联全球最快超级计算机。

7 月 1 日　习近平在庆祝中国共产党成立 95 周年大会上讲话指出，要永远保持建党时中国共产党人的奋斗精神，永远保持对人民的赤子之心。一切向前走，都不能忘记走过的路；走得再远、走到再光辉的未来，也不能忘记走过的过去，不能忘记为什么出发。面向未来，面对挑战，全党同志一定要不忘初心、继续前进。

7 月 5 日　中共中央、国务院印发《关于深化投融资体制改革的意见》，新一轮投融资体制改革全面展开。

7 月 8 日　中共中央颁发《中国共产党问责条例》。

7 月 22 日　首次"1＋6"圆桌对话会在北京举行。此后，中国同世界银行、国际货币基金组织、世界贸易组织、经济合作与发展组织、国际劳工组织、金融稳定理事会每年举行一次"1＋6"圆桌对话会。

8 月 16 日　我国成功发射世界首颗量子科学实验卫星"墨子号"。2017 年 6 月、8 月，"墨子号"卫星先后在国际上首次成功实现千公里级卫星和地面之间的量子纠缠分发、量子密钥分发和量子隐形传态。

8 月 19 日—20 日　全国卫生与健康大会举行。10 月 17 日，中共中央、国务院印发《"健康中国 2030"规划纲要》。

9 月 3 日　习近平出席在浙江杭州举行的二十国集团工商峰会开幕式并发表主旨演讲，提出建设创新、开放、联动、包容型世界经济，强调全球经济治理应该以平等为基础，更好反映世界经济格局新现实。4 日至 5 日，以"构建创新、活力、联动、包容的世界经济"为主题的二十国集团领导人第十一次峰会在杭州举行，习近平全程主持会议。

同日　十二届全国人大常委会第二十二次会议通过《关于修改〈中华人民共和国外资企业法〉等 4 部法律的决定》，探索对外商投资实行准入前国民待遇加负面清单的管理模式，对不涉及国家规定准入特别管理措施的外商投资企业设立及变更的事项，由逐案审批制改为备案制管理。外资管理体制实现重大变革。

9 月 25 日　具有我国自主知识产权的世界最大单口径巨型射电望远镜——500 米口径球面射电望远镜（FAST）在贵州平塘落成启动。

10月1日 人民币正式加入国际货币基金组织特别提款权货币篮子。

10月10日 习近平在全国国有企业党的建设工作会议上讲话指出，要坚持党对国有企业的领导不动摇，坚定不移把国有企业做强做优做大。

10月21日 习近平在纪念红军长征胜利80周年大会上讲话指出，每一代人有每一代人的长征路，每一代人都要走好自己的长征路。我们这一代人的长征，就是要实现"两个一百年"奋斗目标，实现中华民族伟大复兴的中国梦。要大力弘扬伟大长征精神，在新的长征路上继续奋勇前进。

10月27日 中共十八届六中全会通过《关于新形势下党内政治生活的若干准则》和《中国共产党党内监督条例》。全会明确习近平同志党中央的核心、全党的核心地位。号召全党同志紧密团结在以习近平同志为核心的党中央周围，牢固树立政治意识、大局意识、核心意识、看齐意识，坚定不移维护党中央权威和党中央集中统一领导。

11月1日 中国自主研制的新一代隐身战斗机歼—20首次公开亮相参加中国珠海国际航展。2018年2月9日，歼—20开始列装空军作战部队。

11月4日 中共中央、国务院印发《关于完善产权保护制度依法保护产权的意见》。

同日 中共中央办公厅印发《关于在北京市、山西省、浙江省开展国家监察体制改革试点方案》。2017年10月23日，中共中央办公厅印发《关于在全国各地推开国家监察体制改革试点方案》，部署在全国范围内深化国家监察体制改革的探索实践，完成省、市、县三级监察委员会组建工作，实现对所有行使公权力的公职人员监察全覆盖。2017年11月4日，十二届全国人大常委会第三十次会议通过《关于在全国各地推开国家监察体制改革试点工作的决定》。

11月7日 十二届全国人大常委会第二十四次会议通过《中华人民共和国网络安全法》。

11月30日 习近平在中国文联第十次全国代表大会、中国作协第九次全国代表大会上讲话指出，中华民族生生不息绵延发展、饱受挫折又不断浴火重生，都离不开中华文化的有力支撑。中华文化独一无二的理念、智慧、气度、神韵，增添了中国人民和中华民族内心深处的自信和自豪。

12月7日 习近平在全国高校思想政治工作会议上讲话指出，高校立身之本在于立德树人。要坚持把立德树人作为中心环节，把思想政治工作贯穿教育教学全过程，实现全程育人、全方位育人。办好我国高校，办出世界一流大学，必须牢牢抓住全面提高人才培养能力这个核心点，并以此来带动高校其他工作。

12月13日　中共中央印发《关于加强党内法规制度建设的意见》。

12月26日　中共中央、国务院印发《关于稳步推进农村集体产权制度改革的意见》。农村集体产权制度改革向全国推开。

2017 年

1月12日　国务院发出《关于扩大对外开放积极利用外资若干措施的通知》。2017年8月8日、2018年6月10日，又相继发出《关于促进外资增长若干措施的通知》、《关于积极有效利用外资推动经济高质量发展若干措施的通知》。

1月17日　习近平出席达沃斯世界经济论坛2017年年会开幕式并发表主旨演讲，发出支持经济全球化的时代强音，强调经济全球化是社会生产力发展的客观要求和科技进步的必然结果，要适应和引导好经济全球化，消解经济全球化的负面影响，让它更好惠及每个国家、每个民族，实现经济全球化进程再平衡。

2月22日　十八届中共中央第十二轮巡视工作动员部署会议召开。十八届中共中央共开展12轮巡视，巡视277个党组织，在党的历史上首次实现一届任期内对地方、部门、企事业单位全覆盖。

3月15日　十二届全国人大五次会议通过《中华人民共和国民法总则》。

3月28日　中共中央、国务院发出通知，决定设立河北雄安新区。

4月26日　我国第一艘自主设计建造的航空母舰出坞下水。

5月3日　世界首台单光子量子计算机在中国诞生。

5月5日　我国自主研制的首款C919大型客机首飞成功。

5月14日—15日　首届"一带一路"国际合作高峰论坛在北京举行。习近平出席开幕式并发表主旨演讲，强调要将"一带一路"建成和平之路、繁荣之路、开放之路、创新之路、文明之路。15日，高峰论坛举行领导人圆桌峰会，习近平全程主持会议。

5月18日　南海神狐海域天然气水合物（又称可燃冰）试采成功。我国成为世界上首个成功试采海域天然气水合物的国家。

6月21日　国务院常务会议部署发展分享经济，培育壮大新动能。

6月25日　中国标准动车组被命名为"复兴号"并于26日投入运行。中国高速动车组技术实现全面自主化。

7月1日　习近平出席庆祝香港回归祖国20周年大会暨香港特别行政区第五届政府就职典礼并发表讲话指出，中央贯彻"一国两制"方针坚持两点：一是坚定不移，不会变、不动摇；二是全面准确，确保"一国两制"在香港的实践不走样、不变形，始终沿着正确方向前进。

同日　习近平出席在香港举行的《深化粤港澳合作推进大湾区建设框架协议》签署仪式。建设粤港澳大湾区成为国家战略。

7月8日　国务院印发《新一代人工智能发展规划》。

7月14日—15日　全国金融工作会议举行。会议决定设立国务院金融稳定发展委员会。

7月26日　习近平在省部级主要领导干部"学习习近平总书记重要讲话精神，迎接党的十九大"专题研讨班开班式上，阐述了党的十八大以来党和国家事业发生的历史性变革，作出中国特色社会主义进入了新的发展阶段的重大战略判断，提出要牢牢把握我国发展的阶段性特征，牢牢把握人民群众对美好生活的向往，在新的时代条件下进行伟大斗争、建设伟大工程、推进伟大事业、实现伟大梦想。

7月30日　庆祝中国人民解放军建军90周年阅兵在朱日和联合训练基地举行。习近平检阅部队。8月1日，习近平在庆祝中国人民解放军建军90周年大会上讲话指出，党对军队的绝对领导是中国特色社会主义的本质特征，是党和国家的重要政治优势，是人民军队的建军之本、强军之魂。要坚持政治建军、改革强军、科技兴军、依法治军，全面提高国防和军队现代化水平，把人民军队建设成为世界一流军队。

8月1日　中共中央办公厅、国务院办公厅印发《关于深化教育体制机制改革的意见》。

9月3日—5日　金砖国家领导人第九次会晤在福建厦门举行。习近平主持会晤并发表讲话，强调要积极推动全球经济治理改革，提高新兴市场国家和发展中国家代表性和发言权，为解决南北发展失衡、促进世界经济增长提供新动力。

9月8日　中共中央、国务院印发《关于营造企业家健康成长环境弘扬优秀企业家精神更好发挥企业家作用的意见》。

10月18日—24日　中国共产党第十九次全国代表大会举行。大会通过的报告《决胜全面建成小康社会，夺取新时代中国特色社会主义伟大胜利》，作出了中国特色社会主义进入新时代、我国社会主要矛盾已经转化为人民日益增长的美好生活需要和不平衡不充分的发展之间的矛盾等重大政治论断，确立了习近平新时代中国特色社会主义思想的历史地位，提出了新时代坚持和发展中国特色社会主义的基本方略，确定了决胜全面建成小康社会、开启全面建设社会主义现代化国家新征程的目标。大会认为，综合分析国际国内形势和我国发展条件，从2020年到本世纪中叶可以分两个阶段来安排。第一个阶段，从2020年到2035年，在全面建成小康社会的基础上，再奋斗15年，基本实现社会主义现代化。第二个阶段，从2035年到本世纪中叶，在基本实现现代化的基础上，再奋斗15年，把我国建成富强民主文明和谐美丽的社会主义现代化强国。大会通过关于《中国共产党章程（修正案）》的决议，把习近平新时代中国特色社会主义思想同马克思列宁主义、毛泽东思想、邓小平理论、"三个代表"重要思想、科学发展观一道确立为党的行动指南并载入党章。

10月25日　中共十九届一中全会选举习近平、李克强、栗战书、汪洋、王沪宁、赵乐际、韩正为中央政治局常委，选举习近平为中央委员会总书记，决定习近平为中央军委主席，批准赵乐际为中央纪委书记。

11月2日　中央军委印发《关于全面深入贯彻军委主席负责制的意见》。

11月19日　国务院作出《关于废止〈中华人民共和国营业税暂行条例〉和修改〈中华人民共和国增值税暂行条例〉的决定》。营业税改征增值税改革全面完成。

11月30日—12月3日　中国共产党与世界政党高层对话会在北京举行。12月1日，习近平在出席对话会开幕式发表主旨讲话时指出，不同国家的政党应该增进互信、加强沟通、密切协作，探索在新型国际关系的基础上建立求同存异、相互尊重、互学互鉴的新型政党关系，搭建多种形式、多种层次的国际政党交流合作网络，汇聚构建人类命运共同体的强大力量。

12月14日　中共中央作出《关于调整中国人民武装警察部队领导指挥体制的决定》，明确武警部队归中央军委建制，不再列国务院序列。2018年1月10日，习近平向武警部队授旗并致训词。

12月18日　习近平在中央经济工作会议上讲话指出，推动高质量发展是当前和今后一个时期确定发展思路、制定经济政策、实施宏观调控的根本要求，必须加快形成推动高质量发展的指标体系、政策体系、标准体系、统计体系、绩效评价、政绩考核，创造和完善制度环境，推动我国经济在实现高质量发展上不断取得新进展。这次会议总结和阐述了习近平新时代中国特色社会主义经济思想。

12月30日　中共中央印发《关于建立国务院向全国人大常委会报告国有资产管理情况制度的意见》。2018年10月，十三届全国人大常委会第六次会议审议了《国务院关于2017年度国有资产管理情况的综合报告》和《国务院关于2017年度金融企业国有资产的专项报告》。这是国务院首次按照"全口径、全覆盖"标准向全国人大常委会报告国有资产管理情况。

2018 年

1月2日　中共中央、国务院印发《关于实施乡村振兴战略的意见》。

1月18日—19日　中共十九届二中全会举行。全会通过《关于修改宪法部分内容的建议》。3月11日，十三届全国人大一次会议通过宪法修正案。

2月26日—28日　中共十九届三中全会举行。全会通过《关于深化党和国家机构改革的决定》和《深化党和国家机构改革方案》，决定组建中央全面依法治国委员会、中央审计委员会等机构。3月17日，十三届全国人大一次会议批准国务院机构改革方案。

2月28日　国务院台办、国家发展改革委发布《关于促进两岸经济文化交流合作的若干措施》。该措施共31条，其中12条涉及加快给予台资企业与大陆企业同等待遇，19条涉及逐步为台湾同胞在大陆学习、创业、就业、生活提供与大陆同胞同等待遇。

3月3日—15日　全国政协十三届一次会议举行。会议选举汪洋为全国政协主席。

3月5日—20日　十三届全国人大一次会议举行。会议选举习近平为国家主席、国家中央军委主席，栗战书为全国人大常委会委员长，决定李克强为国务院总理。

3月20日　十三届全国人大一次会议通过《中华人民共和国监察法》。23日，中华人民共和国国家监察委员会在北京揭牌。

4月11日　中共中央、国务院印发《关于支持海南全面深化改革开放的指导意见》，赋予海南经济特区改革开放新使命，建设自由贸易试验区和中国特色自由贸易港。13日，习近平在庆祝海南建省办经济特区30周年大会上讲话指出，海南要着力打造全面深化改革开放试验区、国家生态文明试验区、国际旅游消费中心、国家重大战略服务保障区，形成更高层次改革开放新格局。

4月26日　习近平在武汉主持召开深入推动长江经济带发展座谈会时讲话指出，新形势下推动长江经济带发展，关键是要正确把握整体推进和重点突破、生态环境保护和经济发展、总体谋划和久久为功、破除旧动能和培育新动能、自身发展和协同发展的关系。

4月27日　十三届全国人大常委会第二次会议通过《中华人民共和国英雄烈士保护法》。

5月18日　习近平在全国生态环境保护大会上讲话提出新时代推进生态文明建设的原则，强调要加快构建生态文明体系。这次大会总结并阐述了习近平生态文明思想。

5月28日　习近平在中国科学院第十九次院士大会、中国工程院第十四次院士大会上讲话指出，要充分认识创新是第一动力，矢志不移自主创新，着力增强自主创新能力。要以关键共性技术、前沿引领技术、现代工程技术、颠覆性技术创新为突破口，努力实现关键核心技术自主可控，把创新主动权、发展主动权牢牢掌握在自己手中。

5月30日　国务院发出《关于建立企业职工基本养老保险基金中央调剂制度的通知》。

6月9日—10日 上海合作组织青岛峰会举行。10日，习近平主持会议并发表讲话，强调要提倡创新、协调、绿色、开放、共享的发展观，践行共同、综合、合作、可持续的安全观，秉持开放、融通、互利、共赢的合作观，树立平等、互鉴、对话、包容的文明观，坚持共商共建共享的全球治理观，不断改革完善全球治理体系，推动各国携手建设人类命运共同体。

6月15日 中共中央、国务院印发《关于打赢脱贫攻坚战三年行动的指导意见》。

6月16日 中共中央、国务院印发《关于全面加强生态环境保护坚决打好污染防治攻坚战的意见》。

6月22日 习近平在中央外事工作会议上讲话指出，把握国际形势要树立正确的历史观、大局观、角色观。当前，我国处于近代以来最好的发展时期，世界处于百年未有之大变局，两者同步交织、相互激荡。要深入分析世界转型过渡期国际形势的演变规律，准确把握历史交汇期我国外部环境的基本特征，统筹谋划和推进外交工作。这次会议总结并阐述了习近平外交思想。

6月29日 习近平在主持中共中央政治局第六次集体学习时讲话指出，党的政治建设是党的根本性建设，要把党的政治建设摆在首位，以党的政治建设为统领。

6月30日 中共中央、国务院印发《关于完善国有金融资本管理的指导意见》，明确对国有金融资本实行统一授权管理，建立健全国有金融资本管理的"四梁八柱"。

7月3日 习近平在全国组织工作会议上讲话指出，党的力量来自组织，党的全面领导、党的全部工作要靠党的坚强组织体系去实现。强调，新时代党的组织路线是：全面贯彻新时代中国特色社会主义思想，以组织体系建设为重点，着力培养忠诚干净担当的高素质干部，着力集聚爱国奉献的各方面优秀人才，坚持德才兼备、以德为先、任人唯贤，为坚持和加强党的全面领导、坚持和发展中国特色社会主义提供坚强组织保证。

8月17日 习近平在中央军委党的建设会议上讲话强调，全面加强新时代我军党的领导和党的建设工作，为开创强军事业新局面提供坚强政治保证。

8月21日　习近平在全国宣传思想工作会议上讲话指出，中国特色社会主义进入新时代，必须把统一思想、凝聚力量作为宣传思想工作的中心环节。做好新形势下宣传思想工作，必须自觉承担起举旗帜、聚民心、育新人、兴文化、展形象的使命任务。

8月24日　习近平主持召开中央全面依法治国委员会第一次会议时讲话指出，全面依法治国具有基础性、保障性作用。中央全面依法治国委员会要管宏观、谋全局、抓大事，既要破解当下突出问题，又要谋划长远工作，把主要精力放在顶层设计上。

9月3日—4日　中非合作论坛北京峰会举行。习近平主持峰会并在开幕式上发表主旨讲话，提出中非要携手打造责任共担、合作共赢、幸福共享、文化共兴、安全共筑、和谐共生的中非命运共同体。会议通过《关于构建更加紧密的中非命运共同体的北京宣言》和《中非合作论坛—北京行动计划（2019—2021年）》。

9月10日　习近平在全国教育大会上讲话指出，教育是国之大计、党之大计。要坚持改革创新，以凝聚人心、完善人格、开发人力、培育人才、造福人民为工作目标，培养德智体美劳全面发展的社会主义建设者和接班人，加快推进教育现代化、建设教育强国、办好人民满意的教育。

9月26日　习近平在黑龙江考察时讲话指出，现在，国际上单边主义、贸易保护主义上升，我们必须坚持走自力更生的道路。中国要发展，最终要靠自己。

9月28日　习近平在沈阳主持召开深入推进东北振兴座谈会时讲话指出，新时代东北振兴，是全面振兴、全方位振兴，要从统筹推进"五位一体"总体布局、协调推进"四个全面"战略布局的角度去把握，瞄准方向、保持定力、扬长避短、发挥优势，一以贯之、久久为功，撸起袖子加油干，重塑环境、重振雄风，形成对国家重大战略的坚强支撑。

10月23日　港珠澳大桥开通仪式在广东省珠海市举行。习近平出席仪式。港珠澳大桥总长55公里，是连接香港、珠海和澳门的超大型跨海通道，也是世界上最长的跨海大桥。

11月1日　习近平在主持召开民营企业座谈会时讲话指出，我们强调把公有制经济巩固好、发展好，同鼓励、支持、引导非公有制经济发展不是对立的，而是有机统一的。公有制经济、非公有制经济应该相辅相成、相得益彰，而不是相互排斥、相互抵消。我国基本经济制度写入了宪法、党章，这是不会变的，也是不能变的。在我国经济发展进程中，要不断为民营经济营造更好发展环境。

11月5日—10日　首届中国国际进口博览会在上海举行。5日，习近平出席开幕式并发表主旨演讲时指出，中国国际进口博览会是迄今为止世界上第一个以进口为主题的国家级展会，是中国推动建设开放型世界经济、支持经济全球化的实际行动；宣布增设中国上海自由贸易试验区的新片区、在上海证券交易所设立科创板并试点注册制、支持长江三角洲区域一体化发展并上升为国家战略。

11月7日　中共中央、国务院印发《关于学前教育深化改革规范发展的若干意见》。指出，推进学前教育普及普惠安全优质发展，更好实现幼有所育。

11月9日　习近平向国家综合性消防救援队伍授旗并致训词。

11月12日　习近平在会见香港澳门各界庆祝国家改革开放40周年访问团时讲话指出，40年改革开放，港澳同胞是见证者也是参与者，是受益者也是贡献者。港澳同胞同内地人民一样，都是国家改革开放伟大奇迹的创造者。国家改革开放的历程就是香港、澳门同内地优势互补、一起发展的历程。对香港、澳门来说，"一国两制"是最大的优势，国家改革开放是最大的舞台，共建"一带一路"、粤港澳大湾区建设等国家战略实施是新的重大机遇。

11月13日　习近平在国家博物馆参观"伟大的变革——庆祝改革开放40周年大型展览"时讲话指出，要通过展览，统一思想、凝聚共识、鼓舞斗志、团结奋斗，坚定全国各族人民跟党走中国特色社会主义道路、改革开放道路的信心和决心。

（本例文为《改革开放40年大事记》节选，原载2018年12月17日《人民日报》，题目为编者所加）

后　记

　　本书的编写得到许多同志的热情支持和帮助，李赟博士参加了部分章节的撰稿；赵增贤、林金淼、潘明辉等同志提供了宝贵资料；有关专家学者的著作和文章为本书提供了写作理论参考和范例；中国文史出版社蔡丹诺编辑为本书的出版付出了大量心血，在此一并表示诚挚的谢意。

李和忠

2019 年 3 月